Julia Katzmann

Seit 2004 ist Julia Katzmann für "die umweltberatung" Niederösterreich im Fachbereich Umweltbildung tätig. Die Zusammenhänge von Klimaschutz und persönlichem Ernährungsstil in der Bildungsarbeit zu vermitteln ist ein besonderes Anliegen der studierten Ernährungswissenschaftlerin.

Liebe Leserin, lieber Leser!

Das Buch „Spurensuche – Natur- und ....erlebnisse setzt sich mit dem Thema „Kind sein" im Wandel der Zeit auseinander und stellt Überlegungen zur Wichtigkeit der Natur als Erlebnis- und Entwicklungsraum für Kinder an.

Die Autorinnen und Autoren haben sich auf „Spurensuche" begeben – in der eigenen Geschichte, in verschiedenen Bereichen der Pädagogik und in den Trends der Zukunft. Viele interessante und bewegende Erkenntnisse sind zutage gekommen und warten darauf, von Ihnen gelesen zu werden!

Jedes Kapitel widmet sich einem Thema beziehungsweise einem Blickwinkel zu Natur- und Kindheitserlebnissen.

In den Interviews wurde nachgefragt, ob Kindheit heute wirklich so naturfern ist, wie oft behauptet wird. Sie können außerdem nachlesen, ob die Naturnähe der älteren Generation der „Idylle vom Landleben", wie wir uns oft vorstellen, entspricht. Weitere Fragen mit denen wir uns in diesem Buch auseinandergesetzt haben sind: Wie haben ältere Generationen ihre Kindheit erlebt und was möchten sie darüber berichten? Worum beneiden SeniorInnen die heutigen Kinder und gibt es umgekehrt Erlebnisse, die Jugendlichen heute fehlen?

Wir wünschen Ihnen viele vergnügliche Lesestunden und viele Gespräche innerhalb der Generationen in Ihrer Familie und Ihrem Freundeskreis!

Julia Katzmann
"die umweltberatung"

1

Impressum

Herausgeberin:
"die umweltberatung" NÖ, Rennbahnstraße 30/1/3, 3100 St. Pölten;

Rechtsträger: Umweltschutzverein Bürger & Umwelt, 2822 Bad Erlach

Verleger: Pro Region Consulting GmbH, A-2822 Erlach, Linsbergerstraße 1/2/4

Redaktionelle Leitung: Christa Ruspeckhofer, Julia Katzmann - "die umweltberatung" NÖ

AutorInnen: Alexander Unterberger, Barbara Gottlieb-Sabaini, Christa Ruspeckhofer, Ingrid Kromer, Josef Plank, Julia Katzmann, Rainer Brämer, Sonja Bettel, Werner Ebner

Gastbeiträge: Österreichischer Alpenverein, Verein Waldpädagogik Österreich, bio erlebnis norbertinum, Umweltspürnasen, wienXtra - institut für freizeitpädagogik

Durchführung der Interviews: Sonja Bettel; Die vollen Namen der InterviewpartnerInnen sind der Redaktion bekannt

Lektorat: Sonja Bettel

Fotoredaktion: Astrid Huber; Fotos sind namentlich gekennzeichnet, alle nicht gekennzeichneten stammen aus dem Archiv von "die umweltberatung"

Fotos Cover und Innentitel: Sonja Bettel und Doris Würthner, "die umweltberatung"

Gestaltung: Spunk Grafik I Design und Text, Neubaugasse 55/3/30, A-1070 Wien

Druck und Bindung: REMAprint Druck- und VerlagsgesmbH, 1160 Wien, Neulerchenfelder Straße 35

ISBN: 978-3-200-01396-4

Spurensuche

Kindheits- und Naturerlebnisse

quer durch die Generationen

in persönlichen und

wissenschaftlichen Betrachtungen

ein Lesebuch

Inhaltsverzeichnis

Christa Ruspeckhofer

engagiert sich seit 1990 für "die umweltberatung" Niederösterreich. Als Mutter von zwei Söhnen und als ausgebildete Pädagogin liegt ihr der Bereich Umweltbildung besonders am Herzen. Von einander und miteinander Lernen spielt in der Bildungsarbeit von "die umweltberatung" eine große Rolle. Dieses Motto spiegelt sich auch im vorliegenden Buch wider.

Spurensuche! – Naturerlebnis und Generationenwandel

Wie haben Sie Ihre Kindheit erlebt und erinnern Sie sich noch an Ihr Lieblingsspiel und Ihre Erlebnisse in der Natur? Sind es die aufregenden Abenteuer am Bach, das Grillen nicht immer legal erworbener Forellen oder sind es anstrengende, aber erfolgreiche Bergbesteigungen, die Ihnen einfallen? Oder gehören Sie noch der Generation an, die den Aufenthalt in der Natur auch mit schwerer Feldarbeit und langen kalten Märschen durch meterhohen Schnee in Verbindung bringt? In jedem Fall haben Sie bestimmt so manch wichtige Erfahrung für Ihr weiteres Leben mitgenommen!

„Kind sein" stellt heute völlig andere Anforderungen als früher. Wie wichtig ist die Natur als Erlebnis- und Entwicklungsraum für Kinder? Stimmt es, dass Kinder heutzutage viel naturferner aufwachsen als noch vor 20, 30 Jahren? Welche Erlebnisse sind es, die sich in der kindlichen Seele einprägen und das spätere Umweltverständnis beeinflussen? Wie kann die Natur (wieder) mehr Bedeutung im alltäglichen Leben unserer Kinder und Jugendlichen erlangen?

Für viele von ihnen bedeutet „Freizeit" stundenlanges Sitzen vor dem PC oder TV-Gerät, FreundInnen aus dem Chat sind oft besser bekannt als der/die SitznachbarIn in der Schule.

Viele SportlehrerInnen beklagen schon jetzt die Unbeweglichkeit von Kindern, die Verletzungsgefahr steigt durch untrainierte Muskeln und mangelhafte Motorik, MedizinerInnen warnen vor den langfristigen gesundheitlichen Folgen.

Der Aufenthalt in der Natur bietet uns immer wieder neue Eindrücke und Erfahrungen an. Die Natur ist deshalb der ideale Ort, um zu lernen. Ein „Lern"ort, der manchmal auch Gefahren und Risiken birgt. Wer einen Hügel ungebremst hinunterläuft, kann stürzen. Wer mit einem Floß oder einem aufgeblasenen Reifen stromabwärts treibt, fällt möglicherweise ins kalte Wasser. Die Natur lehrt uns, fordernde Situationen zu bewältigen. Kleine Kinder beobachten die Größeren, wie diese mit unterschiedlichen Problemen fertig werden, und lernen damit durch Nachahmung. Dass eine Gruppe schneller zu Lösungen kommt, fördert den Gemeinschaftssinn.

Leider ist die Natur als Spiel- und Erlebnisraum für viele Kinder keine Selbstverständlichkeit mehr. Vielen Kindern fehlt die Zeit für das Spiel in der Natur. Ballett- und Judokurs, Musikstunde und Malkurs dienen einer gut organisierten Nachmittagsbetreuung, doch es bleibt immer weniger Zeit für ein unbeaufsichtigtes, von Eltern unkontrolliertes, freies Spielen mit gleichaltrigen Kindern. Es gibt keinen wirklichen Ersatz für diese Möglichkeit, eigene Erfahrungen über die soziale und natürliche Umwelt zu sammeln. Nur wer als Kind Erfahrungen in und mit der Natur gemacht hat, wird als Erwachsener achtsam und verantwortungsvoll mit der Umwelt umgehen und diese Erfahrungen an die eigenen Kinder weitergeben können.

In den folgenden Kapiteln können Sie nachlesen, wie unterschiedlich die Kindheitserlebnisse heute und vor 30 Jahren sind. Sie erfahren, was unsere Elterngeneration geprägt hat und können vielleicht erahnen, woran sich unsere Kinder und Enkelkinder einmal erinnern werden.

Begleiten Sie uns auf dieser „Spurensuche" in die Natur, bei der Jugend- und MarktforscherInnen, SozialarbeiterInnen und Pädagogen/innen ebenfalls zu Wort kommen.

Ich wünsche Ihnen viele gute Momente der Erinnerung!

Christa Ruspeckhofer
"die umweltberatung" Niederösterreich

Josef Plank
wuchs auf einem abgelegenen Bauernhof in Reinsberg (Bezirk Scheibbs) auf. Eindrucksvolle und unvergessliche Naturerlebnisse von Kindesbeinen an haben den heutigen NÖ Landesrat für Umwelt, Landwirtschaft und Naturschutz nachhaltig geprägt.

Von Kindesbeinen an

Bis heute ist ungezwungenes Naturerlebnis für mich etwas Besonderes. Schon in frühester Kindheit wurde ich zu Hause davon geprägt. Ich bin auf einem abgelegenen Bauernhof aufgewachsen, die nächsten Nachbarn waren 1 km entfernt. Der Schulweg in die Volksschule war 3 km zu Fuß, der Weg zur Hauptschule 7 km zu Fuß über einen Berg. Ich erinnere mich bis heute an viele eindrucksvolle und unvergessliche Naturerlebnisse: Begegnungen mit Fuchs und Dachs, Schlangen im Sommer, oder schwere Gewitter alleine draußen. Es war für mich als 10-Jährigen selbstverständlich, im Winter um ¾ 6 Uhr früh alleine von zu Hause weg zu gehen, bei absoluter Dunkelheit, klirrender Kälte oder Schneesturm. Die ersten 2 km war ich immer ganz alleine, das war manchmal sehr hart.

Was kann es Schöneres geben als einen Sonnenaufgang mitzuerleben? Ich denke, dass die Freude am Gehen, eine gewisse Gelassenheit und Interesse an der Natur mich bis heute prägen. Natur und Landschaft als schön zu empfinden, muss, glaube ich, von frühester Kindheit gelernt sein. Ich genieße bis heute den wunderbaren Ausblick auf Berge oder über das weite Land. Ich empfinde so etwas als sehr erhebend, jeder Blick ist anders, neu und überraschend.

Was gab es Aufregenderes, als sich vorsichtig Wildtieren zu nähern, Vogelnester zu erkunden oder unter Steine im Bach zu greifen, um zu sehen, ob Fische darunter sind? Ich habe dabei selbst eigene Grenzen erfahren können – und das ohne Begleitung von Erwachsenen, oft aber gemeinsam mit Freunden. Ich bin dankbar, dass meine Eltern viel zugelassen haben. Die frühe Mitarbeit am Bauernhof, das Arbeiten, aber auch Spielen mit Nutztieren würde ich nie missen wollen.

Meine Kindheitserlebnisse motivieren mich, Eltern und Kinder einzuladen, möglichst viel zu Fuß zu gehen und dabei Natur zu erleben. Meine Begeisterung für das Wandern und Bergsteigen, die Neugierde auf die Natur und das Schwammerlsuchen bereiten mir und meiner Familie bis heute viel Freude.

Wie lernt der Mensch

Vom Sinn und Zweck des Lernens

Alexander Unterberger
ist seit über 15 Jahren Sozial- und Erlebnispädagoge.
Er arbeitet vor allem mit verhaltensauffälligen Jugendlichen
und ist außerdem in der Aus- und Weiterbildung
von SozialpädagogInnen und BetreuerInnen in den
verschiedensten sozialen Arbeitsfeldern engagiert.

Lernen und andere Aufgaben von Kindern

Aus heutiger Sicht ist klar, dass der Mensch sein Leben lang lernt. Die ständigen Herausforderungen des Lebensalltags erfordern eine stetige Anpassung der eigenen Verhaltensweisen an die sehr rasch wechselnden Gegebenheiten. Dass das immer schon so war, ist anzunehmen. Auch in vergangener Zeit, ob nun vor dreitausend Jahren oder vor fünfzig, mussten sich Menschen auf wechselnde Gegebenheiten einstellen.

Im Allgemeinen beschreiben wir diesen stetigen Veränderungsprozess als Lernen. Würden Menschen nicht lernen, säßen wir noch frierend in Höhlen. Im Laufe der Geschichte hat sich nicht nur die Idee verändert, wie wir lernen, sondern auch das Verständnis, welchen Sinn Lernen überhaupt hat. Gleichzeitig verändert sich auch die Vorstellung, welche Aufgaben ein Kind hat.

Um 1870 herum entwickelt sich ein erstes Bild einer formulierten Lerntheorie. Seine Basis findet dieses Modell in den damals gängigen Erziehungsvorstellungen. Als Methoden gelten in dieser Zeit Zucht und Ordnung.

Vorherrschend war der Gedanke, der Mensch sei bei seiner Geburt eine „Tabula Rasa", ein unbeschriebenes Blatt, er habe keinerlei angeborene Fähigkeiten. Alles was der Mensch lernt und später kann, muss konsequent eingeübt werden.

Zur Zeit des 1. Weltkrieges verbindet man Lernen mit Propaganda. Man erkennt, dass politische Prägung und Manipulation besonders bei Kindern sehr gut funktionieren. Kinder scheinen weniger in Frage zu stellen. Als hauptsächliche Lernmethoden dienen zu dieser Zeit nach wie vor Drill und ständige Wiederholung.

Während der NS Zeit wird dieser Umstand noch weiter intensiviert. Die Nachwirkungen dieser Indoktrinierung sind zum Teil noch heute zu spüren.

Nach dem 2. Weltkrieg wird ein neuer Impuls zu Thema „wie lernt der Mensch" gesetzt. Man stellt fest, dass nicht alles Lernen Drill, Wiederholung und Bestrafung ist, sondern dass es darüber hinaus einen sehr kreativen Anteil am Lernen gibt. Durch pädagogische Ideen, wie zum Beispiel die antiautoritäre Erziehung in den 1960er Jahren oder die systemischen Ideen in den 1980ern, verändert sich die Vorstellung des Lernens maßgeblich. Ebenso verändert sich die Vorstellung über die Aufgaben des Kindes und die damit zusammenhängende Auffassung von Erziehung.

Was weiß man heute über das Lernen

Wie wir lernen, ist auch heute nicht endgültig geklärt. Geklärt ist vor allem, dass lernen für den Menschen besonders bedeutsam ist. Durch die Fähigkeit zu lernen ist es ihm möglich, sich rasch und effizient an seine Umwelt anzupassen. Im Grunde gibt es heute drei anerkannte Lerntheorien.

Den Behaviorismus

Im Behaviorismus wird Lernen als Reaktion des Menschen auf äußere Reize erklärt; Lernprozesse können und müssen von außen gesteuert werden.

Den Kognitivismus

Der Kognitivismus rückt die inneren, aktiven Denkvorgänge in den Vordergrund, durch die neue Strategien, Fähigkeiten und Wissen entstehen.

Den Konstruktivismus

Der Konstruktivismus geht davon aus, dass Wissen durch persönliche Interpretation entsteht. Wie und vor allem was wir lernen, ist für jeden Menschen anders.

Wie so oft liegt auch hier der Schlüssel höchst wahrscheinlich in der Zusammenführung der Ideen. Vor allem die Vertreter des Konstruktivismus gestehen ein, dass wir auch durch Training und Wiederholung lernen. Menschen lassen sich nicht immer alles selbst einfallen aber auch nicht alles x-Beliebige antrainieren.

Was sich beim Lernen abspielt, kann man vereinfacht in einigen Punkten zusammenfassen.

Hier die wichtigsten Grundprinzipien:

(Zusammenfassung nach Prof. Dr. Angelika Speck-Hamdan)

▬ Lernen ist ein individueller Prozess:
Jeder Mensch verarbeitet die Erfahrungen mit der Umwelt auf seine eigene Art und Weise. Eine Erfahrung trifft bei verschiedenen Personen auf unterschiedliche Vorerfahrungen, auf unterschiedliche Empfindungen und auf unterschiedliche Strategien der Verarbeitung. Dementsprechend sind die Ergebnisse nicht gleich.

▬ Lernen ist ein aktiver Prozess:
Lernen ist geistige Tätigkeit. Der Erwerb neuer Fähigkeiten erfolgt in stetiger Auseinandersetzung mit der Umwelt. Dies kann manuelles Handeln sein, möglich sind aber auch aktives Zuhören oder gedankliche Schlussfolgerungen. Die Tätigkeit muss nicht von außen sichtbar sein.

▬ Lernen ist ein konstruktiver Prozess:
Beim Lernen werden neue Informationen an bereits Vorhandenes angebaut. Die Welt in ihrer Existenz entsteht in jedem Kopf somit individuell. Auf Basis der Erfahrungen und der vorhandenen Werkzeuge zur Verarbeitung dieser werden Theorien entwickelt, geprüft, verworfen oder bestätigt.

▬ Lernen ist ein integrativer Prozess:
Neue Erfahrungen müssen in vorhandenes Wissen integriert werden. Neues Wissen dockt sozusagen an vorhandenem Wissen an. Eine entscheidende Rolle spielt also das Vorwissen. Je stärker und sicherer darauf aufgebaut werden kann, desto bessere Voraussetzungen für weitere Differenzierung und Vertiefung sind gegeben. Wer schon etwas über die Raumfahrt weiß, kann mit Informationen über die Schubkraft mehr anfangen als jemand, der sich gerade erste Gedanken über den Weltraum macht.

Lernen erfolgt selbstreguliert:

Lernende sind keine Maschinen, die immer auf die gleiche, vorhersagbare Weise Erfahrungen verarbeiten. Sie sind die AkteurInnen ihrer eigenen Lernprozesse. Sie können sich auf diese einlassen oder sich ihnen verweigern. Sie gehen ihre eigenen Wege der Verarbeitung, die mit ihrer individuellen Lebensgeschichte zusammenhängen.

Lernen ist ein sozial und situativ eingebetteter Prozess:

Lernen findet in realen Situationen statt. Die Erfahrungen, die dabei gemacht werden, sind immer umfangreich. Der soziale und situationsbezogene Zusammenhang beeinflusst das Verarbeiten und Verwerten von Informationen mit. Das hat insbesondere Auswirkungen auf die Motivation zu lernen und zu entdecken. Als angenehm empfundene soziale und situationsbezogene Bedingungen erhöhen die Wahrscheinlichkeit, dass etwas gelernt wird. Unter Druck lernt niemand gut.

Lernen als latenter Prozess:

Es gibt Inhalte und Verhaltensweisen, bei denen das erlernte Verhalten nicht geübt zu werden braucht und daher nicht sofort erkennbar ist. Es kann auch als Lernen auf Vorrat bezeichnet werden. So werden etwa durch Beobachtung Einstellungen oder Vorurteile von den Eltern übernommen, die häufig erst im Erwachsenenalter zum Vorschein kommen. Aber auch die "heimlichen Erzieher", insbesondere die Medien, vermitteln über diese Art des Lernens nicht immer nur gesellschaftlich erwünschte Verhaltensweisen.

Lernen durch Nachahmung oder Imitation:

Das Lernen durch Nachahmung oder Imitation ist eine ganz wichtige Lernform für alle Lebewesen und beginnt schon sehr früh. Im Prinzip ist darunter jenes Lernen zu verstehen, mit Hilfe dessen wir das Fundament unserer Gedankenwelt bilden. Um auf etwas aufbauen zu können, müssen wir zuerst Modelle kopieren. In neuen, uns gänzlich unbekannten Verhältnissen machen wir das Zeit unseres Lebens. Wenn wir zum Beispiel Urlaub in einem fremden Kulturraum machen, beginnen wir bald, Begrüßungsrituale und Gesten zu kopieren und nachzuahmen. Kleinkinder machen das Gleiche. Sie kopieren das Sprechen in ihrer Umgebung. So wird Sprache im Wesentlichen durch diese Art des Lernens erworben, ist also zur Gänze sozial vermittelt.

Zu alledem nimmt man an, dass Menschen großteils nach dem „Notwendigkeitsprinzip" lernen. Dieses Prinzip besagt, dass der Mensch in einer Situation zuerst nach vorhandenen Verhaltensmöglichkeiten sucht, um diese Situation zu bewältigen. Erst wenn wir nichts Pas-

**Natur ist die Frische des Bergflusses,
die Leidenschaft des Adlers und die Kraft
des Tigers.**
Gero Vercetti

sendes in unserem Verhaltens- oder Wissensspeicher finden, suchen wir nach neuen Möglichkeiten und Ideen. Wir brauchen also das Gefühl, es sei notwendig, etwas Neues zu lernen.

Eine echte Erschwernis ist die menschliche „Generalisierungstendenz". Der Mensch ist von Natur aus eher lernfaul. Haben wir einmal ein Verhalten oder ein Wissenselement gelernt, so versuchen wir, dieses so oft wie möglich einzusetzen. Je flexibler eine Ressource, ein Verhalten, ein Wissenselement einsetzbar ist, desto wertvoller erscheint es uns. Je wertvoller es uns erscheint desto sinnvoller kommt es uns wiederum vor. Wir vervielfältigen es sozusagen. Neues erlernen wir nur dann, wenn wir mit den bestehenden und generalisierten Elementen unserer Fähigkeiten nicht mehr weiter kommen.

Haben wir einmal ein Verhalten oder ein Wissenselement gelernt, so versuchen wir, dieses so oft wie möglich einzusetzen.

Durch das veränderte Verständnis in Bezug auf die Art und Weise des Lernens und den damit verbundenen Auswirkungen im Lebensalltag und der Gesellschaft hat sich auch die Vorstellung verändert, welche Aufgaben Kindern zukommen.

Was weiß man heute über den Unterschied zu früher

Wenn heutige und frühere Lebensverhältnisse miteinander verglichen werden, trifft man häufig auf ein Lob „der guten alten Zeit". Da war das Arbeitstempo noch gemächlicher, man hat sich noch geholfen, das Zusammensitzen nach Feierabend, die Feste, die noch richtig gefeiert wurden, – all dies ist heute angeblich nicht mehr so. Tages- Wochen- und Jahresrhythmus waren klar, was sich schickte, was passte, verstand sich von selbst.

Menschen von früher erzählen, dann dominiert bald das Bild der sonnigen Kindheit und der goldenen Jugendjahre. Wird hier etwas beschönigt oder verdrängt? Wieso erscheint älteren Menschen ihre Kindheit und Jugend so rosig? Vor ca. 80 Jahren waren die Einkommensverhältnisse oftmals alles andere als rosig. Naturereignisse, Unfälle und Krankheiten bedrohten oft auch die Existenz. Anstrengende körperliche Arbeit, wenig Freizeit, eine nahezu nebensächliche Rolle des Schulbesuchs ließen eine Kindheit und Jugendzeit im heutigen Verständnis kaum zur Entfaltung kommen. Vor 80 Jahren hieß das zentrale Thema „Überlebenssicherung". Die angeblich sonnige Kindheit und Jugend war also nicht allzu erfreulich. „Aber schön ist es gewesen", sagen die Alten. Wie passt das zusammen? Das fordernde Leben ließ den Aufwachsenden einige Nischen, in denen die Kinder und Jugendlichen unter sich sein konnten. Wegen der Überlastung der Eltern blieben sie sich selbst überlassen. Um nicht zu stören, gingen die Kinder hinaus und erlebten sich selbst und die anderen in der fordernden Natur – ohne Netz und doppelten Boden.

Kinder mussten früher viel schneller erwachsen werden, heißt es auch oft. Stimmt das? Vermutlich nicht. Was sich nachvollziehen lässt ist, dass Kinder viel früher Verantwortung übernehmen mussten und früher ihren Beitrag, in welcher Weise auch immer, zum Erhalt der Familie und der Gesellschaft beitragen mussten. Menschen von heute beschreiben dieses „Verantwortlich sein" als Einschränkung des Kindes und behaupten, dass man durch das Tragen von Verantwortung die Kindheit verliert und erwachsen werden muss. Nimmt man das an, dann liegt der Schluss nahe, dass Kind sein bedeutet, nicht verantwortlich zu sein. Verantwortung teilt sich in zwei Bereiche auf, die untrennbar miteinander verbunden sind: In die Selbstverantwortung und in die Fremdverantwortung. Verantwortung in beiden Formen wiederum ist kein Wissen, das man vermitteln kann, sondern vielmehr eine Erfahrung, eine Selbst- und eine Fremderfahrung. Erfahrung kann man nicht erzählt bekommen. Erfahrung muss man erleben.

Verantwortung zu haben heißt auch wichtig zu sein, gebraucht zu werden, dazuzugehören. Kinder könnten also früher mehr das Gefühl gehabt haben, wichtig zu sein, als dies heute der Fall ist.

Verantwortung war Teil der Kindheit. Ab dem Eintritt in die Volkschule mussten Kinder Verantwortung für Teile ihres Lebens übernehmen. Auch in den Familienalltag waren sie unterstützend eingebunden. Heute beginnt die Phase der Verantwortung, wenn überhaupt, viel später. In vielen Familien ist es heute üblich, dass die Kinder in die Schule gebracht werden. Kinder für eine gewisse Zeit alleine zu Hause zu lassen und ihnen den Abwasch aufzutragen, gilt vielerorts als Fauxpas. Viele Eltern sitzen neben ihren Kindern, wenn diese die Schulaufgaben machen. Unzählige Mütter und Väter lassen ihre Kinder nicht alleine auf den Spielplatz im Hof gehen. Diese „Fürsorglichkeit" hat eine Auswirkung. Kinder und Jugendliche haben heute weniger Übung im „Verantwortlich sein" wenn sie ins Erwachsenendasein eintreten, als früher.

Was weiß man heute über die Aufgabe der Kinder

Im Laufe der Geschichte hat sich hinsichtlich der Aufgaben der Kinder Vieles grundsätzlich verändert. Sah man das Kind bis vor gar nicht all zu langer Zeit als Sicherung des menschlichen Fortbestandes, so sind in den vergangenen 100 Jahren die Aufgaben des Kindes umfangreicher geworden.

In den vergangenen beiden Jahrzehnten wurde es immer wichtiger, dass Eltern ihr Leben sehr genau vorausplanen. Karriere und Vorankommen, sich etwas schaffen, ist vielen vordergründig wichtig. Kinder will man erst, wenn man die Zeit dazu hat. Immer häufiger entsteht allerdings der Eindruck, dass Kinder gebraucht werden, um eine Auszeit vom anhaltenden Leistungsdruck zu rechtfertigen. Wir leben heute in einer Leistungsgesellschaft. Nur wer arbeitet zählt etwas, und wer noch mehr arbeitet, der zählt noch mehr. Es ist sehr wichtig „jemand zu sein" und zumindest eine Abteilung zu leiten. Wer spät am Abend noch e-Mails verschickt, gilt als noch wichtiger. Bei wem sich ein Meeting an das andere reiht, wer am Wochenende von einem Seminar zum anderen tingelt, der ist „busy" und kommt voran.

Ich glaube, dass meine Großeltern als Kinder mehr Freiheiten gehabt haben.

Silke, 15,
Gänserndorf

Das ist natürlich schon schöner, in der Natur zu lernen oder in der Sonne zu liegen, als wenn man beim schönen Wetter vielleicht in den Park gehen muss und da sind vielleicht so viele Fremde.

Früher sind wir bei der Ruine von einem Kieshaufen zum anderen gehüpft und haben uns vorgestellt, das ist ein Dorf oder eine andere Welt. Einmal haben wir uns ein Lager aufgebaut mit Fallen. Wir haben uns auch Essen mit reingenommen, das war total abgeschottet von der Umwelt. Da hat uns niemand anderer gesehen.

Früher habe ich mit meinen Eltern oft Radtouren gemacht. Bei uns gibt es so viele Radwege, das sollte man ausnutzen, aber die Schule nimmt so viel Zeit in Anspruch, da hat man keine Zeit für etwas Anderes. Das ist schade, wenn man bei so schönem Wetter lernen muss und drinnen sitzen.

Wir haben mit der Straßenkreide Wohnungen und Orte gezeichnet. Und wir haben Spiele erfunden, zum Beispiel haben wir eine Puppe auf der Straße fahren lassen wenn es dunkel war und dann haben wir immer versucht, sie abzuschießen oder so. Und wir haben immer versucht, Spiele zu erfinden.

Mein Vater ist ein leidenschaftlicher Schwammerlpflücker und da bin ich manchmal mit ihm um sechs aufgestanden und habe mit ihm im Wald Schwammerl gepflückt. Früher habe ich mich mehr damit beschäftigt. Jetzt ist das eher auf Rassetiere spezialisiert als auf Naturvögel oder so.

Ich bin letztens mit einem Freund auf einem Hügel gelegen und wir haben uns die Sterne angeschaut. Das finde ich schade, dass man in Wien die Sterne gar nicht mehr sieht. Es ist faszinierend, wenn man den Himmel anschaut, wie sich das Wetter verändert.

Es ist schön, wenn man im Garten liegt in der Sonne und man hört den Wind und es raschelt oder man hört die Vögel, also ich bin total gerne draußen.

Ich glaube, dass meine Großeltern als Kinder mehr Freiheiten gehabt haben, weil jetzt gibt es viel mehr Gesetze. Sie sind vielleicht mit dem Motorrad draußen gefahren und haben das viel schneller gelernt, was wir jetzt gar nicht mehr machen könnten. Sie waren sicher mehr an der Luft, weil sie als Kinder schon arbeiten haben müssen. Das ist uns Gott sei Dank erspart geblieben. Aber man hat als Kind überall spielen können. Jetzt ist viel mehr verbaut.

Ob Mann oder Frau ist hier egal. Was dadurch ansteigt, ist nicht nur das Gehalt, sondern auch der Stress- und Druckpegel. Kinder sind da oft der letzte Notausstieg. Sie sind der legitime Grund und eine der wenigen sozial anerkannten Möglichkeiten, aus der Leistungsspirale auszusteigen.

Kinder waren früher vor allem einfach da. Kinder mussten versorgt werden und mussten zu dieser Versorgung auch beitragen. Heute werden Kinder als eigene Aufgabe beschrieben, die in den Alltag integriert werden muss.

Entwicklung und Kindsein bekommen somit einen speziellen Zeitraum im Leben und im Tagesablauf der Erwachsenen zugewiesen. Das Kind wird eingeplant und Kinder haben nun wiederum die Aufgabe sich an diesen Plan zu halten.

Allgemein wird behauptet, dass sich Eltern heute weniger Zeit für ihre Kinder nehmen. Eine erste Feststellung dazu könnte sein, dass dies niemals sehr viel anders war. Heute versuchen Eltern eher, in der Zeit, die neben Arbeit und Karriere verbleibt, sehr viel mit ihren Kindern zu unternehmen und die Erlebnisse so intensiv wie möglich zu gestalten. Diese Erlebnisse wollen Eltern mit ihren Kindern gemeinsam haben. Wenn Kindern etwas nicht gefällt, kommt es durchaus vor, dass Elternteile gekränkt reagieren. Kindern etwas zu ermöglichen, heißt ja auch, den Eltern die Möglichkeit zu geben, sich darüber zu freuen. So kann es eine Aufgabe der Kinder sein, Erwachsene glücklich zu machen.

Allgemein wird behauptet, dass sich Eltern heute weniger Zeit für ihre Kinder nehmen.

Kinder haben auch die Aufgabe uns dabei zu helfen uns selbst zu finden. Sie sind ein Teil unserer Identität.

Unsere Identität ist die einzigartige Weise in der wir sind. Wir bestimmen die Identität in verschiedener Weise. Einerseits suchen wir Zugehörigkeit zu unterschiedlichen Gruppierungen, zum Geschlecht und zu einem gewissen Stand, gleichzeitig definieren wir uns aber auch durch die Unterschiede zu anderen. Man könnte sagen: „Ich werde erst ich, wenn ich festgestellt habe was an mir anders ist". Eine Möglichkeit der Unterscheidung ist die soziale Rolle. „Kind sein" oder „erwachsen sein" ist nicht nur ein Umstand der menschlichen Entwicklung, sondern auch ein Teil unseres Rollenverständnisses.

Je klarer der Unterschied ist, desto besser kann ich mich selbst finden. Derzeit geschieht auf sozialer Ebene eine fortschreitende Angleichung und Vereinheitlichung. Das ist im Gesamten gesehen und gesellschaftspolitisch betrachtet eine tolle Sache. Dieser Umstand macht es allerdings notwendig, Unterscheidungskriterien zu schaffen, die uns die Möglichkeit geben uns selbst zu definieren. Eine Möglichkeit ist die Unterscheidung vom Kind. Um möglichst lange einen Unterschied feststellen zu können, müssen Kinder so lange es geht Kinder bleiben. Man nimmt heute sogar an, dass ein Teil der bekannten „Midlife Crisis" durch das Wegfallen der identitätsbildenden Unterschiede durch die eigenen Kinder bedingt ist, da diese inzwischen erwachsen sind. Es stellt sich also die Frage: Sind Eltern heute für ihre Kinder da oder haben Kinder die Aufgabe, für ihre Eltern da zu sein?

Nicht nur im Eltern-Kind-Verständnis stellt man heute Veränderungen fest. Wir erkennen auch auf anderen Ebenen eine Neuerung in der Betrachtung des Kindes.

Früher sah zum Beispiel die Wirtschaft Kinder vor allem als billige Arbeitskraft. Sie wurden in Betrieben eingesetzt und waren durch ihre Arbeitskraft Teil des Produktionsprozesses. Heute sind Kinder zumindest in Europa nicht mehr Teil dieses Prozesses, sondern Teil eines ganz anderen: Die Wirtschaft hat das Kind als Konsumenten entdeckt. Kinder sind beeinflussbar und formbar. Sie sind im Weiteren auch die Konsumenten der Zukunft. Betriebe, die nachhaltig planen, kommen ihrer Ansicht nach nicht umhin die Kinder zu prägen. Kinder haben also auch die Aufgabe, Humankapital für die Konsumgesellschaft zu sein.

Man nimmt heute sogar an, dass ein Teil der bekannten „Midlife Crisis" durch das Wegfallen der identitätsbildenden Unterschiede durch die eigenen Kinder bedingt ist, da diese inzwischen erwachsen sind.

Neben all diesen Aufgaben ist und bleibt es heute noch viel mehr als früher die primäre Aufgabe von Kindern, zu lernen und sich zu entwickeln. Kinder müssen sich in kurzer Zeit alle Fertigkeiten und Fähigkeiten aneignen, die sie für das Erwachsensein brauchen. Alles, was nicht in der Kindheit gelernt wird, muss später viel aufwendiger und unter erschwerten Bedingungen nachgeholt werden.

Auf Basis all dieser Erkenntnisse entsteht ein sehr interessantes Bild. Die Natur als Lernraum rückt wieder in den Mittelpunkt der Überlegungen.

Was weiß man heute über Lernen und Natur?

Wenn wir heute von Natur sprechen, sprechen wir gleichermaßen auch von Freiheit, Bewegungsraum und Entfaltungsmöglichkeiten. War früher die Natur Teil des Lebensraums der Kinder, so ist sie heute vielmehr außergewöhnliches Umfeld und Aktionsraum. Seit ca. 1950 erlebt die Natur als Lernmedium eine Renaissance. Wenn wir heute von der Wiedergewinnung der Natur als Lern- und Lebensraum sprechen, müssen wir uns zum Ersten damit abfinden, dass dies keine neue Idee ist. Bereits der Franzose Jean-Jacques Rousseau (1712 – 1778), Schriftsteller, Philosoph, Pädagoge und Naturforscher, beschrieb in seinen Werken die Abkehr des Menschen von der Natur. Auch der deutsche Pädagoge und Begründer der Erlebnispädagogik Kurt Hahn (1886 – 1974) bringt mit seinen Ansätzen zum Lernen in und von der Natur eben diese als Lernmedium wieder ins Bild. Heute stellen wir uns die Frage, ob die Natur den Menschen in seiner Entwicklung und seinem Lernen tatsächlich fördert und wie notwendig eine funktionierende Mensch – Umwelt – Interaktion ist.

Die Antwort lautet: JA! Die Natur ist ein idealer Lernraum für uns Menschen. Im Sinne der Ganzheitlichkeit (Herz-Hand-Hirn) gibt es kaum ein besseres und stärker förderndes Umfeld. Ganz besonders Kinder brauchen die Natur, um ihr gesamtes Lernpotenzial ausschöpfen zu können. Die Natur fordert sie mit Körper, Geist und Gefühl. Sie fordert ihren ganzen Einsatz, weil sie sich niemals an den Menschen anpasst. Sie ist auch niemals gleich. Alleine optisch gibt sie Kindern die Möglichkeit, ständig Neues zu entdecken.

Die Natur als Lernraum bietet Kindern die Möglichkeit ihren Drang nach Bewegung auszuleben. Durch das vielfältige Spektrum an Eindrücken und Forderungen werden sowohl die Wahrnehmungen als auch die Körperkoordination der Kinder sensibilisiert und trainiert. „Fangen" spielen im Wald zum Beispiel fördert ganz nebenbei den Gleichgewichtsinn, die Hand-Augen Koordination und das Reakti-

onsvermögen. Kinder, die sich viel in der Natur aufhalten, bewegen sich geschickter, weil sie an wechselnde Bedingungen gewöhnt sind. Auch geistig sind sie dadurch meist reger.

Interesse und Neugierde werden durch die Natur gefördert. Spielen ohne vorgefertigtes Spielzeug regt die Kreativität und Fantasie der Kinder an und durch den Aufenthalt in freier Natur bei jedem Wetter lernen Kinder die Zusammenhänge der Jahreszeiten und der Wetterbedingungen.

Außerdem entwickeln Kinder vor allem durch den Aufenthalt in der Natur ein Gefühl für den verantwortungsvollen Umgang mit ihr.

Durch jüngste Erkenntnisse aus der pädagogischen Forschung und der Hirnforschung werden diese Umstände bestätigt und es können folgende Leitlinien formuliert werden:

Spannende Erlebnisse und Erfahrungsräume fördern das Lernen

Kinder lernen nicht unter allen Voraussetzungen gleich gut und viel. Situationen, die Kinder zweifeln lassen, die fremd und nicht offensichtlich sind, begünstigen das Lernen. Wir nennen die begünstigenden Umstände den „förderlichen Rahmen". Die Natur ist einer dieser förderlichen Rahmen. Sie ist nicht endgültig berechenbar. Wenn Kinder zum Beispiel einen Staudamm bauen wollen, wissen sie zu Beginn nie genau, wie und wann sich das Wasser stauen lässt. Sie müssen sich ganz spontan neue Lösungen einfallen lassen, um ihr Vorhaben umzusetzen. Wenn sich das Wasser immer neue Wege sucht um durchzubrechen, sind sie sich nicht immer sicher, es zu schaffen. Und das ist genau das Spannende daran. Wird es gelingen oder wird der Damm brechen? Aus dieser Spannung heraus haben sie immer neue Einfälle, wie das Werk gelingen könnte.

Die Fantasie ist ein kraftvolles Lerninstrument

Urbane Gebiete werden meist zur Monofunktionalität getrimmt. Viele Dinge dienen nur einer einzigen Sache. Kinder brauchen allerdings die Möglichkeit der Zweckentfremdung und der fantasievollen Gestaltung. Dafür brauchen Kinder unverplante Räume, in denen sie gestalterisch und mit Fantasie tätig sein können. Die Natur bietet diese. Kinder lernen dadurch die Wandelbarkeit der Umstände.

Ein Stock kann jeden Tag etwas Anderes sein: Ein Schwert für einen Ritter, ein Zauberstab für eine Hexe, eine Antenne für einen Astronauten und vieles mehr. Sie lernen zudem zu improvisieren. Sie lernen, ein größeres Ganzes aus einzelnen Teilen zusammenzufügen. Wenn Kinder ein Lager bauen, geschieht genau dies. Durch das Zusammenfügen von Stöcken, Ästen und Blättern ergibt sich ein Unterstand. Kinder sind meist durch das Errichten einer ersten Unterkunft angespornt, sie lassen sich immer weitere Ergänzungen einfallen. Sie bauen einen Zaun, einen Aussichtspunkt und eine Kochstelle. Ganz spielerisch lernen sie so das Erreichen eines großen Ziels durch das vorherige Erreichen von kleinen Zielen.

Die Natur fördert das Prinzip „learning by doing"

Lernen ist am Besten durch eigenes Erleben und eigenes Tragen der Konsequenzen möglich. Fertigkeiten und Fähigkeiten werden durch das „selber ausprobieren" viel nachhaltiger kognitiv verarbeitet. Wenn ein Kind verstanden hat, in welchem Zusammenhang ein Ergebnis zustandegekommen ist, wird es viel einfacher sein, die daraus entstandenen Erkenntnisse auch in anderen Zusammenhängen umzusetzen.

Um die Auswirkungen ihrer Handlungen begreifen zu können, müssen Kinder also das Prinzip von Ursache und Wirkung entdecken. Am besten ist dies durch eigenes Tun möglich. Für das Prinzip „learning by doing" lassen sich viele Beispiele finden. Überall da, wo Kinder einfach etwas ausprobieren können, ohne dass ein Erwachsener versucht, bereits im Vorfeld die Möglichkeit des Scheiterns auszuschließen, haben Kinder die Möglichkeit, nach diesem Prinzip zu lernen.

Die Natur wahrt den Ernstcharakter

Hier steht der Realitätsbezug eines Lernumfeldes im Mittelpunkt. Die Natur stellt eine Art „Laborsituation" für Kinder dar, in der Verhaltensnormen und Regeln in ihrer Ursächlichkeit bedeutend sind. Wenn ich in einen Bach steige, werde ich nass. Ist das Wasser kalt, beginnen meine Füße zu schmerzen. Wenn Kinder einen Staudamm bauen, erleben sie ihre Wirkungsmöglichkeit auf ihr Umfeld und lernen gleichzeitig zusammenzuarbeiten. Mit Fehlern sind Kinder direkt konfrontiert und sehen oder durchleben die Konsequenzen ihres

Handelns. Die Natur ist somit ein reales Bewährungsfeld, um durch eigenes Erleben die persönliche Wirksamkeit und die der Anderen zu erleben.

Die Natur als Wagnis

Wagnisse fördern das Lernen, Risiken schränken es ein. Wenn Kinder ihr Lernumfeld als Herausforderung wahrnehmen, lernen sie aktiver. Situationen können und sollen sogar immer wieder einmal für Verunsicherung sorgen. Vorsicht, Achtsamkeit und Geschicklichkeit ergeben sich aus Situationen, in denen, subjektiv wahrgenommen, auch etwas schief gehen könnte.

Die Natur ist ressourcenorientiert

Lernräume sollen die persönlichen Ressourcen eines Kindes fördern. Die Vielfalt der Natur und die Unterschiedlichkeit ihrer Bedingungen ergeben beinahe automatisch individuelle Lernerfordernisse. Kinder probieren sich zuerst in dem aus, was sie können, bauen dann durch das Experimentieren auf die vorhandenen Ressourcen auf und lernen somit auf Basis ihrer bestehenden Ressourcen Neues dazu.

Was sollte man wissen und beachten

Wir gehen heute davon aus, dass Lernen das Ergebnis eines Austausches zwischen Personen und Umwelt ist und spätestens mit der Geburt beginnt. Diesen Austausch kann man als Erfahrung bezeichnen. Im Zentrum der Überlegungen steht nicht mehr der Lernstoff, sondern die lernende Person. Sie agiert in der sie umgebenden Welt und erobert sie Zug um Zug. Die eingehenden Informationen werden aufgenommen, verarbeitet und in das bestehende Denksystem eingeordnet. Da wir auf das Bestehende aufbauen, wird jeder Lernprozess individuell und somit einzigartig. Niemand kann genau sagen, wie etwas bei einer anderen Person ankommt bzw. was jemand aus einer Erfahrung, einer Information macht. Die Konsequenz aus diesem Umstand besteht darin, dass wir viel miteinander kommunizieren müssen, um Missverständnissen aus dem Weg zu gehen. Nur durch Kommunikation kann Übereinstimmung hergestellt werden. Erfahrungen werden eingeordnet, verarbeitet und in der Kommunikation mit anderen an das allgemeine Wissen angeschlossen. So wissen wir, worüber wir miteinander sprechen. Gemeinsame Symbole wie Sprache, Bilder usw. unterstützen uns dabei. Wie und was ein Mensch lernt, ist von außen nicht sichtbar, es geschieht im Kopf des Lernenden. Kommunikation ist somit einer der wichtigsten Bausteine menschlicher Entwicklung.

Kinder haben ganz selbständige Erkenntnisse. Sie erfinden sich ihre Welt. Durch die gesellschaftlich merkbare Tendenz zur Vereinzelung und Vereinsamung, vor allem bei Kindern, die kaum Sozialkontakte außerhalb der Schule haben und die nicht ausreichend kommunizieren, weil sie alleine zu Hause vor dem Bildschirm sitzen, entstehen sehr einseitige Vorstellungen der Wirklichkeit. Der Fernseher und das Computerspiel sind kein geeigneter Ersatz, weil sie die Realität nicht widerspiegeln und somit keine geeignete Überprüfungsebene sind.

Kinder haben ganz selbständige Erkenntnisse. Sie erfinden sich ihre Welt.

Durch Kontakte mit Gleichaltrigen, mit Erwachsenen sowie mit ihrer Umgebung können Kinder die Richtigkeit ihrer subjektiven Erkenntnisse überprüfen. Sie können testen und versuchen. Die Erfahrungen aus diesen Überprüfungen fließen wiederum korrigierend oder bestätigend in die Erkenntnisse ein. Fehlen diese Auseinandersetzungen aus Zeitmangel oder weil es keine geeigneten Bezugspersonen gibt, entstehen im Extremfall z.B. Comic-Wirklichkeiten oder an Spiele angelehnte Lebenskonzepte. Kinder brauchen somit eine reale Auseinandersetzungsmöglichkeit. Sie müssen sich selbst erleben können, müssen ihre Erkenntnisse unter wirklichen Bedingungen ausprobieren um ein Lebenskonzept zu entwickeln, welches in der Wirklichkeit lebbar ist.

Fehlen diese Erkenntnisse, kann man sich die Auswirkungen in etwa so vorstellen, als würde man Auto fahren nur theoretisch oder mithilfe eines Computerspiels lernen und sich dann, im Alter von achtzehn Jahren, einfach hinters Steuer setzen und losfahren. Die Wichtigkeit der Lebenspraxis wird sehr oft unterschätzt. Kinder sind die zukünftigen Träger der Gesellschaft. Wenn wir unsere Kinder nicht dem wirklichen Leben aussetzen und sie zu unserer eigenen Beruhigung nur das Leben

Erstaunen ist der Beginn der Naturwissenschaft.
Aristoteles

simulieren lassen, weil wir die natürlichen und auch durchaus gefährlichen Konsequenzen ihrer Versuche aussparen wollen, laufen wir Gefahr in Zukunft von Theoretikern umgeben zu sein.

Kinder brauchen, um sich gut und praktisch entwickeln zu können, eine Umgebung, die sie gestalten können. Nichts gibt so viel Selbstvertrauen, wie das Gefühl, etwas beeinflussen, gestalten und entwickeln zu können.

Aus Fehlern wird man klug. Das ist nicht nur ein Spruch, es ist sogar eine Lernstrategie. Vieles, was wir lernen, entdecken wir durch das Ausschlussprinzip. Dies ist auch wichtig, weil wir so lernen, in unsere Fähigkeiten zu vertrauen und das Richtige finden zu können. Wenn Kinder nicht lernen, mit ihren Fehlern umzugehen und die Konsequenzen ihres Handelns zu reflektieren, so lernen sie nicht, darauf zu vertrauen, dass sie die richtige Lösung finden können, auch wenn sie sich einmal geirrt haben. Sie werden nicht den Mut entwickeln, etwas nicht Vorhersehbares zu tun, geschweige denn die Sicherheit haben, mit ihren eigenen Ressourcen das Leben bewältigen zu können.

Wie sollen Kinder Gefahren einschätzen lernen, ohne ihnen ausgesetzt zu sein? Natürlich muss kein Kind beinahe überfahren werden, um sich im Straßenverkehr vorsichtig zu verhalten. Wir Erwachsenen neigen nur dazu, das Vermeiden aller kleinen Gefahren mit der Bedrohlichkeit spektakulärer Gefahren zu erklären. Wir übersehen dabei, dass ein Kind durch das Bestehen kleiner Gefahren lernt, die großen Gefahren einzuschätzen.

Zu sehr beschützte Kinder sind nicht vorsichtig, sie sind meist ängstlich.

Es ist nicht möglich, alle eventuellen Gefahren vorherzusehen. Kinder müssen also lernen, spontan und intuitiv auf auftretende Gefahren zu reagieren. Intuition setzt sich aus Wissen, Erfahrung und Gefühl zusammen. Ohne Erfahrung gibt es keine Intuition. Wir können nicht durch Wissen Erfahrung ersetzen. Die heutige Tendenz ist

allerdings, Kindern und Jugendlichen durch Erklärungen und übermäßige Vorsicht mehr Wissen als Erfahrung mit auf den Lebensweg zu geben. Zu sehr beschützte Kinder sind nicht vorsichtig, sie sind meist ängstlich.

In Bezug auf die kindliche Entwicklung und das damit einhergehende Lernen dürfen wir Eines nicht außer Acht lassen: Das Gewinnen von Fertigkeiten, Fähigkeiten und Ressourcen, des Rollenverständnisses, der kulturellen und sozialen Normen und Werte verläuft aufbauend. Das „Kind sein" bereitet auf das Jugendalter vor und dieses wiederum auf das Erwachsenendasein. Das menschliche Entwicklungskonzept ist also ein Präventivkonzept. Wir lernen nicht nur unser aktuelles Situationsverständnis, sondern auch gleichzeitig das Verständnis der nächsten Entwicklungsstufe. Durch das Zusammensein mit Gleichaltrigen und den dazugehörigen ungezwungenen Umgang ohne Beaufsichtigung der Eltern lernen Kinder das „Kind sein". Durch den Kontakt mit Älteren lernen Kinder, wie sich die nächste Altersgruppe verhält. Können Kinder nicht mehr unter sich sein, so fehlt dem zukünftigen Erwachsenen ein Teil des Fundaments.

Zum Weiterlesen: Schenk-Danzinger, Lotte: Entwicklungspsychologie
Österreichischer Bundesverlag, Wien 1993. 360 Seiten, 28 Euro
ISBN-13: 978-3209036810

Dieses Buch zeigt die Entwicklung als einen vom Reifungsgeschehen . zwar gesteuerten, aber doch in wesentlichen Bereichen von der Umwelt determinierten Lernprozess. Es vermittelt einen Überblick über den Ablauf der Entwicklung in einer großen Zusammenschau. Statistisch gesichertes Material ergänzt die Darstellung des Entwicklungsablaufs vom 1. Lebensjahr bis zur Pubertät und Adoleszenz.

Matthias, 13, Payerbach und
Simon, 13, Küb

Wie sieht eure Wohnumgebung aus?
M: Bei uns ist es eher grün
und still. Es gibt schon Autos,
aber nicht so viele.
S: Ich wohne nahe am Wald,
da fahren fast keine Autos
mehr. Unser Haus war früher
ein Hotel und es hat einen ganz
großen Garten dabei und Wald.

*Was machst ihr am Nachmittag
nach der Schule oder am
Wochenende und in den Ferien?*
M: Lernen, spielen und
rausgehen.
S: Und am Wochenende treffen
wir uns, unter der Woche geht
das meist nicht.

Was spielt ihr dann?
M: Drinnen spielen wir am
Computer und draußen ma-
chen wir irgendwas.
S: Wir laufen herum und ma-
chen unterschiedliche Sachen.

*Könnt ihr das näher beschreiben?
Was spielt ihr zum Beispiel am
Computer?*
M: Also wir zwei spielen eher
Unlogisches, mit Drachen und

so, Final Fantasy zum Beispiel.
S: Und dann gibt es noch die
ganze Nintendo-Reihe, zum Beispiel Super Mario oder Zelda.

*Was ist das Interessante am
Computerspielen?*
M: Man ist dann halt in einer
anderen Welt und das ist etwas
anders.
S: Man kann es nicht wirklich
beschreiben.

Tut ihr auch Fernsehen?
S: Eher weniger.
M: Fernsehen tu ich selten,
erstens weil meine Mutter den
Fernseher gesperrt hat, da ist
ein Code drin, und zweitens
ist da so viel Schwachsinn im
Fernsehen, das interessiert
mich immer weniger.

*Warum hat deine Mutter den
Fernseher gesperrt?*
M: Wegen meines Bruders.
Manchmal überredet er
meine Mutter und dann sitzt
er mit seinem Laptop vor
dem Fernseher und macht
beides. Eine Zeitlang hatte er
gleichzeitig den Computer,
Nintendo DS und ferngesehen.

*Er geht wahrscheinlich nicht viel
raus, oder?*
Nein, nicht viel.

Wie alt ist er?
17.

Ihr geht aber schon raus?
S: Ja sicher.
M: Ja, zusammen.
S: Wenn es schön ist, gehen wir meistens raus. Meistens sind wir dann im Wald unterwegs.

Was macht ihr da hauptsächlich?
M: Na ja, das ist ein bisschen dumm zu erklären, es ist kindisch.
S: Manchmal tun wir Stecken hin und her werfen.
M: Das sind Stecken, die man vom Waldboden aufhebt, und die tut man dann werfen.
S: Und sich vorstellen, was das sein könnte.

Spielt ihr dann die Fantasiewelten, die ihr am Computer spielt, finden die dann im Wald statt?
S: Ja manchmal.
M: Es ist etwas ein bisschen Ähnliches.
S: Es ist etwas, das ein bisschen damit zu tun hat, aber nicht so wirklich.

Ihr wollt es also nicht verraten?
M: Nein, es ist peinlich.

S: Wir machen ganz komische Sachen, zum Beispiel irgendwelche Kochlöffel ausgraben.
M: Er hat einen urrostigen Kochlöffel dort oben im Wald gefunden und damit es niemand wegnimmt, obwohl da eh niemand reingeht, hat er ihn vergraben, und das nächste Mal hat er sich aufgeregt, weil er ihn nicht mehr gefunden hat. Und dann vergräbt er noch ein Feuerzeug, weil er es toll findet, weil es aus dem 18. Jahrhundert ist.
S: Das ist noch oben im Wald, ich werd's schon wieder finden.

Hast du keinen Schatzplan gezeichnet?
M: Er hat einen Stecken daneben aufgestellt – im Wald!

Klettert ihr auch auf Bäume?
M: Ich nicht mehr. Seitdem ich vom Baumhaus hinuntergefallen bin und mir den Arm gebrochen habe, habe ich etwas gegen das Auf-Bäume-Klettern.
S: Ich klettere schon manchmal auf Bäume rauf.

Geht ihr weit hinein in den Wald?
S: Bei uns gehen wir schon weiter hinein aber bei ihm ist es nur da oben.
M: Da kommt man nicht mehr hinein, weil alles zugewachsen ist, und zweitens ist es nur so eine kleine Fläche und da kommen immer Leute vorbei, weil da ist der Weg zum Bahnhof.

Das ist schlecht für die Frösche. Die haben jetzt nicht mehr so viel Platz.

S: Wir erforschen auch manchmal Gebiete, wo wir hingehen könnten.

M: Es gibt bei uns auch einen Sumpf, aber der ist schon stark verkleinert worden, was ich urschade finde. Der Typ, dem die Fläche gehört, will da seine Kühe hinstellen, was ich blöd finde.

S: Das ist schlecht für die Frösche. Die haben jetzt nicht mehr so viel Platz.

Welche Bedeutung hat die Natur für euch?

S: Auf der einen Seite halten wir uns dort auf, aber trotzdem wollen wir, dass das da bleibt, dass es nicht verschwindet. Zum Beispiel mögen wir es nicht, wenn irgendwelche Bäume umgehackt werden. Mein Bruder hat zum Beispiel bei uns im Wald einen Teil abgerodet, das mag ich überhaupt nicht, weil die Bäume sind einem schon so vertraut gewesen.

Es stört euch, dass der Raum verändert wird?

M: Ja, weil es ist schon entspannend und da hat man Zeit für sich, und wenn das nicht da ist, haben wir ein Problem.

Wenn man einen Park daraus machen würde, das würde euch nicht gefallen?

S: Dann würden die ganzen Leute durchgehen, das ist deppert.

M: Dann kann man nicht diese Spiele spielen.

Beschäftigt ihr euch mit Pflanzen?

S: Wir wissen, was man essen kann, aber wir wissen nicht genau, wie etwas heißt.

M: Ich kenne schon manche Namen, aber ich vergesse immer, welcher Name zu welchem Baum gehört.

S: Ich weiß zum Beispiel, dass man den Holler essen kann oder bei den Fichten die kleinen Wipfel vorne. Oder wir wissen zum Beispiel, welche Pflanze klebt oder welche schön ausschaut, und meistens geben wir ihnen irgendwelche Namen, wie „Pickpflanze".

M: Manchmal gibt es mit der Schule so Tage, da gehen wir in die Natur und suchen zum Beispiel bestimmte Insekten.

Glaubt ihr, haben es eure Großeltern schöner oder schlechter gehabt in ihrer Kindheit als ihr?

S: Ich finde schon, dass sie es schlechter gehabt haben.

M: Ich finde, beides. Sie hatten keine Sachen, mit denen sie spielen konnten und sie hatten eher Stress mit dem Krieg, aber sie hatten nicht so viele Autos und bessere Luft. Heute gibt es so viele Straßen, überall werden Straßen gebaut, auch zu entfernten Häusern hin.

Wir haben nicht wirklich einen Garten, weil wir haben einen Bauernhof. Wir haben einen Hof mit wenig Gras mit Kiesel und über der Straße sind nur Wiesen und Felder. Wir wohnen mitten in der Landschaft.

Ich fahre viel Rad und ich gehe in den Wald, ich treffe gerne meine Freundinnen. Manchmal schaue ich fern oder spiele Nintendo, aber meistens bin ich draußen.

Ich bin auch draußen, wenn es regnet, dann springe ich in die Pfützen.

Gehst du alleine in den Wald?

Ja, ich schaue mir dort die Tiere an und die Bäume. Ich versuche jedesmal, ein Reh zu sehen. Einmal habe ich dreizehn Rehe auf einmal gesehen. Manchmal gehe ich auch mit meinen Freundinnen hin.

Ich spiele gerne mit meinen Tieren. Wir haben Kühe und ich habe eine Lieblingskuh, ein kleines Kalb, mit der renne ich manchmal um die Wette. Mit den Katzen spiele ich auch. Enten und Hühner haben wir auch, aber mit denen kann man nicht spielen. Wir haben aber eine Henne, wenn die Eier legt, kann man ihr Gefieder streicheln. Das fühlt sich cool an.

Musst du auch am Bauernhof helfen?

Ja, ich muss zum Beispiel heute in den Stall gehen und bin die ganzen Osterferien in der Früh und am Abend in den Stall gegangen. Meine Geschwister und ich haben manchmal mit unseren beiden Omas ganz alleine den Stall gemacht. Ich tue bei den angehängten Kühen ausmisten und beim Melken die Kühe zusammentreiben oder den Schrapper laufen lassen, das ist das automatische Ausmistgerät im Laufstall. Ich muss auch manchmal Eier suchen, aber das ist langweilig.

Ich bin ein totaler Naturfreak. Ich habe eine Freundin in Wien, mit der war ich einmal im Prater, das war schon lustig. Aber die Autos haben mich gestört, ich hab nicht schlafen können in der Nacht, weil bei uns daheim ist es viel leiser.

Denkst du, dass es deinen Großeltern als Kinder besser gegangen ist als dir heute, oder schlechter?

Ich glaube, dass es ihnen schlechter gegangen ist, weil sie den Krieg erlebt haben. Aber besser gegangen ist es ihnen, weil die Umwelt noch nicht so verpestet war, und ich denke, dass es da viel mehr Natur gegeben hat. Und sie haben keine Computer gehabt und sind ständig davor gesessen und haben sich die Augen ruiniert. Früher war es auch besser, weil es nicht so viele Ozonlöcher gegeben hat. Und es hat keinen Klimawandel gegeben. Aber wir haben heute mehr zu Essen, das ist besser.

Ist es besser, wenn man draußen spielt statt am Computer?

Es ist erstens billiger und manche Kinder lassen sich von Spielen völlig hypnotisieren und glauben, dass die Welt auch so ist. Und wenn man miteinander spielt statt mit Nintendo oder so, ist das besser.

Olga, 67, Sollenau
Großmutter von Carina

Ich bin im 3. Bezirk in Wien geboren. Zwischen dem Vorderhaus und dem Hinterhaus gab es einen sehr großen Hof und man konnte auch in den Hof des Nachbarhauses gehen, da gab es Verbindungsgänge. In unserem Hof gab es nur ein paar Stauden und eine Klopfstange, aber im Nachbarhof gab es einen großen Baum. Das war zum Spielen herrlich.

Als ich etwas größer war, in der Schulzeit, bin ich zum Modenapark gegangen, der war zu Fuß etwa zwei Minuten entfernt, und da war eine richtige Gstettn. Im Vorderteil war der schöne Park und hinten war noch Bauschutt, dort haben wir gespielt. Da waren keine Spielgeräte. Wir haben uns halt vorgestellt, was das sein könnte und haben dort gespielt, zum Beispiel, dass das ein wunderschöner Park ist mit Bäumen, denn es gab ja nur Klettensträucher, und dass man dort spazierengeht, dass man Nachrennen spielt, und wenn eine Wasserlache war, dann war das ein See. Es war ein Robinsonspielplatz ohne irgendwas, das war sehr schön. Wenn wir einen Ball mit hatten, haben wir Abschießen gespielt, oder wir haben „Lasst die Räuber durchmarschieren" gespielt, all diese Sachen, die die Kinder heute nicht mehr spielen.

Die Gstettn war natürlich interessanter. Das hat man auch hier gesehen, wo ich jetzt wohne.

Früher gab es da auch eine Gstettn und da haben die Kinder mit dem gespielt, was da war.

Ich hatte eine Tante, die hatte auf der Wasserwiese im Prater einen Schrebergarten, dort war ich öfter und das war herrlich. Sie hatte zwei Katzen, einen Hund, Kräuter, Gemüse, Erdbeeren, damit hat sie uns auch versorgt und ich konnte dort ein bisschen herumgarteln, das hat mir ganz einfach Freude gemacht.

Wir waren damals mit den Sachen, die wir hatten, unwahrscheinlich zufrieden und es hat nichts Anderes gegeben, dadurch haben wir keine hochgesteckten Ziele gehabt. Jetzt sehen die Kinder unheimlich viel und wollen auch sehr viel haben. Es ist den Eltern möglich, es zu kaufen, deshalb hat sich die Wertigkeit verschoben. Man kann aber jetzt auch den Kindern beibringen, dass es schön ist, in der Natur zu spielen und sie nicht unbedingt beim Computer sitzen müssen. Ich bin selbst ein Computerfreak und verbringe sehr viel Zeit am Computer, aber ich hätte nicht viel Freude, wenn meine Enkelin das machen würde.

Die Kinder wissen heute meist nicht, wie man sich gut beschäftigen kann. Wenn sie im Zug oder im Autobus sitzen mit ihren Gameboys, früher war es das Tamagotchi, was soll das? Da kann man ja nicht lernen, Verantwortung zu übernehmen, das ist eine Maschine. Wenn ich zu Hause Katzen habe, dann muss ich sie füttern, das ist etwas ganz Anderes.

Carina, 12, Blumau
Enkelin von Olga

*Ich bin viel draußen. Entweder
ich gehe da hinten in den Wald
und klettere dort auf Bäume, oder
ich spiele mit Kindern im Hof. Wir
spielen mit dem Ball oder wir fahren mit dem Fahrrad herum oder
klettern auch auf den Bäumen
oder spielen Verstecken oder so.*

*Meine Freundin und ich, wir
haben einen besonderen Baum,
der ist so schräg und auf den
klettern wir immer hinauf. Das
ist lustig, weil der besonders groß
ist. Wir haben eigentlich ein paar
Bäume, auf die wir gerne klettern.
Einer ist gleich hinterm Haus,
der ist auch gut, weil der so viele
Äste hat, da kann man gut drauf
klettern.*

*Manchmal spielen wir, dass
wir Sachen suchen, und dann
suchen wir alte Sachen. Ich habe
zum Beispiel ein Porzellanhäferl
gefunden, das war ganz schön,
und manchmal suchen wir Steine
oder so. Oder wir gehen zur
Piesting und dort sammeln wir
meistens Steine.*

*Im Garten habe ich ein eigenes
Beet und da mache ich auch Gartenarbeit. Mit der Zange schneide
ich gern Sachen weg oder mache
irgendwas in der Erde, Unkraut
weggeben und so.*

*Wenn Schlechtwetter ist, gehe
ich trotzdem raus, wenn es regnet
dann halt mit dem Regenschirm.*

Neulich habe ich im Garten
*Zitronenmelisse gepflückt und
habe einen eigenen Saft erfunden.
Da habe ich Wasser genommen
und ein bisschen Apfelsaft hinein und die dann klein gemacht
und hinein gegeben, das hat gut
geschmeckt.*

**Wenn du an deine Oma denkst:
Hast du es besser oder hatte sie
es besser als Kind?**

*Ich habe es besser, weil früher
hat es noch nicht so viel gegeben
und da war der Krieg und so. Jetzt
ist halt der Nachteil, dass so viele
Autos fahren, aber der Vorteil ist,
dass es uns besser geht mit dem
Essen und so.*

Kindheit und Pädagogik im Wandel der Zeit

Der Mensch als ein mit Vernunft, Freiheit und
Sprache begabtes und geschichtliches Lebewesen
bringt sich im Lichte jener Vorstellungen hervor, die
er von sich selbst hat und von sich selbst zeichnet,
beispielsweise als gesellschaftlicher Rollenspieler, als
Naturwesen oder als autonome Person. Jede dieser
Selbstdeutungen beinhaltet einen pädagogischen
Aspekt und schließt eine „Bildungslehre" ein.

(Wilfried Böhm, 2007)

Werner Ebner

ist an der Fachhochschule OÖ am Campus Linz beschäftigt. Er ist dort, beim Studiengang Sozialarbeit und Sozialmanagement, für die Praktika, die Handlungslehre Erlebnispädagogik, Forschungen im Rahmen der Lehre und für die Projektorganisation zuständig.

Die Anfänge der Erziehung lassen sich nicht eindeutig festlegen. Sie ist vermutlich so alt wie die Menschheit selbst und dürfte in erster Linie eine Weitergabe von Maßregeln der Lebensgestaltung von den Älteren an die Jüngeren gewesen sein. In der archaisch-primitiven Erziehung bewegte sich die Erziehung vor allem in der Weitergabe von Erfahrungen in festgefahrenen Bahnen. Dabei dürfte es keine Möglichkeit zu eigener Kritik gegeben haben. Jedoch darf vermutet werden, dass von Anfang an dem Vorbild eine große Bedeutung zugekommen ist.

Pädagogik in der griechischen Antike

Der geschichtsträchtige pädagogische Impuls der Antike liegt darin, dass Erziehung nicht mehr nur das Nachahmen der Älteren ist und eine Eingewöhnung in ein soziales Gefüge, sondern dass der Mensch die Aufgabe hat, seine Bestimmung zu verwirklichen. Zwar wird diese schöpferisch-existenzielle Verwirklichung noch nicht dem einzelnen Individuum zugetraut sondern bleibt in der gegebenen Welt und Lebensordnung, jedoch ist gerade dies der entscheidende Punkt und kann als Geburtsstunde der Pädagogik gesehen werden. Aus diesem Verständnis heraus entwickelten sich die weiteren Modelle der abendländischen Pädagogik.

Karl Jaspers bezeichnet das in seinem Buch „Vom Ursprung und Ziel der Geschichte" (1949) als: „Das Heraustreten des Menschen aus der Ruhe, Geschlossenheit und Selbstverständlichkeit eines mythischen Weltbildes und der Eintritt in die Unruhe, Fragwürdigkeit und Ungewissheit einer auf sich selbst gestellten menschlichen Existenz."

Der menschliche Geist wird seiner selbst gewahr, besinnt sich auf sich selbst und gewinnt eine distanziert–kritische Einstellung zu den bis dahin fraglos übernommenen und gefügig verinnerlichten Traditionen. Der Mensch sucht den letzten Rechtsgrund einer Überzeugung nicht mehr in der Autorität seines Herkommens, sondern in

der menschlichen Vernunft, d.h. in der Fähigkeit, das Richtige und Wahre, das Rechte und Gute aus eigener Einsicht zu vernehmen. Dieser Prozess lässt sich in die Zeit von 800 bis 300 vor Christi datieren. Generell wird dieser Zeitraum als ein Wendepunkt in der Menschheitsgeschichte angesehen.

Die Sophisten (Weisheitslehrer) konzentrieren sich in ihren Fragen auf den Menschen und seine kulturellen Hervorbringungen, insbesondere Sprache, Religion, Handwerk und Künste, die Grundsätze der staatlichen und politischen Ordnung, die Normen des menschlichen Handelns und deren Herkunft, schließlich die Erkenntnisfähigkeit des Menschen und sein Vermögen, das gesellschaftliche Zusammenleben vernünftig zu gestalten und zu regeln.

Die Sophisten verstehen ihren Beruf als eine sowohl lehr- als auch lernbare Kunstfertigkeit. Mit ihrer Hilfe wollen sie ihren Schülern ein gesellschaftlich und politisch nützliches Wissen beibringen und solche Fertigkeiten vermitteln, die ihnen Erfolg und Durchsetzung im Leben versprechen und zu einer pragmatischen Lebenstüchtigkeit und einer politischen Führungsqualität verhelfen. Als geeignete Methode für diese Lehre gilt die Kunst der überzeugenden Zustimmung in einer gewinnenden Rede. Man spricht auch von einem ersten Zeitalter der Aufklärung. (vgl. Böhm 2007)

In der Antike gab es unterschiedlichste Strömungen und Richtungen, die sich in einem rhetorischen Humanismus des Isokrates, in den pädagogischen Fragen des Sokrates, oder in Platons Staat der Erziehung wieder finden. Aristoteles und das Denken der Stoer waren ebenfalls richtungweisende Haltungen. Grundsätzlich kann gesagt werden, dass sich am Ende der griechisch-römischen Antike der Schwerpunkt vom Wissen auf das Wollen und auf jene existenzielle Authentizität, bei der es auch auf Vorsatz, Haltung und Gesinnung ankommt, verlagert hat.

Der Stoiker Cicero unterscheidet vier „Rollen":

1) eine erste allgemeine, in der alle Menschen durch ihre Vernunft übereinkommen;
2) eine zweite individuelle, die uns die Natur zugewiesen hat;
3) eine dritte, die uns durch die äußeren Umstände und Gegebenheiten zufällt, und
4) als vierte und im eigentlichen Sinn personale jene, die wir durch unsere eigenen Wahlen und Entscheidungen selbst hervorbringen und gestalten;

Kindheit im Mittelalter

Beschäftigt man sich mit dem Thema Pädagogik oder Kindheit im Mittelalter, so stößt man unweigerlich auf das Buch „Geschichte der Kindheit" von Philippe Ariès. Lange Zeit galt Ariès als „Entdecker der Kindheit" und seine These, die Kindheit sei eine Erfindung der Neuzeit, wurde lange Zeit als gegeben angenommen. In der Zwischenzeit gibt es viele andere Positionen, die sich auf Untersuchungen stützen und ein anderes Bild vermitteln. Dennoch scheint es interessant, die Arbeit von Philippe Ariès genauer anzusehen.

Im Wesentlichen lässt sich das Werk von Ariès auf zwei Grundaussagen beschränken:

a) In der ersten These postuliert Philippe Ariès, dass das Mittelalter den Begriff Kindheit nicht kannte.
b) In der zweiten These erkennt Philippe Ariès eine Isolation des Kindes in der Moderne.

Ariès führt seine erste These, das Fehlen der Kindheit im Mittelalter, auf die Vermischung der Altersklassen und Lebenswelten von Kindern und Erwachsenen zurück. Er findet keine Zeugnisse von Kindheit in der Kunst und Literatur des Mittelalters. Das Kind wurde nur als verkleinerte Ausgabe von erwachsenen Männern oder überhaupt nicht dargestellt (Ariès 2007, S 92). Seiner Meinung nach existierte die Kindheit in der traditionellen Gesellschaft nicht bzw. war auf die ersten Lebensjahre beschränkt. Er stellte auch fest, dass es im Mittelalter keine Begriffe für das Lebensalter Kindheit gab bzw. fand er in der mittelalterlichen Kunst Kinder nur auf drei Arten abgebildet: als Jesuskind, als Putto oder als nacktes Kind, das die Seele symbolisiert. Weiters stellte er fest, dass es keine spezielle Kinderbekleidung gab (vgl. ebendort S 118) oder auch, dass es keine spezielle Erwähnung von Kinderspielen gibt.

Zur zweiten These von Ariès, die Isolation des Kindes in der Moderne hätte ihre Entwicklung durch das Schulsystem genommen und sei in der Folge durch die Konzentration auf das Kind innerhalb der bürgerlichen Familie perfektioniert worden:

Ariès geht davon aus, dass all die oben angeführten Argumente zu einer Vermischung der Altersklassen geführt haben. Das Kind saß in der Schule neben Erwachsenen, der Schüler lebte mit Menschen verschiedenen Alters zusammen, Kinder spielten die gleichen Spiele wie die Erwachsenen und nahmen als Beobachter oder auch zum Teil als Akteure an deren Sexualität teil. Nichts wurde vor den Kindern verheimlicht – sie waren Teil der Gesellschaft. Erst durch die Ausweitung des Schulsystems sei es notwendigerweise zu einer Entwicklung von Klassenstufen gekommen, die ihrerseits zu einer Separierung der Alltagsstufen – zuerst nur zwischen Kindern und Erwachsenen, dann auch zwischen Kindern und Jugendlichen – geführt hat und schließlich von der modernen Familie durch ihre Konzentration auf das Kind vervollkommnet wurde und in die Isolation des Kindes mündete. Ariès beschreibt eine mittelalterliche Gesellschaft der Sozialität, die keine Privatheit kannte und in der sowohl alle Altersklassen als auch Stände zusammen lebten. Diese These wurde mittlerweile ebenfalls mehrfach widerlegt.

Eine häufig diskutierte Frage ist die Behauptung von Ariès, dass Kinder im Mittelalter nicht geliebt wurden bzw. unterstellte er ein Desinteresse am Wohl des Kindes. Er begründet dies z.B. mit der hohen Kindersterblichkeit von 50%, die jede mütterliche Liebesfähigkeit zum Versiegen bringt, wenn man sich an etwas bindet, was eigentlich als potentieller Verlust betrachtet werden muss. (Ariès, S 98) Ebenfalls bezieht er sich auf Kindstötungen, die zwar rechtlich verboten waren, aber als Unfall getarnt immer wieder vorkamen. Als weiteres Indiz sieht er die elterliche Gleichgültigkeit gegenüber der mittelalterlichen Taufpraxis. Da Kindern nur zwei Mal im Jahr das Sakrament erteilt werden konnte – zu Ostern und zu Pfingsten – vergaßen die Eltern diesen Akt oft. Ariès ging davon aus, dass in einer christlich geprägten Gesellschaft dem Kind damit die ewige Verdammnis drohte, dies interpretiert er als Indiz der Sorglosigkeit und des Desinteresses am Kind (vgl. S 54 – 56).

Eine häufig diskutierte Frage ist die Behauptung von Ariès, dass Kinder im Mittelalter nicht geliebt wurden.

Einige dieser Behauptungen konnten von anderen Wissenschaftlern widerlegt werden, z.B. von Arnold, Shahar oder Orme.

Die primäre Aufgabe der Erziehung im Mittelalter bestand jedoch in der Vermittlung der Demut vor Gott (vgl. Oelker, 2004, S 314) sowie der Sozialisation des Kindes auf seine spätere Rolle – sowohl als christliches, als auch als ständisches Gesellschaftsmitglied (vgl. Arnold 1986). Wie die Erziehung im Mittelalter gestaltet wurde, war also standesabhängig: „Der Geistliche suchte wissenschaftliche und religiöse Vertiefung, der Ritter Pflege seiner Wehrhaftigkeit, der Bürger Förderung der gewerblichen Tüchtigkeit. Der Bauernstand (...) wurde geistig vernachlässigt." (Weimar/Jakobi 1992, S 32).

Die wichtigste Aufgabe war die Bekehrung zur neuen Religion, die durch das Kloster systematisiert und institutionalisiert wurde. Die Expansion der institutionellen Erziehung führte Ariès auf die Trennung der Lebenswelten von Kindern und Erwachsenen zurück, was dem wachsenden Bedürfnis „die Jugend vor der verderbten Welt der Erwachsenen zu schützen" (Ariès S. 509) entsprach. Ob den Kindern der Zugang zu schulischer Bildung zugänglich war, sie zur Ausbildung an andere Höfe oder in die Lehre an andere Orte geschickt oder aber im elterlichen Haus ausgebildet wurden, hing dabei sowohl von der Standeszugehörigkeit als auch vom Geschlecht sowie den lokalen und zeitlichen Gegebenheiten ab.

Bis zum Spätmittelalter war der Schulbesuch nur dem priesterlichen Nachwuchs möglich. Erst mit dem Erstarken des Bürgertums und der Ausweitung der Handelsbeziehungen wuchs der Bedarf nach schulischer Bildung und führte schließlich nicht nur zu einer allgemeinen Ausweitung des Bildungssystems, sondern auch zur Gründung von Deutschschulen. Dem Handwerk und Bauernstand blieb der Zugang zur Bildung dennoch verwehrt – ebenso dem weiblichen Geschlecht. Obwohl die institutionelle Erziehung für das Mittelalter also eher eine Ausnahme darstellte, investierte die europäische Gesellschaft ab dem 12. Jahrhundert zunehmend in die Erziehung und Kindheit – sowohl psychologisch als auch materiell (vgl. Oelkers, 2004).

Ariès Darstellung, die sich auch auf fehlende Begrifflichkeiten beruft, lässt sich wie folgt darstellen. Die verwendeten Begriffe aus dem Lateinischen bezeichnen folgende Lebensphasen: infans (nicht sprechend), die Kindheit, ist mit dem siebten Lebensjahr, also dem Zeitpunkt des Spracherwerbs beendet. Die pueritia (7 – 14 Jahre) gilt als das Schulalter, dagegen betont der Begriff adolescentia einerseits den Wachstumsprozess, andererseits die Zeugungsfähigkeit des Heranwachsenden (14 – 21 Jahre bzw. 28 Jahre). Die Jugend, juventus, gilt als Mitte und Blütezeit des Lebens (21 bzw. 28 – 35 Jahre) und wird von der „Reifezeit," „virilitas " abgelöst (35 – 55/60 Jahre), die den Übergang zum Alter „senectus", darstellt (jenseits der 55/60 Jahre). Die letzte Phase, „senies", wurde als Zeit verstanden, die sich durch den Verfall des menschlichen Geistes und Körpers auszeichnet und meinte ein Alter jenseits des 70. Lebensjahres (vgl. Pastoureau 1996, S 297)

Ariès begründet nun, dass es aufgrund der lateinischen Verwendungen und Begrifflichkeiten keine eigene Bezeichnungen für das Jugendalter als Übergang von der Kindheit zum Erwachsenenalter gab, weil der Begriff Jugend in diesem Schema für das mittlere Alter steht. Somit fehlten Ariès zufolge sowohl für die Unterscheidung von Kindern und Heranwachsenden eigene Termini, als auch für die Differenzierung von Jugendlichen und Erwachsenen. „Genau genommen kennt man nur das Wort Kind" (Ariès S. 82). Überdies interpretiert der Autor, dass der Begriff Kind im 14./15. Jahrhundert Synonym für Bursche, Knabe, Sohn und Schwiegersohn genutzt wurde. Zugleich symbolisiert Kind eine Vorstellung von Abhängigkeit und wurde so auch für Volljährige aus niederen Ständen gebraucht. Erst im 17. Jahrhundert bildete sich Ariès zufolge der Begriff des Kleinkindes heraus und betonte so die Besonderheit dieser Lebensphase.

Klaus Arnold kann anhand pädiatrischer Schriften des Mittelalters diesen Angaben von Ariès widersprechen und aufzeigen, dass die Lebensphase infantia in weitere Unterphasen unterteilt und ihre spezifischen Entwicklungsstadien beschrieben wurden (vgl. Arnold 1986). Auch wenn diese medizinischen Kenntnisse wohl nicht zum Allgemeingut der mittelalterlichen Bevölkerung zählten, waren dennoch spezifische Bedürfnisse der jeweiligen Altersstufen bekannt, wie anhand von Ratgebern zu Hygiene, Schwangerschaft, Geburt, Stillzeit etc. nachgewiesen werden konnte (vgl. Borst 1983; Shahar 1993;).

Festzuhalten ist an dieser Stelle, dass die Übergänge zwischen den Lebensphasen im Mittelalter fließend waren, aber dennoch kann aus den fehlenden Bezeichnungen nicht zwangsläufig geschlossen werden, dass diese Lebensphasen nicht wahrgenommen wurden. Insbesondere die gesellschaftliche Bedeutung der Jugendphase ist mittlerweile historisch nachgezeichnet worden. Die Ausgestaltung der einzelnen Lebensphasen dagegen war wiederum sowohl von der Standeszugehörigkeit als auch vom Geschlecht abhängig.

Was meint Ariès, wenn er von der Entdeckung der Kindheit spricht? Seiner Annahme, dass das Mittelalter keine spezifische Lebensphase der Kindheit kennt, kann widersprochen werden. Dennoch hat ein Wandel stattgefunden. Auch wenn es nicht möglich ist, die tief greifenden Veränderungen genau zu datieren, so zeigt sich dennoch, dass um 1200 durch die Mystik und Scholastik sowie um 1500 durch den Humanismus ein Wandel in der Einstellung zum Kind stattfand (vgl. Arnold 1980). Es ist anzunehmen, dass der Wandel in einer erhöhten Aufmerksamkeit gegenüber dem Kind bestand und sich damit einhergehend auch die Rolle und die sozialen Räume des Kindes stärker ausdifferenzierten. In der Auseinandersetzung

... von der Entdeckung der Kindheit

mit Ariès kann von einer „Entdeckung der Kindheit" also nicht gesprochen werden, aber es zeichnet sich eine Durchsetzung einer "modernen Kindheit" ab. Diese versteht Kindheit als Schonraum und kann im Wesentlichen durch drei Strukturmerkmale beschrieben werden.

Moderne Kindheit zeichnet sich aus durch:

- Kinder sind von Erwerbstätigkeit in der industriellen Gesellschaft freigesetzt,
- so dass diese Lebensphase zu einer Zeit der Entwicklung und des Lernens ausgestaltet werden kann.
- Dieses zweite Moment manifestiert auch das dritte Merkmal, die Einführung der Schulpflicht in der Schulkindheit (vgl. Bader 2004).

Kindheit und Jugendphase als Moratorium gab es im Mittelalter also nicht. Erst durch die Schulbildung und die damit einhergehende Befreiung von der Erwerbstätigkeit konnte sich Kindheit als eigenständige Lebensphase, ohne die Pflichten des Erwachsenenalters, entwickeln. Durch die Trennung von Arbeits- und Wohnwelt entwickelte sich das Privatleben, was wiederum zu der von Ariès beschriebenen Konzentration auf die Familie und hier insbesondere auf das Kind führte und somit die Emotionalisierung der Mutter-Kind-Beziehung ermöglichte. In diesem Sinne, dass sich der Abstand zwischen der Kindheit und dem Erwachsenenalter zunehmend vergrößert hat, ist das Kind wirklich zum Kind geworden. Demnach haben Kinder in der Moderne nicht nur selten zur Arbeitswelt der Erwachsenen Zugang, sondern werden insbesondere auch von den Themen Sexualität und Tod ausgeschlossen (vgl. Berg 1960).

Erziehung und Aufklärung

Wenn vom Zeitalter der Aufklärung gesprochen wird, meint man eine bestimmte geschichtliche Zeitspanne – gewöhnlich das 17. und mit Schwerpunkt das 18. Jahrhundert - eine Epoche also, in der das Vertrauen in die menschliche Vernunft, das Bedürfnis nach Lösungsorientierung durch Autoritäten und Traditionen überwogen hat. Der Begriff Aufklärung kann also als historische Epoche gesehen werden, aber auch grundsätzlich als Programm. Aufklärung als Programm kann aber ihr Ziel ebenfalls unterschiedlich fassen und sich in einem Fall mehr rationalistisch, im anderen stärker emanzipatorisch verstehen. Dort lautet ihr Motto „Wahrheit durch Klarheit", hier heißt es „Selbstständigkeit und Freiheit." Zielt Aufklärung einmal auf klare Begriffe und auf Überwindung von Unwissenheit und Aberglauben, so geht es ein andermal um die Befreiung des Menschen aus Fesseln und um die Beseitigung der Herrschaft der Menschen über Menschen. Dass beides miteinander Hand in Hand gehen kann und muss, ist ein Standpunkt, den alle jene einnehmen, die eine Verbesserung der menschlichen Verhältnisse an eine Klärung des Bewusstseins von diesen Verhältnissen binden – von den französischen Enzyklopädisten über Karl Marx bis Paulo Freire" (Winfried Böhm, 2007, S. 57).

Immanuel Kant hat den Wesensgehalt der Aufklärung mit dem Anspruch des Selbstdenkens aus eigener Vernunft heraus als obersten Prüfstein der Wahrheit und die Maxime, jederzeit selbst zu denken, bestmöglich formuliert. Renè Descartes Spruch „Cogito ergo sum" (Ich denke, also bin ich) wurde zum Grundstein der modernen Bewusstseinsphilosophie und des damit einhergehenden Rationalismus. Durch die Fortschritte in den mathematisch-mechanischen Naturwissenschaften, die Auswirkungen der geographischen Entdeckungsreisen, die Konsequenzen des Streits der Konfessionen und die Religionskriege sowie die grundlegende Revolution der Denkungsart des

Lernens sind die charakteristischen Züge der Aufklärung. Generell kann gesagt werden, dass der Mensch in dieser Zeit sich auf die Vernunft zurückzieht mit einer Ablösung von der Natur und den Traditionen.

Es passiert eine Ablösung und Emanzipation des Menschen von der Orientierung und Anleitung durch Autoritäten und es passiert eine Hinwendung zum Selbstdenken. Die Aufklärungspädagogik der deutschen Philanthropen (Basedow, Campe, Salzmann, Trapp....), hat ihren Schwerpunkt nicht in der theoretischen Klärung, sondern in dem Bemühen um eine Reform von Erziehung und Schule aus dem Geiste der Aufklärung.

Manche sehen darin die erste große Welle der „Reformpädagogik." Das gewaltige Reformprogramm hat sich unter der Führung des von Campes herausgegebenen 16-bändigen Band: „Allgemeine Revision des gesamten Schul- und Erziehungswesens" niedergeschlagen (1785 – 1792). Die Philanthropine („menschenfreundliche Anstalt" – so wurden die Erziehungsanstalten getauft) griffen das alte Kernthema der Tugend erneut auf, bestimmten diese aber in den praktischen Zielbegriffen der Brauchbarkeit und Gemeinnützigkeit. Dabei fand die Problematik, welche auf der einen Seite eine Gleichsetzung der Verkrümmung des Einzelnen und auf der anderen Seite seine Abrichtung für gesellschaftliche Brauchbarkeit beinhaltet wenig Beachtung. Wenn auch selbst von Pietismus angeregt und beeinflusst, weisen die Philanthropen die Erbsündenlehre zurück und sind von der bisweilen sogar fanatischen Absicht beseelt, die Welt durch eine neue Erziehung zu verbessern.

Sie vertreten ein Erziehungsprogramm, das den Menschen durch Vernunft zur Tugend und durch Tugend zur Glückseligkeit führen soll. Da das Böse aus der Unvollkommenheit des Menschen und aus der mangelhaften Disziplinierung seiner Affekte, Kriege und Begierden hergeleitet wird, konzentriert sich die philanthropische Pädagogik auf das Erlernen des rechten Vernunftgebrauches, auf strenge Diszipli-

nierung und die rationale Beherrschung des affektiven Trieblebens durch Arbeit und Arbeitsamkeit. Aufgrund der Synchronisierung von individueller Glückseligkeit und der Vollkommenheit des Gemeinwesens werden soziale Brauchbarkeit und Nützlichkeit zu erstrebenswerten Tugenden und zu legitimen Erziehungszielen.

Die Pädagogik kann sich im Lichte dieser Aufklärung in eine „Schwarze Pädagogik" (Katharina Rutschky, 2001), bisweilen sogar in eine rabenschwarze Gehorsamserziehung und drillhafte Abrichtung verkehren und in eine Technik der Menschenbehandlung und Menschenverfertigung ausarten. Diese Aporie zeigt sich bereits bei Basedows erstem Philanthropin.

Schwarze Pädagogik

Der Begriff „Schwarze Pädagogik" wurde im Wesentlichen von Katharina Rutschky durch die Veröffentlichung ihres Buches mit dem gleichen Titel (2001) geprägt. Schwarze Pädagogik bezeichnet eine Haltung zum Kind, die sich in einer notwendigen Funktionalität für die Gesellschaft ausdrückt. Mittels einer Verinnerlichung (die mit Angst und Gewalt erzwungen wird) kommt es zu einer totalen Überwachung des Kindes. Begründet wird dies mit einer Abhärtung für das spätere Leben. Der Hintergrund ist die Vorstellung von der „bösen Kindsnatur" und dem Aberglauben und dem Wunsch, Menschen wie Tiere formen zu können. Durch Manipulation und Machtausübung sollen aus Kindern gehorsame Untertanen gemacht werden.

Ausgewählte Beispiele aus dem Inhaltsverzeichnis von Katharina Rutschkys Buch „Schwarze Pädagogik":

II. Affenliebe

1. Verwöhnen, Verzärteln, Verziehen: Ein bedenkliches Kleeblatt, 1887
7. P. Villaume: Der Schmerz als natürliche Erziehung, 1785
8. H.F. Kahle: Strafen sind natürlich, Belohnungen künstlich, 1890

III. Einige Phantasien über Erziehen und den Erzieherberuf

4. B. Blasche: Der Erzieher ist ein Organ der Gottheit, 1828
8. H. Gräfe/J. Schuhmann: Der Erzieher ist der Nachfolger Jesu, 1878
10. B. Blasche: Warum Vorzugsweise der Mann Erzieher ist, nicht das Weib, 1828 12. J.H. Campe: Notwendige Willkür des irdischen Vaters als Vertreter des Himmels, 1779
16. J.B. Basedow: Die Konsequenz der Erziehung ist die Erziehungsdiktatur, 1773

IV: Die pädagogische Produktion des Kindes

7. J.H. Campe: Nötige Erinnerung, dass die Kinder Kinder sind, und als solche behandelt werden sollen, 1878
12. Hierarchisierung der Schülergruppe, 1885
14. C.G. Scheibert: Das Kinderleben – ein Bitte-Leben, 1883
18. L. Strümpell: Die Kindheit als Krankheit, 1890

Weitere Beispiele aus dem Kapitel V: Erziehung als totale Institution

4. A.H. Franke: Aufsicht ist der Nerv der Erziehung, 1722
6. J.G Krüger: Wann ist das Prügeln erfordert?, 1752
7. L. Kellner: Gehorsam ist Erfurcht vor einer höheren Intelligenz, 1852
10. J.H. Campe: Einkreisung eines fehlerhaften Kindes, 1788
11. A.H. Franke: Notwendigkeit der Postzensur für Anstaltszöglinge, 1722
15. J. Heusinger: Wie das Laster des Lügens zu behandeln ist, 1800
29. J. Felbiger: Der Lehrer erzieht zur Artigkeit auch des Körpers, 1768

VII. Erziehung als Triebabwehr

9. O. Preiss: Die heimlichen Jugendsünden als Ursache der Schwächlichkeit unseres Geschlechts, 1899
11. (Anonym) Das Tabu der Nacktheit, 1787
16. Das Fratzeschneiden und seine Bekämpfung, 1878
26. Gegen sinnliche und geistige Leckerei, 1897
28. J. Sulzer: Übungen zur völligen Unterdrückung der Affekte, 1748

Das Buch von Katharina Rutschky sei allen empfohlen, die sich mit dieser schwarzen Seite der Pädagogik auseinandersetzen möchten. Psychologisch betrachtet zielt die schwarze Pädagogik darauf aus, das Über-Ich in der kindlichen Seele zu etablieren und zu festigen. Schwarze Pädagogik ist dadurch gekennzeichnet,

— dass die Erwachsenen Herrscher des artigen Kindes sind;
— dass die Erwachsenen über Recht und Unrecht wie Götter bestimmen;
— dass der Zorn der Erwachsenen aus ihren eigenen Konflikten stammt;
— dass sie das Kind dafür verantwortlich machen;
— dass man dem Kind so früh wie möglich seinen Willen nehmen muss;
— dass alles sehr früh geschehen sollte, damit das Kind nichts merke und den Erwachsenen nichts verraten könne.

Die Mittel der Unterdrückung sind: Fallen stellen, Lügen, Listanwendung, Verschleierung, Manipulation, Ängstigung, Liebesentzug, Isolierung, Misstrauen, Demütigung, Verachtung, Spott, Beschämung, Gewaltanwendung bis zur Folter.

Zur schwarzen Pädagogik gehört es auch, dem Kind von Anfang an falsche Informationen und Meinungen zu vermitteln. Diese werden seit Generationen weiter gegeben und von den Kindern respektvoll übernommen, obwohl sie nicht nur nicht ausgewiesen, sondern nachweisbar falsch sind. Dazu gehören Meinungen wie:

— dass das Pflichtgefühl Liebe erzeuge;
— dass Eltern a priori als Eltern Achtung verdienen;
— dass Kinder a priori keine Achtung verdienen;
— dass Gehorsam stark mache;
— dass eine hohe Selbsteinschätzung schädlich sei;
— dass eine niedrige Selbsteinschätzung zur Menschenfreundlichkeit führe;
— dass Zärtlichkeiten schädlich seien („Affenliebe");
— dass das Eingehen auf kindliche Bedürfnisse schlecht sei;
— dass Härte und Kälte eine gute Vorbereitung für das Leben bedeuteten;
— dass das Verhalten wichtiger ist als das Sein;
— dass die Eltern immer Recht hätten;
— dass der Körper etwas Schmutziges und Ekelhaftes sei.

Es stellt sich nun die Frage, woher das für uns heute kaum glaubliche gute Gewissen dieser teils offenen Grausamkeit der schwarzen Pädagogik kam. Wogegen richtete sich die pädagogische Grausamkeit? Auf den ersten Blick: Gegen das Kind; genauer: gegen dessen „Eigensinn", Ungehorsam. Der Kampf gegen den kindlichen Eigensinn wurde allerdings im Namen des Kindes geführt. Er sollte zu seinem Besten sein. Er war daher nicht vergleichbar mit dem Kampf, der auf

bloße Unterwerfung oder gar Vernichtung des Gegners zielt. Wogegen genau der Kampf geführt wurde, wird im folgenden Zitat aus einem wichtigen Erziehungswerk dieser Zeit deutlich:

„Die wahre Liebe stammt aus dem Herzen Gottes, dem Quell und Urbild alles Vatersinnes (Eph. 3,15), ist durch die Liebe des Erlösers ab- und vorgebildet und wird durch den Geist Christi in den Menschen erzeugt, genährt, erhalten. Durch diese von oben stammende Liebe wird die natürliche elterliche Liebe gereinigt, geheiligt, geklärt und gestärkt. Diese geheiligte Liebe hat vor allem das dem Kinde gesteckte Ziel, das Gedeihen des innwendigen Menschen, das Geistesleben desselben im Auge, seine Befreiung von der Macht des Fleisches, seine Erhebung über die Ansprüche des bloß natürlichen Sinnenlebens, seine innere Unabhängigkeit, von der es umflutenden Welt. Sie ist darum von früh auf schon darauf bedacht, dass das Kind lerne, sich selbst zu verleugnen, zu überwinden und zu beherrschen, dass es nicht blindlings den Trieben des Fleisches und der Sinnlichkeit folge, sondern dem höheren Willen und Triebe des Geistes. Diese geheiligte Liebe kann darum auch ebenso hart als mild, ebenso versagen als gewähren, jedes zu seiner Zeit, sie versteht auch durch Wehetun wohlzutun, sie kann auch schwere Verleugnungen auferlegen, wie ein Arzt, der auch bittere Arzneien verordnet, wie ein Chirurg, der wohl weiß, daß der Schnitt seines Messer schmerzt, aber er schneidet doch, weil es der Rettung des Lebens gilt."
(Aus: K.A. Schmid (Hrsg.), Enzyklopädie des gesamten Erziehungs- und Unterrichtswesen, 1887)

Die pädagogische Idee von Rousseau (1712–1778)

Die besondere Bedeutung von Jean-Jacques Rousseaus Buch „Emil oder Über die Erziehung" liegt wohl darin, dass es zum ersten Mal die Erziehung selbst als Gegenstand hat. Er behandelt die Erziehung nicht wie seine Vorgänger theoretisch als einen Annex von Philo-

sophie oder Theologie, auch nicht inhaltlich-praktisch von irgendeiner religiösen oder politisch-gesellschaftlichen Funktion her, somit nicht im Dienste von etwas stehend. Die Bestimmung des Menschen selbst wird zum Bestimmungsgrad der Erziehung: „In der natürlichen Ordnung, in der die Menschen alle gleich sind, ist ihr gemeinschaftlicher Beruf der Zustand des Menschen; in wer zu diesem Beruf gut erzogen ist, kann diejenigen Berufe nicht übel erfüllen, die sich auf ihn beziehen. .... Leben ist der Beruf, den ich ihn lehren will." (*Oeuvres complètes IV, S. 251*)

Rousseau entwickelt. die pädagogische Idee nicht in Form eines geschlossenen Systems, sondern er trägt sie in einem offenen Philosophieren voller Paradoxien vor. Sein Buch schildert die Vision einer geglückten Erziehung, wie sie nie stattgefunden hat und vermutlich nie stattfinden wird: die sich über 25 Jahre erstreckende Erziehung des Knaben Emil – von seiner Geburt bis zu seiner Heirat mit Sophie. Emil steht dabei stellvertretend für das menschliche Kind schlechthin, genauso wie dessen Erziehung für die menschliche Erziehung überhaupt modellhaft Gestalt gewinnt.

Hatte die Pädagogik vor Rousseau die Paradoxien der menschlichen Existenz eher verdeckt, so treten sie bei ihm als unaufhebbare Spannungen hervor, die der menschlichen Existenz selbst innewohnen: Der Widerspruch zwischen Freiheit und Determiniertheit, von Individuum und Gesellschaft, von Vernunft und Gefühl etc. Was ist aber das revolutionär Neue an Rousseaus Sicht auf die Erziehung? Das Grundlegende war wohl, dass Rousseau der Bestimmung des Zieles der Erziehung eine neue Bedeutung gab, nämlich die Dimension des Menschseins schlechthin. Rousseaus Grundfrage ist die nach der Natur des Menschen. In seinem Gedankenexperiment stellt er sich einen vorgesellschaftlichen Naturzustand des Menschen vor, der real nie existiert hat, nicht existiert und niemals existieren wird. In einen solchen kann man also überhaupt nicht zurückkehren, so dass das Rousseau unterschobene Motto „Zurück zur Natur" eine Verfälschung darstellt, die Rousseau selbst als einen „Schluss nach Art meiner Gegner" bezeichnet hat.

Ausgehend von dem Gedankenkonstrukt des Naturzustandes zeichnet Rousseau die Entwicklung des Menschen vom Naturwesen zum Gesellschaftswesen als einen höchst zwiespältigen und in sich spannungsreichen Vorgang. Er fordert den natürlichen Menschen in Kultur und Gesellschaft einzuführen, ohne dass dieser seine Identität verliert. Ihm ist jedoch klar, dass dieser Prozess allenfalls nur noch punktuell erreichbar ist.

„Macht den Menschen Eins mit sich selbst und ihr werdet ihn glücklich machen, soweit er es sein kann" (*Fragments politiques VI,3*)

Menschheitsgeschichtlich interpretiert Rousseau das Problem der Entfremdung als einen Widerspruch zwischen einer gedachten „natürlichen" und der faktischen „gesellschaftlichen" Existenz. Seine Kulturkritik entspringt der These, dass in der Gesellschaft doppelsinnige Menschen leben, die nicht im Einklang mit sich selbst leben und deshalb ein gesellschaftliches Klima erzeugen, in dem Verstellung, Lüge, Neid, Egoismus und Habsucht gedeihen.

Auch wenn Rousseaus Modell einer natürlichen Erziehung oft fehl interpretiert wird, denn der Übergang des Naturmenschen zum moralischen Menschen ist kein natürlicher Prozess, kann gesagt werden, dass Rousseau fast alle Pädagogen der Moderne beeinflusst hat.

Rousseau hatte ein negatives Kultur- und Gesellschaftsbild. Er sah die in der Gesellschaft lebenden Menschen eher als böse und eitel, Interessenskonflikte würden sie dazu verleiten, nicht sie selbst zu sein. Rousseau geht davon aus, dass der Mensch von sich aus gut ist und nur durch die Gesellschaft sich negativ ausformt. Gut sein ist seiner Meinung nach keine Bravheit im moralischen Sinne, sondern eher im Sinne von "der Natur gehorchend". Der Mensch ähnelt im Naturzustand einem wilden Tier, welches nur um sich selbst kreist. Dieses Verständnis stößt in den christlichen Kirchen natürlich auf Ablehnung. Die christlichen Kirchen hielten die Idee des edlen Wilden für abwegig, der Mensch war für sie durch die Erbsünde belastet.

Einer, der versuchte, Rousseaus Gedanken umzusetzen, war der Schweizer **Johann Heinrich Pestalozzi** (1746 – 1827). Pestalozzi versuchte vor allem, die Ideen Rousseaus im schulischen Bereich weiterzuführen. Bei einem groß angelegten Erziehungsversuch auf Gut Neuhof im Aargau versucht Pestalozzi, die Kinder auf die neuen ökonomischen Bedingungen der beginnenden Industrialisierung vor-

**Das Tier passt sich der Natur an,
der Mensch passt die Natur sich an.**

Paul Mommertz

zubereiten und zugleich jedes seine persönliche Freiheit und Menschenwürde finden zu lassen. Er sah dabei die Schule auch als eine Verlängerung des familiären Schonraums für eine möglichst ungestörte natürliche Entwicklung des Kindes. Auch wenn seine praktischen Versuche aus heutiger Sicht als misslungen gesehen werden können, liegt die Leistung Pestalozzis in seiner Darstellung der unterschiedlichen Ansichten zur Erziehung.

Er sagt, die Erziehung ist einerseits „Werk der Natur", andererseits das „Werk der Gesellschaft" und das „Werk der menschlichen Person". Damit differenziert er das pädagogische Denken dreifach, zeigt aber gleichzeitig, das komplementäre Aufeinanderverwiesensein dieser Perspektiven.

Johann Friedrich Herbart (1776–1841)

Herbart erachtet die Notwendigkeit einer pädagogischen Berufswissenschaft für die professionellen Erzieher und den aufkommenden Lehrerstand als unabdinglich. In John Lockes Erziehung des Gentleman sieht er die Gefahr der Weltverfallenheit, in Rousseaus utopischer Pädagogik jene der Weltflucht. Er selbst sucht die realen Möglichkeiten des tatsächlichen Erziehungsprozesses und nicht seine transzendentalen Voraussetzungen. Nach Herbarts Ansicht kommt das Kind willenlos zur Welt und ist bar jedes sittlichen Verhaltens.

Er glaubt, bevor sich im Kind ein entschlussfähiger Wille herausbildet, entwickelt es sich in einem Prinzip der Unordnung. Diese Unordnung müsse seiner Meinung nach durch eine strenge Regierung geordnet werden. Er meint damit nicht das völlige Ersticken der kindlichen Spontanität, sondern, dass dem Kind vorerst der feste Wille fehle und dieser entwickelt gehöre. Herbart vertritt den Standpunkt, dass alles seelische Geschehen Vorstellungsgeschehen ist. Aus dem Verhältnis der Vorstellungen zueinander und aus bestimmten Vorstellungskonstellationen ergeben sich bestimmte Gefühle, Begehren und Willensakte.

Die Beeinflussung der kindlichen Gefühle, Begehren und Willensakte verläuft also über die „Manipulation" und Beeinflussung der Vorstellungen. Der Traum von einer vollständig ausgearbeiteten Psychologie und Pädagogik gipfelt bei Herbart in einer Art Landkarte des menschlichen Geistes, auf der alle Wege von Vorstellungen zu Gefühlen und schließlich zu Handlungen verzeichnet werden, so dass am Ende eine Mechanik des Geistes vorläge. Eine „realistische Pädagogik" hätte ihre Forschung darauf zu richten, wie die Vorstellungen, die der Lehrer durch seinen Unterricht den Schülern vermittelt, bis in die Sitten, bis in den Willen, bis in das Ich des Zöglings einwirken können. Sein Ideal wäre, dass an die Stelle einer zwingenden Notwendigkeit und eines blinden Gehorsams ein prüfender Gehorsam tritt, bei dem der Gehorchende den geprüften und reflektierten Befehl zu einem eigenen macht und sich dadurch sittlich selbst gebietet.(vgl. Böhm 2007, S 82)

Die „ästhetische Darstellung der Welt" wird zum Hauptgeschäft der Erziehung, besonders der Professionellen des erziehenden Unterrichts. Ästhetisch ist diese Darstellung dann, wenn sie die Welt so darbietet, als entspreche sie als eine schöne Welt tatsächlich den „praktischen Ideen" von innerer Freiheit, Vollkommenheit, Wohlwollen, Recht und Billigkeit, in denen Herbart „allerletzte Willensverhältnisse" erblickt, die uns ebenso natürlich gefallen und in Bann schlagen, wie es bei wohlklingenden Tonverhältnissen in der Musik geschieht. Er legte damit Grundgedanken für eine Unterrichtslehre und entwickelte Grundgedanken zur Didaktik, die als Formalstufen jedes Unterrichts und als Kulturstufentheorie des Lehrplans zum Handwerkszeug der Lehrer des 19. und 20. Jh. geworden sind. Er hat seine umfangreichen pädagogischen Theorien stets nur in allgemeinen Sätzen formuliert, um die Erkenntnis und Behandlung des konkreten Einzelfalls dem Talent und dem Takt des Erziehenden und Lehrenden anzuvertrauen.

Fröbel (1782–1852) und die Bedeutung des Spiels

Friedrich Wilhelm August Fröbel hat das Spiel als höchste menschliche Aktivität zum pädagogischen Inbegriff erhoben. Es lag ihm fern, das Spiel zu pädagogisieren, eher war es sein Interesse, die Pädagogik zu ludifizieren (von lat.: Ludus = Spiel). Fröbel geht in seiner Pädagogik davon aus, dass „in allem", so die berühmten ersten Worte seiner „Menschenerziehung" von 1826, "ein sphärisches Gesetz wirksam ist, das es allem Seienden zum Beruf macht, sein inneres, göttliches Wesen zu verwirklichen und im Äußeren sichtbar werden zu lassen". Dinge, Pflanzen und Tiere würden dies mit einer inneren Notwendigkeit tun. Er sieht die personale Würde des Menschen darin liegen, dass er sich seinen erzieherischen Beruf Kraft seiner Vernunft zum

vollen Bewusstsein bringt und „mit Selbstbestimmung und Freiheit" ausüben kann. Fröbel sieht das tätige Verhältnis des Menschen zur Welt als ein Neben- und Gegeneinander zweier Aktivitäten: Innerliches äußerlich und Äußerliches innerlich machen. Sowohl das eine – gewöhnlich Arbeit genannt – als auch das andere – gewöhnlich als Lernen bezeichnet – sind eindimensionale Beziehungen und können der Lebenseinengung als dem höchsten Ziel der Menschenerziehung nicht gerecht werden.

Es kommt also darauf an, eine Aktivität zu finden, die zugleich Inneres äußerlich und Äußerliches innerlich zu machen vermag, und die ganze Erziehung auf diese Aktivität zu gründen. Fröbel erkennt diese alleinbildende Tätigkeit im Spiel, und mit aller Entschiedenheit beharrt er darauf, dass das kindliche Spiel nicht Spielerei sei, sondern hohen Ernst und tiefe Bedeutung habe, denn es ist für ihn „zugleich das Vorbild und Nachbild des gesamten Menschenlebens", das „Freude, Freiheit, Zufriedenheit, Ruhe in sich und außer sich, Frieden mit der Welt" gebiere (Menschenerziehung, S 30).

In diesem Sinn deutet Fröbel das Eislaufen und Schlittenfahren der Kinder als Gleichnis der menschlichen Bestimmung: mit entschiedener Geradlinigkeit und sicherer Zielstrebigkeit bei allem Wagnischarakter, und mit aller Unberechenbarkeit des Ausgangs sein Leben zu spielen, genauer: zu erspielen. (vgl. Böhm, 2007)

John Dewey (1859–1952)

Dewey ist wohl der bekannteste und einflussreichste Pädagoge Nordamerikas und hat mit seinem Buch „Democracy and Education," 1916, einen Klassiker der Pädagogik verfasst. Geprägt durch die Philosophie von Hegel und den Evolutionstheorien von Charles Darwin entwickelte er eine eigene Philosophie des Instrumentalismus, in der nicht der absolute Geist, sondern die Natur zum Weltsubjekt erhoben wird. Er will mit seinen Überlegungen ein Instrument gestalten, das bei der Lösung von konkreten wirtschaftlichen, ethischen, sozialen und pädagogischen Problemen der Gegenwart angewendet werden kann.

Dewey sieht die menschliche Natur weder als gut noch als schlecht an, sondern betrachtet sie als das Ergebnis einer kulturellen Evolution. Das Kind, das mit undifferenzierten Handlungsantrieben geboren wird, entwickelt seine menschlichen Eigenschaften in einer wechselseitigen Beziehung zu seiner natürlichen und sozialen Umwelt. Heute würde man sagen, er hat ein systemisches Verständnis, denn er sieht das Individuum, das seine Umgebung verändert, und selbst von der Umgebung verändert wird.

Deweys pädagogisches Motto „Learning by doing" könnte aber genauso „Learning by thinking" heißen.

Er erkennt einen fortlaufenden Wandel, der, wenn der Mensch mit Hilfe der Wissenschaft eingreift, zu einer freien und besseren Gestaltung der gesellschaftlichen Ordnung führt. Deweys pädagogisches Motto „Learning by doing" könnte aber genauso „Learning by thinking" heißen. Den Begriff "wahr" verwendet Dewey für alles, was sich als gut erweist, wenn man daran glaubt. Sein Maßstab ist: Was sich bewährt, gilt als gut.

Da Dewey der wissenschaftlichen Methode universelle Gültigkeit zumisst, löst er damit auch alle Dualismen auf, auch den Dualismus von Erziehung und Leben. Nimmt man Erziehung als die Vorbereitung für das Leben und versteht man Schule herkömmlich als die Vermittlung von Lehrstoffen zum Zweck späterer Daseinsbewältigung, so setzt Dewey dagegen einen Begriff von einer „progressive education", die Erziehung und Leben dadurch in eins fasst, dass sie beide nur noch als Wachstum versteht. Und es ist Deweys Grundüberzeugung, „dass

**In der Natur gibt es weder Belohnungen
noch Strafen. Es gibt nur Konsequenzen.**

Robert Green Ingersoll

der Erziehungsprozess mit Wachstum gleichgesetzt werden kann, sofern dieses als aktives Prinzip im Sinne von wachsend verstanden wird"(vgl. Winfried Böhm, 2005, S. 107)

Da es für Dewey nichts gibt, worauf sich der Begriff des Wachstums bezieht, ausgenommen weiteres Wachstum, lässt sich für ihn auch der Begriff der Erziehung keinem anderen unterordnen – ausgenommen weiterer Erziehung.

Industrialisierung/Kinderarbeit

Im 15. Jh. galt ein Kind im siebten Lebensjahr als weit genug entwickelt, um sich mit seiner Arbeitskraft den Lebensunterhalt selbst verdienen zu können. Entsprechend endete die Unterhaltspflicht von Findel- und Waisenhäusern mit dem siebten Lebensjahr des Kindes. Auf dem Land arbeiteten Jungen und Mädchen „immer schon" frühzeitig mit, wie sie es auch heute tun. Sie kümmern sich um das Vieh und verrichten Arbeiten auf dem Hof oder sie arbeiten im Hausgewerbe der Eltern mit. Ob dies spielerisch oder kindgemäß geschah oder ob es für die Kinder zur Qual wurde, hing von den Umständen und Eltern ab. Viele Kinder armer Familien mussten aber auch außerhalb des eigenen Haushalts zum spärlichen Familieneinkommen beitragen, arbeiteten bei fremden Bauern, Handwerkern oder Kaufleuten oder in fremden Haushalten.

Grundlegende Veränderungen traten gegen Ende des 18. Jh. mit Beginn der Industrialisierung ein. Nun verlagerte sich die Erwerbstätigkeit von Kindern zu einem großen Teil in die Manufakturen und Fabriken und damit in eine Arbeitsumgebung, die ihre körperliche, geistige und seelische Entwicklung und ihre Gesundheit nachhaltig beeinträchtigte.

Mag sein, dass die Arbeit in den Textilfabriken leichter war als z.B. in den Steinkohlebergwerken, wo die Kinderarbeiter ihr Leben unter Tage fristen mussten. Aber auch in den Arbeitshäusern waren die Kinder 14 Stunden am Tag eingesperrt, um immer gleiche monotone und einseitig belastende Handgriffe auszuführen. Dazu kamen oft lange Heimwege. Zeit und Kraft zum Kindsein, Spielen und Lernen und damit für die persönliche Entwicklung gab es nicht. Die Kinder waren von Anfang an auf ihre Rolle als einfachste Produktionsfaktoren reduziert, bis sie schließlich von „anderen" Maschinen abgelöst wurden. Sieht man gelegentlich auf alten Abbildungen die mit langen Stöcken ausgerüsteten Aufseher, so könnte man auf den Gedanken kommen, dass die ausgelaugten Kinder nicht allein durch Geld und gute Worte motiviert wurden.

Damalige Beobachter sahen dies als sprudelnde Einkommensquelle für arme Familien, sowie als geeignetes Mittel zur Disziplinierung „um die Armen- und Waisenkinder von der Straße des Bettelns, der drohenden sittlichen und religiösen Verwahrlosung abzubringen und vermeintliche kriminelle Veranlagungen zu unterdrücken." (Huck/ Reulecke, 1984 S 138)

Wenn auch einzelne Kritiker die Zustände als problematisch erkannten und beanstandeten und insbesondere die fehlende Schulbildung der Kinderarbeiter beklagten, so fanden sie lange Zeit kein Gehör.

All diese wissenschaftlichen und gedanklichen Zusammenhänge über die Entwicklung der Kindheit beziehen sich auf die abendländische Kultur.

Ich möchte die Gelegenheit nützen, noch auf eine Situation hinzuweisen, in der laut Unicef heute ca. 190,7 Millionen Kinder zwischen 5 und 14 Jahren leben, vorwiegend in Afrika, Asien und Lateinamerika. Laut ILO (Internationale Arbeitsorganisation) versteht man unter Kinderarbeit Tätigkeiten, der Kinder unter 14 Jahren nachgehen. Dabei ist zwischen ausbeuterischer und kulturell bedingter Kinderarbeit zu unterscheiden. Kennzeichen sind:

— Sklaverei und Schuldknechtschaft und alle Formen der Zwangsarbeit
— Arbeit von Kindern unter 13 Jahren
— Kinderprostitution und Pornographie
— der Einsatz von Kindern als Soldaten
— illegale Tätigkeiten wie z.B. Drogenschmuggel
— Arbeit, die die Gesundheit, die Sicherheit oder die Sittlichkeit gefährdet, also z.B. Arbeit in Steinbrüchen, das Tragen schwerer Lasten oder sehr lange Arbeitszeiten und Nachtarbeit.

Kurt Hahn (1886–1974)

Da Hahn keine konventionelle Karriere als Lehrer oder Erzieher vorweisen kann, fällt die Einordnung und Würdigung seiner Person und seines Werkes mitunter schwer. Er wird gerne als der „Vater der Erlebnispädagogik" bezeichnet, obwohl er weder studierter Pädagoge noch Politiker mit Mandat war. Trotzdem hat er Teilbereiche der Pädagogik entscheidend beeinflusst.

Hahn wandte sich mit seiner Pädagogik gegen die von ihm durch Beobachtungen diagnostizierten Verfallserscheinungen seiner Zeit:

— Mangel an menschlicher Anteilnahme
— Verfall körperlicher Tauglichkeit
— Mangel an Initiative und Spontaneität
— Mangel an Sorgsamkeit

Den festgestellten Mängeln und Verfallserscheinungen setzte Kurt Hahn Elemente seiner Erlebnistherapie entgegen:

— Körperliches Training (unter anderem durch leichtathletische Übungen und Natursportarten wie Segeln, Kanufahren, Bergwandern)
— den Dienst am Nächsten (hier explizit von seinen Schülern, je nach Standort, geleistete Küstenwache bzw. See- oder Bergrettungsdienst)
— das Projekt (Aufgabenstellung mit hoher, aber erreichbarer Zielsetzung, bei selbständiger Planung und Durchführung im handwerklich-technischen bzw. künstlerischen Bereich)
— die Expedition (meist mehrtägige Berg- oder Schitouren, Floßfahrten etc., bei denen es neben der natursportlichen Aktivität auch um lebenspraktische Alltagserfahrungen gehen sollte, wie z.B. Versorgen, Transportieren, Nachtlager bereiten)

Die Wirksamkeit der Erlebnistherapie hängt nach Hahn im Wesentlichen von der Erlebnisqualität der Aktionen ab. Denn je mehr der Teilnehmer die Aktionen für sich als außergewöhnliches Erlebnis wahrnimmt, desto tief greifender ist die heilende Wirkung. Heilsame Erinnerungsbilder, die auch Jahre später noch abrufbar sind, sollten bei späteren Bewährungsproben steuernd wirken.

Kurt Hahn verstand die Natur- und Kulturlandschaften als erste wichtigste Handlungsfelder seiner Erziehung. Voraussetzungen und Bedingungen waren für ihn die Ernsthaftigkeit und Unmittelbarkeit der Situation. Echtzeit, Direktheit und Authentizität sind heutzutage in einer hoch technisierten und durchmedialisierten Welt gefragter denn je. Körperlichkeit und das Gefühl physische und psychische Anstrengungen als lustvoll zu erleben, sind Ansatzpunkte zeitgemäßer, moderner Erlebnispädagogik. Hahn formulierte sein ganzheitliches Bildungskonzept in den 7 Salemer Gesetzen, die den Schülern – der von ihm gegründeten Institutionen – weit mehr als nur akademisches Wissen vermitteln sollten. Noch heute bilden diese Gebote die Grundlage der Erziehung in den Internaten, der Schule Schloss Salem und Gordonstoun sowie den United World Colleges.

1. Gebt den Kindern Gelegenheit, sich selbst zu entdecken
2. Lasst den Kindern Triumph und Niederlage erleben.
3. Gebt den Kindern Gelegenheit zur Selbsthingabe an die gemeinsame Sache.
4. Sorgt für Zeiten der Stille.
5. Übt die Phantasie.
6. Lasst Wettkämpfe eine wichtige, aber keine vorherrschende Rolle spielen.
7. Erlöst die Söhne und Töchter reicher und mächtiger Eltern von dem entnervenden Gefühl der Privilegiertheit.

Neil Postman: Das Verschwinden der Kindheit – eine pessimistische Perspektive?

Neil Postman beschreibt in den ersten beiden Kapiteln in einem geschichtlichen Überblick die Entwicklung der Kindheit als Lebensphase. Er positioniert sich damit allerdings sehr stark mit einer sozialen Determinierung des Kindheitsbegriffes. Die Grundaussage des Buches „Das Verschwinden der Kindheit" geht dahin, dass sich Kinder- und Erwachsenenwelt heutzutage immer mehr angleichen und Kinder der Entwicklungs- und Lernraum dadurch vorenthalten bleibt. Als (amerikanischer) Medienexperte richtet er natürlich den Fokus sehr stark auf das Fernsehen und er beschreibt dabei im Wesentlichen, dass Kinder und Jugendliche Zugang zu Informationen hätten bzw. mit Themen wie Sexualität und Gewalt konfrontiert sind, die nicht ihrem natürlichen Entwicklungsprozess entsprechen.

Die wesentliche Aussage von Postman ist, dass sich die Kinderwelt von der Erwachsenenwelt gegenwärtig sehr indifferent darstellt. Es könnte dies nun als pädagogische Verantwortungslosigkeit dargestellt werden, wenn den Kindern die Chance genommen wird, sich einen erwachsenen/reife Status „zu erarbeiten".

Postman zeigt auf, dass dank der Medien - im Speziellen des Fernsehens – es so gut wie keine Nischen mehr gibt, Kindern werden alle Geheimnisse des Lebens offenbart. Seiner Meinung nach sollten diese erst in verschiedenen Stationen des Erwachsen-Werdens allmählich gelüftet werden. Somit überspringen die Kinder die Phasen der Jugend und entwickeln sich sofort zu Erwachsenen. Sein monokausaler Erklärungsansatz im Hinblick auf das Fernsehen kann aber nicht ausreichen, um das Problem hinreichend zu erklären. Seine Grundforderung aber, dass Kinder ein Recht auf eine Kindheit haben, gilt es zu unterstützen.

Das Konstrukt Kindheit unterliegt also sowohl historischen, als auch sozialen Bedingungen und befindet sich in einem stetigen Wandlungsprozess. Somit kann kein Anfangspunkt der Geschichte der Kindheit ausgemacht werden, sondern können nur die jeweiligen Veränderungen und Ausdifferenzierung des Konstrukts nachgezeichnet werden.

Erziehung bewegt sich im Spannungsfeld von Natur, Gesellschaft und dem Ich.

Erziehung bewegt sich im Spannungsfeld von Natur, Gesellschaft und dem Ich. Die Frage, welcher dieser drei Pole das größere Gewicht hat oder welchem gar eine absolute Vormachtstellung einzuräumen ist, bleibt eine offene Diskussion. Nicht selten werden dabei die komplementären Zusammenhänge von Natur, Gesellschaft und Ich außer Acht gelassen und es wird dabei zu ungehörigen Einseitigkeiten gegriffen.

Die vielfältigen Möglichkeiten unserer Zeit, im Sinne einer Enkulturation seinen Platz in der Gesellschaft zu finden, machen es manchen Eltern schwer, die Sozialisation ihrer Kinder im Rahmen einer zielgerichteten Erziehung und Bildung zu unterstützen. Bildung im Sinne von Selbstbestimmung und Eigenständigkeit muss in der Erziehung zur Funktionalität, damit ist die Bewältigbarkeit der Alltagsanforderungen gemeint, ein wesentlicher Bestandteil sein, damit das Individuum nach einem gelungenen Reifungsprozess seinen Platz in der Gesellschaft finden kann.

Literaturhinweise:

Ariès, Philippe.: „Geschichte der Kindheit", München 2007, 16. Auflage

Arnold, Klaus: „Kind und Gesellschaft im Mittelalter und Renaissance", Paderborn 1980

Baader, Meike Sophia: „Historische Kindheitsforschung" in: Groppe, C. (Hrsg.), Historische Bildungsforschung, Bad Heilbrunn, 2007

Borst, Otto: „ Alltagsleben im Mittelalter", Frankfurt, 1983

Böhm, Winfried: „Wörterbuch der Pädagogik", Stuttgart, 2005
„Geschichte der Pädagogik", München, 2007

Fröbl, Friedrich: „Die Menschenerziehung", Bristol, 1994

Hahn, Kurt: „Erziehung und die Krise der Demokratie", Stuttgart, 1986

Hering, Sabine, Schröer, Wolfgang: „Sorge um die Kinder", München, 2008

Hurrelmann, Klaus: „Sozialisationstheorie", Weinheim, 2006

Lloyd de Mouse: „Hört ihr die Kinder weinen.", Frankfurt 1980

Oelkers, Jürgen: „Historisches Wörterbuch der Pädagogik", Weinheim, 2004

Orme, Nickolas: „Medieval Children", New Haven London, 2003

Postman, Neil: „Das Verschwinden der Kindheit", Frankfurt, 2006

Rousseau, Jean-Jacques: „ Emile oder Über die Erziehung", Stuttgart, 2001

Rutschky, Katharina: „Schwarze Pädagogik", Berlin 2001, 8. Auflage

Shahar, Shulamith: „Kindheit im Mittelalter", Düsseldorf, 2004

Zum Weiterlesen   **Hering, Sabine, Wolfgang Schröer (Hrsg.)**

Sorge um die Kinder. Beiträge zur Geschichte von Kindheit, Kindergarten und Kinderfürsorge. Juventa Verlag, Weinheim und München 2008, 232 Seiten, 24,00 Euro, ISBN: 978-3-7799-1734-2

Der Band stellt grundlegende Entwicklungsstränge sowie zentrale Einzelaspekte der Kinderbetreuung und der Lebenslage von Kindern in der Geschichte des 19. und 20. Jahrhunderts dar und diskutiert diese.

Grete, 84, Sollenau

Waren Sie viel draußen?

Ja, in der Wohnung habe ich mich nicht so gerne aufgehalten, denn die Räume waren nicht sehr groß und es war einfach schöner im Garten. Wir hatten ein Lusthäuserl, das war recht gemütlich zum Sitzen.

Was wurde da gespielt im Garten?

Diese Spiele kennt ja heute niemand mehr: „Vater, Vater leih ma d'Scher", Tempelhupfen oder Abfangen oder Verstecken spielen, das kennen die Kinder heute nicht mehr. Ein Jojo hatten wir auch.

Ich bin in Erlach aufgewachsen in einem Haus mit Garten, dann habe ich geheiratet und bin nach Sollenau gezogen in dieses alte Haus.

Wo haben Sie gespielt als Kind?

Im Garten, und damals konnte man auch noch auf der Straße spielen. Es waren viele Kinder beisammen und es war ganz lustig.

Hatten Sie auch Spielzeug?

Puppen ja, meine Mutter hat einen Wurschtl gemacht, der war mein Liebling, und einen Hund hatte ich, einen echten, der war auch mein Liebling.

War das ein Gemüsegarten oder gab es eine Wiese?

Der halbe Garten war ein Gemüsegarten und die andere Hälfte ein Obstgarten mit Gras.

Haben Sie im Gemüsegarten mitgeholfen?

Nein, das hat die Mutter gemacht. Als ich etwas älter war, habe ich ein bisschen etwas gemacht, das hat mir Spaß gemacht. Erbsen abnehmen, ein bisschen heindln, aber gar so groß war

Hatten Sie Geschwister?

Nein, ich bin ein Einzelkind, aber ich hatte Schulfreundinnen, die waren dann auch bei mir.

unser Gemüsegarten nicht. Ich habe immer gerne eingekocht, das hat meine Mutter nicht gemacht. Wir hatten auch ein paar Obstbäume und mein Großvater hatte auch einen großen Obstgarten.

Gab es in der Nachbarschaft viele Kinder?

Ja, damals hatten die meisten Familien vier, fünf Kinder. Ich bin gerne mit den Buben mitgegangen, zum Beispiel Ziegen hüten, das war immer recht lustig. Meine Mutter hatte dann auch Ziegen, weil ich ein sehr schwaches Kind war.

Woher stammte das Futter?

Von der Wiese einer Nachbarin und von den Rainen zwischen den Feldern, das durfte man nehmen. Tagsüber ist man mit den Ziegen hinausgegangen, die konnten dann überall an den Rändern fressen.

War das Ziegen hüten nicht langweilig?

Nein! Wir haben einmal sogar ein Theaterstück inszeniert beim Wald oben, König Drosselbart. Da haben alle Kinder, die da mit waren, mitgespielt, und später durften wir das sogar im Pfarrheim spielen, weil es dem Pfarrer so gut gefallen hat. Eine war dabei, die hatte ein bisschen eine Begabung dafür, und so haben wir das einstudiert, als Zeitvertreib. Zuerst haben wir das nur für uns gemacht und wir haben gesagt, wir laden dann die Eltern ein. Das war im Wald, das war eine schöne Kulisse, aber dann haben wir es im Pfarrhof gespielt. Heute kennen die Kinder keine Spiele mehr und es kommen ja auch nicht mehr viele zusammen. Dort ist ein Einzelkind und dort ist ein Einzelkind, bei uns gab es noch genug Kinder.

Heute haben die Kinder ja auch Spielzeug, das gab es früher nicht so, oder?

Nein, nein. Meine Freundin, die waren sechs Geschwister, die hatten überhaupt kein Spielzeug. Ich habe ihr öfter etwas von mir gegeben, aber ich hatte auch nicht so viel. Man hat damals „Mensch ärgere dich nicht" gespielt oder Mühle, da hat man sich selbst die Mühle gezeichnet und mit Bohnen gespielt. Das ging alles und heute geht gar nichts mehr. Wir haben erst sehr spät Strom bekommen in Erlach und Radio erst unterm Krieg, da gab es die Volksempfänger. Ich weiß gar nicht mehr, was wir am Abend gemacht haben, wenn es früh dunkel wurde. Wir hatten nur eine Petroleumlampe, also gelesen haben wir bestimmt nicht am Abend. Wir haben Karten gespielt, das ging, wenn mehr beisammen waren oder mit meinen Eltern.

Hatten Sie einen Lieblingsplatz im Freien?

Ich war im Garten und bin sehr gerne in den Wald gegangen. Wenn es geregnet hat, bin ich in den Wald gegangen, noch in der Schulzeit, da wusste ich Plätze, wo es viele Schwammerl gab.

Haben Sie sich schon als Kind gut ausgekannt mit Pflanzen?

Die Gemüsepflanzen habe ich alle gekannt, die Bäume, die Obstbäume, das habe ich alles gekannt, das hat mich interessiert. Im Garten hatten wir auch allerhand Kräuter, die habe ich auch gekannt, die haben wir zum Kochen verwendet. Die Gundelrebe kannte ich auch, die verwende ich heute noch für die Kartoffelsuppe. Brennessel und Sauerampfer hat man als Spinat verwendet und Kamille hatten wir im Garten. Ich habe auch den Holunder sehr gerne gehabt, aus den Blüten haben wir Hollerschöberl gemacht. Solche Sachen habe ich mit nach Hause gebracht. Es gab auch Brombeeren oder Walderdbeeren, das war herrlich, da bin ich immer Sammeln gegangen.

Wenn Sie Ihre Kindheit mit den Kindern und Jugendlichen heute vergleichen, gibt es da Unterschiede?

Die Kinder heute tun mir leid. Erstens sind sie viel allein und zweitens kommen jetzt nie viele Kinder zusammen, die können gar nicht spielen miteinander. Die Kinder sitzen heute viel beim Computer und beim Fernseher, aber das Gesellige gibt es nicht mehr so. Mir tun sie eigentlich leid. Als mein Sohn klein war, gab es da hinten eine Grube, da haben die Buben alle dort gespielt. Heute sieht man nirgends mehr Kinder spielen, außer am

Spielplatz, aber da fahren sie alle nur mit ihren Skateboards. Ich glaube, das ist, weil es nur mehr so wenige Kinder gibt und gar nie so eine Schar zusammenkommt.

Kann es auch sein, dass es keine interessanten Plätze mehr gibt?

Ich weiß nicht, Spielplätze gibt es hier einige, aber sonst kenne ich keine Plätze.

Gibt es die Plätze noch, an denen Sie als Kind gespielt haben?

Das ist schon ziemlich verbaut alles. Vergangenes Jahr habe ich meinen Onkel besucht in Erlach, da ist jetzt alles verbaut. So ist es nicht mehr, wie es einmal war.

Woher wussten Sie als Kind Dinge über die Natur?

Das eine Kind hat das gewusst von den Eltern, das andere was Anderes, und so hat man sich halt ausgetauscht.

Gibt es etwas, was Kinder heute haben, was Sie rückblickend gerne gehabt hätten?

Was die Kinder heute haben, haben wir in meiner Jugend nicht gehabt und haben es auch nicht vermisst. Ich möchte auch heute keinen Computer haben und Fernsehen tu ich auch wenig. Im Winter setze ich mich hin und stricke Fäustlinge für die „Gruft". Heuer habe ich 20 Paar gestrickt und dazu ein paar lange Schals.
Das ist meine Beschäftigung.

Franziska, 69, Markt Piesting
Großmutter von Mariella

Wo sind Sie aufge-
wachsen?

Ich bin Bad
Fischau auf-
gewachsen in
bescheidenen
Verhältnissen,
mein Vater war
Pecher, später
waren meine El-
tern auch Bauern.
Wir mussten von
frühester Jugend
an mithelfen. Als
Säugling hat mich
meine Mutter im
Buckelkorb aufs
Feld mitgenom-
men, sobald ich gehen konnte,
musste ich auch Mais heindln
oder was halt zu tun war. Wir
hatten immer Hasen und Enten,
denn früher war es so, dass man
sich selbst ernährt hat. Wir hatten
auch Gemüse, es war halt die
Zeit so, es gab kaum Geld, aber
es ist uns nichts abgegangen. Wir
haben zuerst in einem gemieteten
Haus gewohnt, 1954 hat meine
Schwester dann einen Bauernhof
geerbt und da sind meine Eltern
mitgezogen und meine Eltern,
vor allem die Mutter, haben mitgeholfen am Hof. Meine Mutter
ist täglich mit dem frisch ge-
kochten Essen in den Wald zum
Vater gegangen und hat mit ihm
in der Unterstandshütte gegessen
und hat ihm auch geholfen. Auch
wir Kinder mussten fest mithelfen
beim Pechen, wir mussten Becher

umhängen, ausputzen, Pech
zusammensammeln. Unser Vater
hatte ja 4000 Bäume zu betreuen
in verschiedenen Wäldern.

Und die Eltern hatten auch Felder?

Ja, zwischen den Furchen hat
die Mutter auch noch Fisolen
angebaut und das Gemüse im
Garten. Alles, was man gebraucht
hat, gab es im Garten. Meine
Mutter hat auch für Weihnachten
unsere Enten und Gänse gestopft
für reiche Leute, das war grausam
anzuschauen. Wir haben zu Weihnachten auch eine Gans bekommen. Ziegen hatten wir auch, die
sind in den Wald mitgelaufen mit
dem Vater, und zu Ostern gab es
Kitzschnitzel, das war eine Deli-
katesse. Schweine sind auch abgestochen worden und das Fleisch
geselcht und gesurt worden oder
in Gläser eingerext, mit Fett
eingegossen, dass es haltbar ist.
Meistens wurde vor Weihnachten
abgestochen, wenn es kalt war.
Das war für den Eigenverbrauch.

Mussten Sie auch im Garten mit-
helfen?

Den Garten hat die Mutter
selbst gemacht, das war ja wertvoll, da hat sie uns nicht dazu-
gelassen. Heindln und jäten, das
war das Sonntagsvergnügen unserer Mutter. Sonntag in der Früh
ist sie in die Messe gegangen und
am Nachmittag gab es noch einen Segen, bei der Waldandacht
zum Beispiel, da ist man eine halbe Stunde hingegangen, das war
ein Ausflug für uns. Am Nachmittag wurde dann die Wäsche
eingeweicht, die wurde Montag
Früh gewaschen. Geschwemmt

wurde die Wäsche dann beim Bach – Sommer wie Winter.

Hatten Sie auch Zeit zum Spielen?

Ja, wir haben schon gespielt, aber Spielzeug hatten wir keines. Im 43er Jahr, da war der Papa in Bremen, und da hat er meiner Schwester und mir eine Puppe gemeinsam gebracht, die haben wir zu Weihnachten bekommen. Dann ist Dresden bombardiert worden und die Kinder von dort wurden verschickt. Wir haben ein Mädchen in meinem Alter bekommen, und als die nach vier Wochen wieder nach Hause geschickt wurde, hat meine Mutter ihr diese Puppe mitgegeben. Sie hat gesagt: „Sie hat gar nichts und wir haben doch noch ein bisschen etwas." Das war mein Puppenerlebnis. Nach dem Krieg hatten wir eine Russin, die in Bad Fischau geblieben ist, und die hat aus Stoffresten Wurschtel gemacht. So einen habe ich dann einmal zu Weihnachten bekommen.

Wir hatten nichts, aber auf der Straße war es trotzdem eine Gaude. Wir sind mit dem Waschtrog gefahren im Bach, mit dem Kochlöffel haben wir gerudert, das war eine Hetz. Wir haben auch Frösche und Krebse gefangen, heute sieht man gar keine Krebse mehr in so einem Bach. Am Abend habe ich dann Schläge bekommen, weil ich den Trog genommen hatte und ihn nicht mehr nach Hause tragen konnte, weil er sich mit Wasser vollgesogen hatte und so schwer geworden war. Aber es waren lustige Erlebnisse. Wir haben auch Reifen geschoben mit den Felgen

von Rädern. Mit einem Haselnussstock haben wir die Reifen die ganze Straße entlang getrieben. Oder wir haben Tempelhupfen gespielt auf der Straße, wir sind auf Bäume geklettert, zum Beispiel auf die Linden am Bach. Wir mussten Kühe hüten und da haben wir uns Hefte zum Lernen mitgenommen oder unsere Hausübung gemacht, denn am Abend war es zu dunkel und wir hatten nur Petroleumlampen. Beim Hüten haben wir auch verschiedene Spiele gespielt, zum Beispiel haben wir Neuankömmlingen einen Streich gespielt und ihnen gesagt, sie sollen nach einem Schatz graben, dabei war da ein Kuhhaufen drunter. Manchmal sind uns dann die Kühe durchgegangen und in den Acker hinein. Wir waren immer eine große Gruppe von Kindern und da hat einer dem anderen geholfen, keiner war neidig, weil eh keiner etwas hatte. In Fischau ins Bad gehen war für uns ein Luxus, das hat 50 Pfennig gekostet, da hat die Mutter immer gesagt, „Geh in den Bach, wenn du dich abkühlen möchtest." Wir hatten wenig, aber es war eine schöne Zeit, ich möchte es nicht missen.

War die Natur manchmal auch etwas Belastendes?

Ja, sicher, wenn man Heu arbeiten musste und es war heiß und die anderen Kinder waren vielleicht irgendwo baden, dann war es für uns nicht lustig, aber andererseits war es auch nicht so schlimm. Wir hatten es auch lustig, wenn man zum Beispiel ganz oben am Heuwagen sitzen konnte, dann war das auch eine Freude. Wir waren bescheiden. Es war schon etwas, wenn man da oben sitzen durfte, egal, wie sehr man sich vorher geplagt hatte. Oder beim Dreschen, das war ein Volksfest, da ist die ganze Familie zusammengekommen, die Nachbarn, die Milchkunden, alle haben mitgeholfen, und danach gab es ein gutes Essen, es war etwas los und es wurde gesungen. Oder im Winter beim Kukuruz blätschen, da gab es einen Milchkunden, der war Kapellmeister und ist gerne zum Helfen gekommen, denn da gab es was zu Essen und keiner hatte viel. Da gab es Zwetschken und trockenes Brot, es wurde gesungen und es war eine Hetz. Wenn wir Kinder einen gescheckten oder einen roten Kukuruz gefunden haben, durften wir aufhören - natürlich haben wir gesucht, wo der ist. Am letzten Tag ist dann gut aufgekocht worden, darauf hat man sich schon gefreut.

Haben es die heutigen Kinder und Jugendlichen besser?

Nein, viel schlechter! Ich möchte in der heutigen Zeit kein Kind sein. Wir waren arm und haben mit primitivsten Mitteln gespielt. Heute haben die Kinder alles, auch die ganzen negativen Einflüsse vom Fernsehen. Früher gab es auch Gefahren, zum Beispiel während der russischen Besatzung, aber wir wurden gewarnt, worauf wir aufpassen müssen. Wir waren als Kinder sehr kreativ. Wir haben zum Beispiel einmal einen ganzen Sommer lang an einem Kostüm für den Maskenball im

nächsten Jahr gebastelt, mit ganz primitiven Mitteln – aus Kukuruzstroh, Muscheln aus dem Bach und so weiter. Wir waren den ganzen Sommer beschäftigt und waren sehr stolz auf das, was wir gemacht hatten. Heute gehen die Kinder in ein Geschäft und kaufen sich das. Wir sind Lindenblüten pflücken gegangen für den Tee, wir sind in den Wald gefahren zum Erdbeeren pflücken – heute ist das alles verbaut. Mit der Natur waren wir immer verbunden.

Mariella, 12, Klosterneuburg, Enkelin von Franziska

Was machst du, wenn du nicht lernen musst oder in die Schule gehen?

Dann nehme ich meine Hängematte und leg mich raus zwischen die Bäume oder ruf Freunde an und wir spielen draussen im Garten. Wir klettern auf Bäume, spielen Ball oder Federball oder Fangen oder Verstecken – Dinge, die man halt im Garten spielen kann. An schlechten Tagen mache ich irgendwas drinnen. Früher haben wir in der Sandkiste gespielt, auch bei Regen. Das war uns damals egal, und jetzt, wenn es nur grau wird, gehen wir schon rein, weil es nicht mehr so ist wie früher.

Früher habe ich meiner Mutter im Garten geholfen und bin hinaus gegangen, um zu gießen oder etwas zu stiebitzen, das reif ist. Wir haben so viele Walderdbeeren, da bin schauen gegangen, ob welche reif sind, das hat mich immer sehr fasziniert. Wir sind auch oft auf die Wiese gegangen und dahinter ist ein Wald, den haben wir Märchenwald genannt oder Zwergenwald. Dort haben wir uns von Baum zu Baum geschwungen, weil die Bäume dort so dünn und biegsam waren. Wir haben uns einen richtigen Parcours angelegt zum Schwingen. Es gab viele Wälder um die Wiese, drei insgesamt, wo wir immer geklettert sind. Heute mache ich irgendetwas Sportliches oder ich leg mich mit meiner Hängematte nach draussen und geniesse die Ruhe. Wenn ich einen anstrengenden Tag hatte, ist das schön. Da ist es so ruhig und alles ist so grün.

Ich kann es mir nicht vorstellen, ohne Garten aufzuwachsen. Ich bin es so gewöhnt und es wäre auch unangenehm, weil wir sind ja hier wo es nicht so laut ist.

Ich bin auch in Wien gerne, weil da kann man schnell Einkaufen gehen oder zu einer Freundin fahren mit der U-Bahn, aber hier ist es mir lieber.

Da drüben war eine riesige Wiese, da haben sie ein Haus hingebaut. Es werden immer mehr Wiesen hier in der Gegend zugebaut. Das stört mich, weil es immer weniger Wiesen gibt, wo man hin kann.

Ich kenne mich gut mit Pflanzen und Tieren aus, vom Biologieunterricht und weil ich mich früher sehr für Tiere interessiert habe. Ich kenne auch viele Kräuter, weil ich sehr gerne koche. Wir haben im Garten ganz viele verschiedene Rosmarin, Thymian oder Baldrian. Also ich weiß, was man essen kann und was nicht.

Früher gab es sicher mehr Natur, weil jetzt ja viel mehr Häuser gebaut wurden und alles verbaut wird, mehr Straße gebaut wird und so. Was vielleicht nicht unbedingt etwas Schlechtes ist, aber es tut der Natur natürlich nicht gut. Daran sollte man auch denken, zum Beispiel der Klimawandel wegen dem ganzen CO_2, wegen der vielen Autos die fahren, und da sind die Straßen dann schon etwas Schlechtes. Wenn man denkt, dass man früher alles zu Fuß gehen musste und wir fahren heute wegen jedem kleinen Eck mit dem Auto, das ist schon arg.

Emotionen und Gefühle

Wozu sind sie da

Barbara Gottlieb-Sabaini
lebt seit 1991 mit ihrem Mann und zwei Kindern auf einem Bauernhof im Mühlviertel. Sie arbeitet als Altenfachbetreuerin, Dipl. Sozialpädagogin, Reittherapeutin und Bäuerin.

Vorwort

Warum gerade das Thema Emotionen mich so beschäftigt und berührt? Als Einzelkind wuchs ich in einer Familie auf, die mit vielen negativen Situationen zu kämpfen hatte. Meine Mutter verließ fluchtartig ihr Elternhaus, weil sie vor lauter Regeln und Gesetzen keine Luft mehr bekam. Die Regeln nach denen wir lebten waren: Keinen geht es etwas an wie es dir geht, oder was du fühlst. Ein Kommunizieren über Gefühle gab es in meiner Familie nicht. Überhaupt war das Thema Gespräche negativ besetzt, denn sie führten zu Streitereien, die sie vermeiden wollten. Das Muster, das ich von Kind auf erlernte, war Verdrängen und Leugnen.

Ab meinem zehnten Lebensjahr litt ich unter meinen Gefühlen, die meine Familiensituation so mit sich brachten. Einerseits hatte ich körperliche Symptome, wie eine Gehirnhautentzündung, die fälschlicherweise als Grippe verkannt diagnostiziert wurde, andererseits litt ich unter meinen Gefühlen so stark, dass ich ihr Sklave wurde. Wenn ich jetzt an diese Zeit zurückdenke, kommen mir Gefühle wie Angst, Hass, Trauer und Hilflosigkeit, … in den Sinn. Ich war zu keinem Agieren mehr fähig, nur mehr zu einem Reagieren. Ich trieb wie ein Boot ohne Ruder durch die Zeit.

Ein anderes Muster lernte ich erst in meiner Pubertät kennen – durch meine Freunde, die stundenlang über ihre Gemütszustände reden konnten. Rasch begriff ich auch, dass ein Reden über seine Gefühle körper-

liche und geistige Erleichterung bringt und auch ein Gefühl des „Dazu-
gehörens".

Diese neuen Verhaltensmuster machten mich freier und ließen mich
mein Leben leichter und zufriedener bewältigen. Durch das Glücklich-
sein wurde mein Weltbild weiter und die Angst vor Neuem schwand
immer mehr.

In meiner Arbeit war und ist das Thema Emotionen und Gefühle ständig präsent. Viele Gefühle, die die verhaltensauffälligen Jugendlichen mit
sich brachten gaben mir zu denken. Woher kommen sie, wie können
sie mit diesen Gefühlen noch glücklich sein und leben, wie können sie
zu einem Agieren finden und das getriebene Reagieren zurücklassen?
Wie können sie eine innere Sicherheit verspüren, oder brauchen sie
keine? Warum spüre ich dieselben Gefühle? Fühle ich dasselbe? Oder
woher kommen diese Gefühle?

Bei der Ausbildung zur Sozialpädagogin lernte ich mehr zum Thema
Gefühle: Was sie sind, was sie bewirken, wie sie wirken und wie man
sie beeinflussen kann. Seit dieser Zeit sind Emotionen und Gefühle
ein Steckenpferd von mir, das mich täglich begleitet und das mir mein
Leben und meine Arbeit leichter macht als früher und oft auch ganz
neue pädagogische Ansätze bietet.

Charles Darwin untersuchte vor über einem Jahrhundert die physiologischen Abläufe des Gehirns und dessen biologische Grundlagen und
kam zu folgendem Ergebnis:

**„Ein falsches Lächeln, zu dem man sich aus gesellschaftlichen Gründen
zwingt, stimuliert lediglich die Jochbeinmuskulatur, die, wenn man die
Lippen schürzt, die Zähne entblößt. Im Gegensatz dazu mobilisiert ein
echtes Lächeln zusätzlich die Muskeln um die Augen. Diese lassen sich
nicht willentlich mittels des kognitiven Gehirns (bewusst regelbarer Teil
des Gehirns; Anm. d. Autorin) zusammenziehen. Der Befehl dazu muss
aus dem primitiven, tief „liegenden Teil" des Gehirns (damaliger wis-
senschaftlicher Stand der Hirnforschung; Anm. d. Autorin) kommen.**
**Augen lügen nie, weil die Kräuselung um sie herum zeigt ob ein Lächeln
echt, oder falsch ist. An einem herzlichen, echten Lächeln merken wir
intuitiv, ob unser Gesprächspartner sich in genau diesem Augenblick in
einem Zustand der Harmonie zwischen dem, was er denkt, und dem,
was er fühlt, zwischen Kognition und Emotion, befindet.**
Charles Darwin: „Die neue Medizin der Emotionen", Verlag Antje Kunst-
mann GmbH 2004

Empfindungen

„Everyone knows what an emotion is, until asked to give a definition."
Fehr/ Russel, "The Imitative Mind "

Was ist eine Emotion? Eine präzise Antwort zu geben, ist schwierig. Es lassen sich unterschiedliche Zuschreibungen finden die zu diesem Thema geläufig sind, wie z.B.: Emotionen hat jeder, Emotionen sind in uns und kommen aus unserm Innersten, Emotionen zeigt man, Emotion hat etwas mit Gefühlen zu tun, Emotionen sind unbewusst, wir können sie nicht immer kontrollieren, sie können gut oder schlecht sein, sie lassen sich nur selten von uns steuern.

Das Wort Emotion kommt aus dem Lateinischen. Ursprünglich hieß es „emotio" und bedeutete „das Fortbewegen". Die heutige Bedeutung von Emotion laut Lexikon *(Kytzler/Redemund: „Unser tägliches Latein"; 1992)* Gemütsbewegung, seelische Erregung, Gefühlszustand.

Antonio R. Damasio, ein berühmter Philosoph unserer Tage, versuchte die Wunderwelt der menschlichen Emotionen und Gefühle so zu beschreiben:
„Alle Menschen ohne Ausnahmen - Männer und Frauen jeden Alters, aller Kulturen, jedes Bildungsstandes, aus allen wirtschaftlichen Verhältnissen - haben Emotionen, wissen um die Emotionen anderer, gehen Beschäftigungen nach, die ihre Emotionen manipulieren, verbringen ihr Leben nicht zuletzt damit, eine bestimmte Emotion zu suchen – Glück – und unangenehme Emotionen zu vermeiden. Auf den ersten Blick haben Emotionen nichts spezifisch Menschliches, weil offenkundig ist, dass auch viele nichtmenschliche Lebewesen Emotionen in Hülle und Fülle haben. Und doch ist etwas Besonderes an der Art, wie Emotionen mit komplexen Ideen, Werten, Prinzipien und Urteilen verknüpft sind, die nur Menschen haben können. Auf dieser Verknüpfung beruht unse-

re legitime Überzeugung, dass menschliche Emotionen etwas Spezielles sind. Menschliche Emotionen betreffen nicht nur sexuelle Lust oder die Angst vor Schlangen. Sie sind auch der Schrecken beim Anblick von Leid und die Befriedigung, die wir empfinden, wenn der Gerechtigkeit Genüge getan wird, unser Entzücken über das sinnliche Lächeln von Jeanne Moreau (franz. Schauspielerin; sehr berühmt in den Sechzigern – Anmerkung Autorin) oder über die Schönheit der Wörter."
Antonio R. Damasio; „Ich fühle, also bin ich";

Emotionen

Emotionen sind die Grundgefühle, aus denen sich alle anderen Gefühle zusammensetzen. Emotionen sind Grundfarben in unserem Leben, Gefühle sind Mischfarben, die unser ganzes Leben begleiten. Neurobiologische Hirnforschungen ergaben, dass bei bestimmten Gefühlen, wie Angst, Freude, Hass, Trauer, Sicherheit und Liebe, nur regional abgegrenzte Bereiche in unserem Gehirn aktiv werden. Dadurch kam man zu der Unterscheidung zwischen „Emotionen" (früher hießen sie Primärgefühle), also den Grundgefühlen, und den „Gefühlen" (früher hießen sie Sekundärgefühle), die Mischformen der Emotionen.

Die Emotionen sind bei allen Menschen von Geburt an vorhanden.

Nochmals kurz zusammen gefasst: Emotionen sind nur sechs Grundgefühle, da nur bei diesen einzelne Regionen im Gehirn aktiv werden; alle anderen Gefühle sind Mischformen der Emotionen und individuell sehr unterschiedlich ausgeprägt.

„Wir wissen, dass wir eine Emotion haben, wenn wir in unserem Geist ein fühlendes Selbst spüren. Bevor sich dieser Sinn für das fühlende Selbst ausgebildet hat (stammesgeschichtlich wie individuell), gibt es abgestimmte Reaktionen, die eine Emotion darstellen, und anschließend Gehirnrepräsentationen, die ein Gefühl erzeugen. Doch wir wissen erst, dass wir eine Emotion fühlen, wenn wir spüren, dass diese Emotion in unserem Organismus gespürt wird."
Antonio R. Damasio; „Ich fühle, also bin ich"

Wir müssen uns und unsere Umwelt spüren um eine Emotion zu haben. Emotionen brauchen den Körper, und Emotionen spüren wir in uns.

Zusammengefasst die sechs Emotionen:

—— Angst

—— Hass

—— Trauer

—— Freude

—— Sicherheit

—— Liebe / Sexuelle Anziehung

Laut Antonio R. Damasio führend auf dem Gebiet der Gefühls-
forschung, haben Emotionen folgende biologische Kernstrukturen:

1) Emotionen sind komplizierte Bündel von chemischen und neuralen
Reaktionen. Alle Emotionen haben eine regulatorische Funktion und
führen in der einen oder anderen Weise zur Entstehung von Umständen, die vorteilhaft für den Organismus sind. Emotionen haben mit
dem Leben eines Organismus zu tun, seines Körpers um genau zu sein,
und ihre Aufgabe besteht darin, dem Organismus zu helfen, am Leben
zu bleiben.

2) Ungeachtet der Tatsache, dass Lernen und Kultur den Ausdruck von
Emotionen verändern und ihnen neue Bedeutungen verleihen, sind
Emotionen biologisch, determinierte, abgegrenzte Prozesse, die von
angeborenen Hirnstrukturen abhängen. Diese wiederum verdanken
ihre Existenz einer langen evolutionären Geschichte.

3) Die Strukturen, die Emotionen hervorbringen, befinden sich in einem
relativ eng begrenzten Gebiet von subcorticalen (Gehirnbereich
unterhalb der Großhirnrinde; Anm. d. A.) Regionen, die in der Tiefe des
Hirnstamms beginnen und in immer höhere Gehirnbereiche aufsteigen.

4) Alle Mechanismen können automatisch, das heißt ohne bewusste
Auslösung in Gang gesetzt werden. Dass es dabei große individuelle
Schwankungen gibt und die Kultur bei der Ausformung einiger Auslöser eine Rolle spielt, ändert nichts daran, dass Emotionen außerordentlich stereotyp und automatisch sind und einem regulatorischen Zweck
dienen.

5) Allen Emotionen dient der Körper als Theater, doch Emotionen beein-
flussen auch die Arbeitsweise zahlreicher Schaltkreise des Gehirns: Die
Vielfalt der emotionalen Reaktionen ist für tief greifende Veränderungen
in der Landschaft des Körpers und des Gehirns verantwortlich. Die
Gesamtheit dieser Veränderungen bildet das Substrat der neuronalen
Muster, die schließlich zu gefühlten Emotionen werden.
Antonio R. Damasio; „Ich fühle, also bin ich"

Einige Erläuterungen zu oben stehenden Text:

ad 1) Jeder Mensch hat zu jeder Minute seines Lebens ein Gefühl. Diese Empfindungen bemerken wir nicht, wenn sie uns sagen, dass alles in Ordnung ist. Anders bei negativen Empfindungen: Unser Geist wird wach, wir betrachten die Situation genau. Man kann auch sagen, dass in alltäglichen Lebensumständen unsere Kontrollstelle auf „stand by" geschaltet ist. Erst wenn wir uns (unbewusst) nicht sicher fühlen erwacht unser Geist zu vollem Leben. Ansonst wären wir einer ständigen Reizüberflutung ausgesetzt. Unser Hirn sortiert Informationen vor und bewusst nehmen wir nur die wichtigen Ereignisse war. Diese Funktionen der Gefühle sind überlebensnotwendig.

ad 2) Von Geburt an besitzen wir Hirnstrukturen (Spiegelneuronen), die uns das Fühlen unserer Gefühle ermöglichen. Diese Spiegelneuronen sind bei jedem Menschen kurze Zeit nach der Geburt vorhanden. Wie wir diese Spiegelneuronen nutzen hängt davon ab in welchem Kulturkreis wir aufwachsen und leben, welche Bildung wir haben und wie unser soziales Umfeld aussieht.

ad 3) Das Zentrum der Gefühle liegt im alten Bereich unseres Gehirns, evolutionsmäßig gesehen.

ad 4) Gefühle werden bei allen Menschen unbewusst ausgelöst. Das wir fühlen haben wir alle mit unseren Mitmenschen gleich, nur was und wie wir fühlen hängt von unserer individuellen Lebenserfahrung ab.

ad 5) Um fühlen zu können benötigen wir einen Körper. Was und wie wir fühlen verändert wiederum die Bahnen der Spiegelneuronen in unserem Gehirn

Gefühle

Wir brauchen Gefühle um Sicherheit zu fühlen. Diese Sicherheit brauchen wir um den menschlichen Alltag als „Herdentier" leben zu können und um lernen zu können. Wir fühlen, um das zwischenmenschliche Zusammensein überschaubarer zu machen, um neben einander leben zu können. Wir orientieren uns in unserem sozialen Zusammensein mit unseren Gefühlen und schaffen uns dadurch die Sicherheit, die wir in jedem Moment unseres Lebens brauchen.

Ein Gefühl ist der erste Impuls, der entsteht, wenn wir mit einem bestimmten Ereignis konfrontiert werden. Es ist die unverfälschte, spontane Antwort auf das, was gerade geschieht. Mit allen unseren Lebenserfahrungen haben wir zu diesem Ereignis ein Gefühl, das nur aus unserem limbischen System entstanden ist, ohne jedes Zutun unseres Neokortex (jüngster Teil der Großhirnrinde; Anm. d. Autorin).

Der unmittelbare Impuls erfüllt uns vollständig und in diesem Moment sind wir das Gefühl.

Ein guter Witz, über den wir lachen erfüllt uns mit Freude und Glück. Ein sexistischer Witz erfüllt uns mit Zorn. Der unmittelbare Impuls erfüllt uns vollständig und in diesem Moment sind wir das Gefühl. Weil das Fühlen keine Umwege über unser rationales Denken macht, sondern direkt auf das limbische System wirkt, äußert es sich kurz und heftig und bleibt nahe am momentanen Erleben. Darum sind Gefühle meist nur von kurzer Dauer, sie lassen sich weder auf später verschieben noch konservieren oder beliebig verlängern. Sie finden im Jetzt und Hier statt.

Beispielsweise hat Ihr Partner einen wichtigen Termin vergessen und Ihre spontane, unverfälschte Reaktion darauf ist Wut. Sie bringen diese Wut unverstellt und direkt zum Ausdruck. Sie brechen einen Streit vom Zaun, Sie spucken Gift und Galle, regen sich fürchterlich auf und schreien, dass die Erde bebt. Wenn Sie Ihre Gefühle zum Ausdruck gebracht haben und Sie sich verstanden fühlen, geht es Ihnen wieder besser. Ihr Gefühlsausbruch war ein reinigendes Gewitter, danach ist die Anspannung, die zwischen Ihnen in der Luft gestanden ist, wieder weg. Ihr Partner und Sie können wieder frei durchatmen, sich entspannen und sich anderen Dingen zuwenden, oder man kann gemeinsam über den Wutausbruch lachen.

Ein anderes Beispiel: Jemand bereitet Ihnen eine große Freude. Ihr Herz pocht heftig vor lauter Glück, Ihre Augen leuchten und Sie können vor Freude und Glücksgefühl kaum Ihre Tränen zurückhalten. Impulsiv geben Sie sich dem Gefühl von Freude hin und leben es voll und ganz aus.

Ein Wesensmerkmal dieser echten, unmittelbaren Gefühle ist, dass alle, die mit ihnen in Berührung kommen, sich ihnen nicht entziehen können. Die echte Traurigkeit eines Menschen berührt das Herz zutiefst und weckt Mitgefühl. Blanker Zorn oder die blanke Wut, die jemanden übermannt, machen betroffen. Und die pure Freude, die jemand empfindet, steckt an, auch wenn Sie selbst keinen direkten Anteil daran haben.

Doch nicht alle Emotionen sind kurz und heftig. Die Trauer über den Verlust eines geliebten Menschen wird länger dauern und in zyklischen Phasen das weitere Leben begleiten.

Kurz wiederholt: Gefühle strahlen Einfachheit ab, haben Klarheit, Kraft und „passen" in die Situation. Sie bewirken bei anderen einen Eindruck von Menschlichkeit und Authentizität, sie wirken stimmig. Bei Äußerungen von Gefühlen stimmen das Verhalten der Person und seine oder ihre Mimik und Gestik mit dem geäußerten Gefühl überein.

Fremdgefühle

Fremdgefühle sind nicht unsere eigenen Gefühle. Wir übernehmen sie unbewusst von anderen Personen. Dabei regt sich auch ein Gefühl in uns, manchmal merken wir aber bei genauerer Betrachtung, dass sich diese Gefühle fremd und ungewohnt für uns anspüren. Diese Gefühle, die wir von anderen Personen übernehmen, nennt man Fremdgefühle. Wer keine Erfahrung mit Gefühlsübertragungen hat, bemerkt sie kaum. Er oder sie glaubt, es sind seine oder ihre eigenen.

Zu aktiver Gefühlsübertragung kommt es auch, um andere bewusst oder unbewusst zu manipulieren, oder zu Handlungen zu bewegen, die wir selbst nicht erledigen wollen. Die Person, die Gefühlsübertragungen aussendet wirkt oft theatralisch, übertrieben und überschwänglich. Die Augen werden häufig geschlossen oder der Blick ist ausweichend, die Aufmerksamkeit des Fühlenden ist nach innen gerichtet. Die Übernahme eines Gefühls findet meist dann statt, wenn der oder die, zu dem dieses Gefühl eigentlich gehört, es nicht zulassen, ausdrücken oder äußern kann, will oder darf. Es sind immer wieder Berichte zu finden, dass auch von Nachgeborenen ein Gefühl übernommen werden kann, obwohl sie den Gefühlsausender nie lebend trafen.

Im Unterschied zu Emotionen und Gefühlen wirken Fremdgefühle nicht anrührend, sondern künstlich oder übertrieben, sie lähmen, machen rat- und hilflos. Gerade unbestimmte, nicht greif- und benennbare Lebensgefühle oder Gefühle für eine Situation von Trauer, Wut, Verlassenheit, Schuld oder Resignation sind meist Ausdruck eines übernommenen Gefühls. Andere haben oft den Eindruck im Nebel zu tappen, wenn sie mit einer Person zu tun haben die Fremdgefühle auslebt. Gesicht und Körperhaltung solcher Menschen wirken nicht mehr wie zu dieser Person gehörig, sondern fremd und unauthentisch.

Kurz wiederholt: Fremdgefühle wirken verstellt, künstlich und manipulativ. Sie machen das Gegenüber meist hilflos und bewirken Schuldgefühle. Oft erkennen wir sie daran, dass sie langweilig, irritierend und unpassend in der Situation wirken.

Ersatzgefühle

Ein Großteil der Gefühle, die Menschen zeigen, gehört zur Kategorie der Ersatzgefühle. Es sind „statt dessen-Reaktionen", die ein wahres Gefühl verdecken, das wir für inakzeptabel halten und daher nicht leben. Ein Lächeln, obwohl uns zum Heulen zumute ist, geheucheltes Interesse statt ehrlicher Müdigkeit.

Ersatzgefühle sind Kunstgefühle, unecht, lang andauernd und beliebig wiederholbar. Solche „falschen Gefühlskoppelungen" sind uns anerzogene Gefühle, weil wir gelernt haben, dass manche Gefühle, vor allem die negativen, von unserer Umwelt nicht akzeptiert oder sogar bestraft werden. Um uns anzupassen und für die Gesellschaft nicht unangenehm zu sein verstecken wir unsere wahren Gefühle und kommunizieren stattdessen mit Ersatzgefühlen, die in unserer Gesellschaft gut akzeptiert sind und wir fallen nicht auf. Nur Kinder haben diese Ersatzgefühle noch nicht erlernt; sie sind ehrlich und zeigen uns das Gefühl, das sie gerade empfinden.

Trotz allem sind Ersatzgefühle ein wichtiger Bestandteil in unserem zwischenmenschlichen Alltag. Stellen wir uns doch nur kurz vor, der Mensch auf den wir gerade eine unbändige Wut haben, ist unser Chef. Wie zielführend ist es dann seiner Wut freien Lauf zu lassen und ihm alle Dinge an den Kopf zu werfen, die wir gerade loswerden wollen? Es gibt wahrscheinlich nur wenige Menschen, die sich von einem Mitarbeiter solch ein Verhalten bieten lassen und nicht reagieren würden. Dieses Verhaltensmuster gilt nicht nur zwischen Chef und Mitarbeiter, sondern für alle Menschen.

Ersatzgefühle sind ein wesentlicher Teil unseres alltäglichen Agierens und Kommunizierens, wichtig ist dabei aber, dass wir uns bewusst sind, dass es „statt dessen-Gefühle" sind, die meist ganz andere Gefühle verbergen.

Hilflosigkeit

Hilflosigkeit ist ein Ausnahmegefühl. Wie im Kapitel „Emotionen" angeführt ist, schaltet bei Emotionen, wenn es wirklich reine Emotionen sind und keine Gefühle, also keine Mischformen, nur ein Rezeptorenblock im Gehirn. Nur eine bestimmte Region in unserem Gehirn ist aktiv.

Bei Hilflosigkeit ist es genau umgekehrt: Alle Rezeptorenblöcke sind gleichzeitig aktiv. Uns überfällt eine Flut von undifferenzierbaren Empfindungen. Jeder weiß wie stark eine einzelne Emotion sein kann, und wie ausgeliefert wir uns dabei fühlen können. Es ist also leicht nachzuvollziehen, wie es uns geht, wenn alle Emotionen zugleich auf uns einstürmen.

Es überfällt uns ein Gefühl der Ohnmacht, da wir eine Unzahl von Emotionen und Gefühlen zur selben Zeit erleben. Es geht uns dabei sehr schlecht und wir wollen nur, dass diese Situation aufhört. Wir wollen uns anders fühlen, egal wie. Wesentlich bei der Hilflosigkeit ist: Wir können unser rationales Gehirn nicht benützen, wir können es nicht einmal einschalten, weil es durch die Überzahl an Gefühlen und Emotionen blockiert ist.

Wir reagieren dann meist nur auf eine Situation und sind nicht in der Lage zu agieren. Reagieren meint dabei ein Handeln nach unbewussten, unfreien meist aus der Herkunftsfamilie übernommenen Mustern. Demgegenüber wäre Agieren ein Handeln nach emotionell und intellektuell reflektierten und bewussten Erfahrungen. In dieser hilflosen Situation ist es uns nicht mehr möglich rational zu denken, wir können die Situation nicht mittels kognitiver Handlungen (erlernten und erprobten Verhaltensmuster, Anm. d. Autorin) lösen.

Oft kommt es dadurch auch zu einer gewalttätigen Handlung, nur um diese Unmenge an Gefühlen nicht mehr haben zu müssen, nur um uns anders zu fühlen, nur um die Flut an Gefühlen nicht mehr zu haben, dem Gefühlschaos nicht mehr ausgeliefert zu sein. Hilflosigkeit ist nach den Erkenntnissen der Gewaltpädagogik der primäre Auslöser für Gewalttätigkeit.

Ein besseres Handlungsmuster zum Umgang mit Hilflosigkeit ist, ein Gefühl aus dieser Fülle an Emotionen herauszulösen und diesem nachzufühlen. Sobald wir uns nur mehr auf eine Emotion konzentrieren, wie zum Beispiel auf den Hass, rücken die anderen Gefühle in den Hintergrund. Unser Gehirn löst die Blockade auf, weil es nur mit einem Gefühl umgehen muss. Wir fühlen also unserem Hass nach und versuchen festzustellen, wo in unserem Körper, wir ihn spüren und wie wir ihn spüren. Dadurch unterbrechen wir die Flut an Gefühlen und bekommen den Kopf frei.

Warum sind Gefühle wichtig

Warum haben sich Gefühle entwickelt und ausdifferenziert? Welchen Sinn und Zweck haben beispielsweise Hass, Wut, Neid, Ekel, Eifersucht, Scham, Verzweiflung oder Traurigkeit? Und welche Bedeutung haben andererseits Freude, Heiterkeit, Liebe, Zufriedenheit, Dankbarkeit, Freundschaft, Interesse, Erfüllung und Glück? Das weite Spektrum menschlicher Gefühle spielt eine maßgebliche Rolle für das Überleben der Menschheit. Und nicht nur für das Überleben, sondern auch für die Entwicklung des Homo sapiens zum dominierenden Lebewesen auf diesem Planeten waren und sind sie von größter Bedeutung.

Das menschliche Gehirn entwickelte sich in unendlich langen Zeiträumen, in denen es vor allem als Gefahrensensor diente: Gefahren aller Art wie z. B. Hunger, Kälte und Feinde mussten rechtzeitig entdeckt und bekämpft werden. Deshalb besitzen wir, so der Sozialpsychologe Martin Seligman, ein „katastrophisches Gehirn", das immer auf das Schlimmste gefasst ist. Wir haben als Art überlebt, weil wir uns auf das konzentriert haben, was schief laufen kann, nicht auf das, was gut geht. Wenn in unserem Leben alles gut läuft, schalten wir sozusagen auf Autopilot. Wir konzentrieren uns erst richtig, wenn etwas nicht klappt. Manche Funktionen waren in unserer Vorgeschichte überlebensnotwendig, im Laufe unserer modernen Zeit erwiesen sie sich aber als gar nicht mehr so nützlich, sondern eher als hinderlich. Immer auf das Schlimmste gefasst zu sein bringt uns in unserer modernen und sicheren Zeit relativ wenig, sondern erzeugt in uns oft ein Stressgefühl, dass unseren Blickwinkel auf unser nächstes Umfeld einengt.

Heute sind unsere positiven Gefühle genauso wichtig wie in unserer Entstehungszeit: Sie sind und waren nicht einfach dazu da um uns das Leben zu versüßen. Freude, Lachen, Lust, Liebe, Zufriedenheit und so weiter stellten auch schon früher einen maßgeblichen evolutionären Vorteil dar. Sie ermöglichten Kooperation, Arbeitsteilung und das allmähliche Entstehen komplexer Kulturen. Nicht mehr der Aggressivste, Misstrauischste und Ängstlichste überlebte und pflanzte sich fort, sondern der Neugierige, zu Freundschaft Fähige, zu Humor und Bindung Begabte, der Experimentierfreudige.

Ein wunderliches Resultat dieser evolutionären Betrachtungsweise ist etwa der Befund, dass Frauen nicht immer den potentesten und stärksten Mann wählten, sondern sich zu Männern hingezogen fühlten, die witzig und humorvoll waren. Geselligkeit und Humor waren ebenfalls nützliche Überlebensfaktoren, denn diese Fähigkeiten sind unschätzbare Tugenden bei der Zukunftsplanung.

Laut dem Neuropsychologe Jaak Panksepp sind unsere Emotionen Geschenke der Natur, die entwickelt wurden um die wesentlichen Anforderungen des Lebens zu bewältigen.

„Die Emotionssysteme wurden in der Evolution zur Bewältigung der wesentlichen Anforderungen des Lebens entworfen. Sie informieren ständig und automatisch über die wichtigen Aspekte des Lebens und teilen uns mit, was sich schlecht, was sich gut und was sich „gemischt" anfühlt."
Jaak Panksepp, „The cortical motors system"

Unsere Gefühle sind also ein Signalsystem, das uns einen schnellen Zugang zu unseren Vorlieben ermöglicht – zu den angeborenen und den erworbenen. Alles in unseren Begegnungen mit der Umwelt und mit anderen Menschen wird positiv oder negativ codiert, mit einem Wert aufgeladen. Dieser binäre Code ist offenbar von hohem Überlebenswert. So wichtig, dass ein wesentlicher Satz für die Evolution lauten könnte: Ich fühle, also bin ich!

Das Herz der Gefühle

Gefühle verspüren wir im Körper nicht im Kopf. Schon 1890 schrieb William James, Harvard-Professor und Vater der amerikanischen Psychologie, ein Gefühl sei vor allem ein körperlicher Zustand und erst in der Wahrnehmung im Gehirn.

Sagt man nicht beispielsweise: Mir steckt die Angst in den Knochen, oder ich zittere am ganzen Leib, vor Angst gefriert mir das Blut in den Adern, mir stehen vor Unmut die Haare zu Berge,…

Es wäre falsch, in diesen Wendungen lediglich Stilfiguren zu sehen. Vielmehr sind es recht genaue Beschreibungen dessen, was wir in verschiedenen Gemütsverfassungen spüren. Seit kurzem weiß man, dass Darm und Herz eigene Netzwerke von zigtausenden Neuronen besitzen, die wie ein „kleines Gehirn" im Körper reagieren. Diese kleinen Gehirne können selbstständig Dinge wahrnehmen, ihre Wirkungsweise modifizieren und sich entsprechend ihren Erfahrungen sogar ändern, das heißt in gewisser Weise eigene Erfahrungen ausformen.

Das Herz verfügt nicht nur über ein eigenes Nervensystem, sondern auch eine kleine Hormonfabrik. Es sondert Adrenalin ab, das es freisetzt, wenn es seine Kapazitäten voll ausschöpfen muss. Es schüttet auch das Hormon Noradrenalin aus, das den Blutdruck reguliert und es setzt sein eigenes Oxytocin ab, das Liebeshormon. Dieses Liebeshormon wird zum Beispiel ins Blut abgesetzt, wenn sich ein Paar umwirbt oder auch beim Orgasmus. Bei stillenden Müttern ist es im Blut nachzuweisen. Alle diese Hormone wirken unmittelbar auf das Gehirn ein. Man sieht also, die Bedeutung des Herzens für die Sprache der Gefühle ist nicht nur eine Metapher. Das Herz nimmt Dinge wahr und fühlt.

Körperlichkeit der Gefühle

Unser Gehirn umfasst zwei große Teilbereiche: Im Innersten befindet sich das uralte Gehirn, das uns und allen Säugetieren, in gewissen Teilen auch den Reptilien, gemeinsam ist. Dies ist die erste Schicht, die im Verlauf der Evolution gebildet wurde.

Paul Broca, französischer Neurologe des 19. Jahrhunderts gab ihm den Namen „limbisches Gehirn". Um das limbische Gehirn hat sich im Verlauf von Jahrmillionen der Evolution eine jüngere Schicht gebildete, das „neue Gehirn" oder Neokortex (lat. neue Rinde). Der Neokortex ist der bewusste, rationale und der Außenwelt zugewandte Teil unseres Gehirnes; Das limbische Gehirn ist unbewusst, auf das Überleben bedacht und in engem Kontakt mit dem Körper und seinen Funktionen. Diese beiden Hirnregionen sind relativ unabhängig voneinander und beeinflussen jede auf sehr unterschiedliche Weise unsere Lebenserfahrung und unser Verhalten. Das emotionale Gehirn ist in seiner Organisation weit einfacher als der Neokortex. In diesem Teil des Gehirns sind die Nervenzellen miteinander verschmolzen.

Infolge dieser rudimentäreren (lat.: nicht voll ausgebildet, zurückgeblieben, verkümmert; Anm. d. Autorin) Struktur ist die Informationsverarbeitung durch das limbische Gehirn viel primitiver als jene im Neokortex. Sie läuft jedoch schneller ab und ist in höherem Maße für

Überlebensreaktionen verantwortlich. Aus diesem Grund kann beispielsweise im Halbschatten eines Waldes ein Holzstück, das auf dem Boden liegt und wie eine Schlange aussieht, eine Angstreaktion auslösen. Noch ehe das übrige Gehirn die Analyse abschließt und zum Schluss kommen kann, dass es sich um etwas Harmloses handelt, hat das limbische System schon eine Überlebensreaktion ausgelöst.

Das limbische System ist eine Kommandozentrale, die dauernd Informationen aus verschiedenen Körperbereichen erhält und darauf reagiert, indem sie das physiologische Gleichgewicht kontrolliert. Die Atmung, der Herzrhythmus, der Blutdruck, der Appetit, der Schlaf, die Libido, die Ausschüttung von Hormonen und selbst das Immunsystem unterliegen seinen Befehlen. Aufgabe des limbischen Gehirns ist es sämtliche Funktionen im Gleichgewicht zu halten. Der Gelehrte Claude Bernard bezeichnete schon im 19. Jahrhundert diese Funktionen des limbischen Gehirns als dynamisches Gleichgewicht, das uns am Leben hält.

Mandelkern und Hippocampus

Der Mandelkern, auch Amygdala genannt, ist ein mandelförmiges Gebilde oberhalb des Hirnstammes, nahe der Unterseite des limbischen Ringes. Die Amygdala ist ein Teil des limbischen Systems. Wir besitzen zwei Mandelkerne, je einen in jeder Hirnhälfte. Beim Menschen ist der Mandelkern, im Vergleich zu seinen engsten Verwandten, den Primaten, verhältnismäßig groß.

Der Hippocampus (Seitenventrikels des limbischen Systems; Anm. d. Autorin) und der Mandelkern waren die beiden entscheidenden Teile des primitiven „Riechhirns", aus denen in der Evolution der Kortex und der Neokortex hervorgegangen sind. Lernen und Erinnern sind bis heute überwiegend auf diese beiden Strukturen angewiesen. Der Mandelkern ist der Spezialist für emotionale Angelegenheiten. Wird der Mandelkern vom übrigen Gehirn abgetrennt, kann die emotionale Bedeutung von Ereignissen nicht mehr erfasst werden. Man spricht dann von „Affektblindheit".

Begegnungen verlieren dann ihre Grundlage, da sie keine emotionale Bedeutung mehr haben. Ein junger Mann, dessen Mandelkern operativ entfernt worden war, um seine schweren Epilepsieanfälle zu verringern, verlor jegliches Interesse an Menschen und blieb lieber für sich allein. Er konnte durchaus ein Gespräch führen, aber enge Freunde, Verwandte und sogar seine Mutter erkannte er nicht mehr, und ihr Schmerz über seine Teilnahmslosigkeit berührte ihn nicht.

Mit dem Mandelkern schienen ihm das Erkennen von Gefühlen und jedes Mitgefühl abhanden gekommen zu sein. Der Mandelkern ist einer der Speicher für emotionale Erinnerung und ist nötig um Emotionen einen Sinn geben zu können. Ein Leben ohne Mandelkern ist ein Leben ohne persönlichen Sinngehalt.

Am Mandelkern hängt nicht nur die Zuneigung, jegliche Leidenschaft hängt von ihm ab.

Tränen, ein nur beim Menschen vorhandenes Signal, werden vom Mandelkern und einer benachbarten Struktur, dem Gyrus cinguli (Wendung parallel zum Balken; Anm. d. Autorin) ausgelöst. Wird man in den Arm genommen, gestreichelt oder mit Worten getröstet, so werden diese Gehirnregionen beruhigt und das Weinen hört auf. Ohne Mandelkern gibt es keine Tränen, die man trocknen könnte.

Der neurale Stolperdraht

In manchen Momenten, wenn das impulsive Gefühl das rationale Denken verdrängt, hängt alles von der Rolle des Mandelkerns, eines Teiles des limbischen Gehirns, ab. Die Erkenntnisse schreiben dem Mandelkern eine einflussreiche Stellung im emotionalen Erleben zu. Er ist so etwas wie ein psychologischer Wachposten, der jede Erfahrung, jede Situation, jede Wahrnehmung kritisch prüft:
„Ist das etwas das mich kränkt, das ich fürchte, das ich nicht mag?"
Dieser Vorgang läuft ohne Unterbrechung in jedem wachen Moment unseres Lebens ab.

Ist die Antwort auf eine der obigen Fragen ja, reagiert der Mandelkern augenblicklich, wie ein neuraler Stolperdraht, und schickt eine Krisenbotschaft an alle Teile des Gehirns.

Der Hippocampus, ein weiterer Teil des limbischen Gehirns, ist damit beschäftigt, Wahrnehmungsmuster wiederzuerkennen und zu deuten. Die Hauptleistung des Hippocampus besteht darin ein eindeutiges Kontextgedächtnis beizusteuern, in dem Wahrnehmungen je nach Umgebungssituation mit Gefühlen verknüpft werden; was für die emotionale Bedeutung des Ereignisses weit reichende Folgen hat. Der Hippocampus erkennt zum Beispiel, dass ein Bär im Zoo etwas anderes bedeutet, als ein Bär im Hinterhof.

„Der Hippocampus ist entscheidend dafür, dass sie ein Gesicht als das ihrer Cousine erkennen. Es ist der Mandelkern, der dann hinzufügt, dass sie sie eigentlich nicht mögen."
LeDouxs aus D. Goleman, „Emotionale Intelligenz"

Der Mandelkern ist ein Speicher für unsere emotionalen Erinnerungen, während der Hippocampus zusammen mit Teilen des Kortex die Tatsachen und konkreten Details unseres Lebens speichert. Wenn wir bei einem Überholmanöver auf einer zweispurigen Landstraße nur knapp einem Frontalzusammenstoß entgehen, ist es der Hippocampus, der sich unbewusst die Einzelheiten des Vorfalls merkt, etwa, auf welchem Straßenabschnitt wir uns befanden, wer mit uns fuhr, wie das andere Auto aussah. Es ist jedoch der Mandelkern, der fortan jedes Mal wenn wir unter ähnlichen Umständen ein Auto zu überholen versuchen, eine Woge der Angst durch unseren Körper jagt. Mit anderen Worten: Der Hippocampus merkt sich die nüchternen Fakten, während sich der Mandelkern an den emotionalen Beigeschmack erinnert, der diesen Fakten anhaftet.

Gefühlsresonanz/Warum ich fühle, was du fühlst?

„Warum ist ein Lächeln ansteckend? Warum gähnen wir, wenn andere gähnen?
Seltsam: Weshalb öffnen Erwachsene spontan den Mund, wenn sie ein Kleinkind mit dem Löffel füttern? Warum nehmen Gesprächspartner unwillkürlich eine ähnliche Sitzhaltung ein wie ihr Gegenüber? Worauf beruht die merkwürdige Tendenz der Spezies Mensch, sich auf den emotionalen oder körperlichen Zustand eines anderen Menschen einzuschwingen?"
Joachim Bauer „Warum ich fühle was du fühlst?"

Bis vor kurzem wurden diese Phänomene in die „Esoterik-Ecke" gestellt, und schienen für die Wissenschaft nicht relevant zu sein. Erst mit der Entdeckung der Spiegelneuronen wurde es mit einem Mal möglich, sie neurobiologisch zu erforschen und zu verstehen. Laut J.

Bauer gehören Spiegelungen und Resonanz zu den wirksamsten Mitteln der psychosozialen Medizin; so sind sie zum Beispiel in der Psychotherapie fundamentale Elemente des therapeutischen Prozesses. Ohne Spiegelneuronen gäbe es keine Intuition und keine Empathie. Spontanes verstehen zwischen Menschen wäre unmöglich, und es gäbe auch kein zwischenmenschliches Vertrauen.

Ulf Dimberg, Neurobiologe an der Universität Uppsala in Schweden, machte zu diesem Themenbereich folgende Versuchsserie: Er zeigte Testpersonen auf einem Bildschirm Porträts von menschlichen Gesichtern. Den Probanden wurden Elektroden angelegt mit deren Hilfe die Aktivität der Gesichtsmuskulatur gemessen und aufgezeichnet wurde. Im speziellen wurde jede kleinste Regung zweier Muskeln aufgezeichnet, einerseits die des Freundlichkeits- und Lächelmuskels der Wange und andererseits die des Sorgen- und Ärgermuskels der Stirn. Die Testpersonen wurden dabei angehalten möglichst neutral zu bleiben und keine Miene zu verziehen.

Jedes Porträt wurde genau eine halbe Sekunde lange gezeigt. Zuerst hatten alle gezeigten Gesichter einen neutralen Gesichtsausdruck. Den Testpersonen fiel es dabei nicht schwer sich an die Anweisungen zu halten. Plötzlich zeigte eines der Porträts ein Lächeln, die nachfolgenden Bilder waren wieder neutral. Das Messgerät zeigte, dass die Testpersonen die Kontrolle über ihr eigenes Gesicht verloren und lächelten.

Dasselbe wurde ein paar Minuten später wiederholt, diesmal mit einem ärgerlichen Gesicht. Obwohl sich die Testpersonen bemühten den Gesichtsausdruck neutral zu halten, wurde für einen kleinen Moment der Ärgermuskel aktiv. Das Experiment zeigte, dass die Spiegelungen des emotionalen Ausdrucks eines anderen Menschen nicht kontrollierbar ist. Resonanzverhalten ist sogar dann auslösbar, wenn das, worauf die Reaktion erfolgt, gar nicht bewusst wahrgenommen wird. Die Resonanz erfolgt auch dann, wenn die Bilder der lächelnden Menschen nur ganz kurz gezeigt wurden und die Anzahl der neutralen Porträts überwogen.

Gefühle können sich von einem Menschen auf den anderen übertragen. Überall, wo wir unter Menschen sind steigen wir auf Stimmungen und Situationen emotional ein und zeigen dies an unserer Mimik und Gestik. Es gibt eine emotionale Ansteckung! Mimik, Blicke, Gesten und Verhaltensweisen, die wir bei anderen wahrnehmen, haben weiters die Wirkung, dass wir innerlich „wissen", was im weiteren Verlauf in einer Situation zu erwarten ist. Ohne diese Intuition wäre unser Zusammenleben mit anderen kaum denkbar. Wir müssten uns jede einzelne Situation erst sehr lange anschauen und gründlich überlegen, um zu wissen, wie wir zu agieren oder zu reagieren hätten.

Intuitiv zu spüren, was zu erwarten ist, kann vor allem in einer Gefahrensituation überlebenswichtig sein.

Ohne intuitives Gefühl für die zu erwartende Bewegung anderer würden wir nicht ohne Kollision auf einem stark frequentierten Gehweg gehen können. Genau aus diesem Grund merken wir auch, wenn unser Kind lügt oder sich um die Wahrheit herumdrückt, wenn es unserem Partner schlecht geht oder wir in ein Zimmer kommen und in dem „dicke Luft" herrscht. All diese Intuitionen haben wir bei anderen, uns nicht so bekannten oder gar fremden Menschen auch.

Was genau machen die Spiegelneuronen in unserem Gehirn, wenn wir in Kontakt mit unserer Umwelt treten? Jeder Mensch besitzt viele verschiedene Arten von Nervenzellen im Gehirn. Wir befassen uns jetzt mit jenem Teil der Nervenzellen, die es uns ermöglichen mit unserer Umwelt in Kontakt zu treten, mit den Spiegelneuronen.

Es gibt zwei Arten von Spiegelneuronen. Die Handlungsneuronen sind intelligent und verfügen über Programme, mit denen sich zielgerichtete Aktionen ausführen lassen. Sie kennen den Plan einer gesamten Handlung und haben deren Ablauf und den damit angestrebten Endzustand, also den voraussichtlichen Ausgang einer Handlung, gespeichert.

In unmittelbarer Nachbarschaft liegen die Bewegungsneuronen, die Muskelbewegungen kontrollieren. Sie haben keine Intelligenz, sie führen ausschließlich die Handlung aus. Die Bewegungsneuronen aktivieren den Muskel.

So läuft die Ausführung einer Aktion ab: Die Handlungsneuronen werden zuerst aktiviert und senden ein elektrisches Signal, darauf treten die Bewegungsneuronen in Aktion und bewegen die Muskelfasern. Manchmal kommt es auch nur zu einem Nachdenken über eine Handlung, es bleibt bei diesem Handlungsgedanken. Eine körperliche Aktion wird nicht ausgelöst. An der Gestik und Mimik ändert sich nichts.

Wichtig ist auch: Handlungsvorstellungen, über die häufig nachgedacht wurde, haben eine bessere Chance, realisiert zu werden, als solche, die vorher nicht einmal als Idee vorhanden waren.

Das Startset bei Säuglingen

Jeder Säugling hat bei seiner Geburt ein Startset an Spiegelneuronen zur Verfügung, die ihm die Fähigkeit verleihen, bereits wenige Tage nach seiner Geburt mit seinen wichtigsten Bezugspersonen in Kontakt zu treten. Wesentlich dabei ist aber, ob ihm die Chance dazu geboten wird, oder nicht, das heißt, ob der Säugling eine Kontaktperson hat, die sich spiegeln lässt, oder nicht.

Nervenzellen, die nicht genutzt werden, verkümmern und gehen dann verloren. Dieses Prinzip lässt sich mit dem Muskelabbau vergleichen, wenn wir nach intensivem Sporttraining aufhören zu trainieren. Spiegelaktionen entwickeln sich nicht von alleine, sie brauchen dazu immer ein Gegenüber, dass sich spiegeln lässt. Im besten Fall eines, das beim Spiegelnden starke positive Emotionen hervorruft.

Säuglinge beginnen, wenige Stunden nach ihrer Geburt, bestimmte Gesichtsausdrücke zu imitieren. Öffnet zum Beispiel die Bezugsperson den Mund, macht der Säugling das ebenfalls, tritt sie mit gespitztem Mund vor das Neugeborenen, kräuselt dieses ebenfalls die Lippen. Durch diese Imitationsfähigkeit tritt der Säugling in Kontakt mit seiner Umwelt und das führt zur zwischenmenschlichen Bindung und zu Bezugspersonen.

„Zwischen dem Neugeborenen und der Hauptbezugsperson beginnt nun etwas, dessen Zauber nur noch mit der Situation von Frischverliebten zu vergleichen ist. Und tatsächlich passiert aus neurobiologischer Sicht in beiden Fällen etwas sehr ähnliche: Ein wechselseitiges Aufnehmen und spiegelndes Zurückgeben von Signalen, ein Abtasten

und Erfühlen dessen, was den anderen gerade, im wahrsten Sinne des Wortes, bewegt. Dies wird begleitet vom Versuch, selbst Signale auszusenden und zu schauen, inwieweit sie vom Gegenüber zurückge-spiegelt, das heißt entwickelt, werden."
Joachim Bauer „Warum ich fühle was du fühlst".

Vorraussetzung zu diesem Spiegelspiel ist: Die Neugeborenen brau-chen Bezugspersonen, nicht irgendein Trainingsspielzeug oder den Fernseher, sondern reale „Mitspieler", die selbst spiegeln können. Welche Verhaltensweisen Kleinkinder aus dem heutigen Fernsehpro-gramm erlernen können, möge jeder für sich selbst beantworten. In jedem Fall ist es eine Zeit in der ich als Bezugsperson auf mein Privi-leg verzichte an der Entwicklung meines Kindes teilzuhaben.

Die meisten Kinder haben geeignete Bezugspersonen, die die hierfür erforderlichen Fähigkeiten entwickelt haben, mit Liebe, Sensibilität und Wärme eine Beziehung aufzubauen. Die besten Mitspieler sind die Eltern, weil sie auf Grund des Geburtserlebnisses von Natur aus mit einer Substanz „gedopt" sind, die ihre Bindungsfähigkeit erhöht: Oxytocin. Wo Eltern nicht zur Verfügung stehen, können liebevolle Bezugspersonen guten Ersatz bieten. Allerdings müssen sie längere Zeit, beziehungsweise dauerhaft zur Verfügung stehen, damit sich zwischen ihnen und dem Kind eine Bindung aufbauen kann.

Die meisten Kinder haben geeignete Bezugspersonen, die die hierfür erforderlichen Fähigkeiten entwickelt haben, mit Liebe, Sensibilität und Wärme, eine Beziehung aufzubauen.

Dieses genetische Startset ist alles andere, als eine Garan-tie dafür, dass die biologischen Systeme des Menschen später so funktionieren, wie dies von Natur aus möglich ist. Die an-geborenen Spiegelsysteme der Neugeborenen können sich nur dann entfalten und weiterent-wickeln, wenn es zu geeigneten und passenden Beziehungsangeboten kommt. Spiegelneuronen und Gefühlsresonanz eröffnen eine Vielzahl an Möglichkeiten die posi-tive Entwicklung von Kleinkindern zu fördern und zu verstärken. Ein Verstärker ist zum Beispiel gute Laune; Lassen Sie Ihr Kind an Ihrer guten Laune teilhaben. Das bedeutet nicht, dass Sie nicht schlechte Laune haben dürfen, sondern welches Verhalten Sie dem Kind zei-gen, ist in dieser Situation das entscheidende. Zum Gelingen unserer Entwicklung brauchen wir nicht nur unsere genetischen Grundlagen, sondern auch positive Beziehungserfahrungen und passende Le-bensstile.

Diese Dinge bewirken eine Aktivierung bestimmter neurobiologischer Systeme, welche einen großen Einfluss auf die Regulation der Genaktivität und dadurch auf die Mikrostrukturen unseres Gehirns haben.

Autobahnen im Gehirn

In der Kindheit sind weite Bereiche des Gehirns noch plastisch, also nicht ganz fest „verdrahtet". Jede Erfahrung schafft im Gehirn Verbindungen in eine bestimmte Richtung. Das betrifft nicht nur die Nervenzellen innerhalb der großen Systeme des Gehirns, sondern auch die Verknüpfung zwischen den Systemen. Diese Verschaltung zwischen den Systemen formt die Persönlichkeit.

Das bedeutet, wenn ein Kind meist positive Lebenssituationen, oder regelmäßig große Freude erlebte, wird sein Gehirn entsprechend geformt. Zu manchen Regionen im Gehirn bilden sich bessere Verbindungen als zu anderen Regionen. Es wird sozusagen eine „Autobahn" zum Rezeptorenblock für Freude gebildet, während zum Rezeptorenblock für Angst nur ein Güterweg führt. Wenn wir im späteren Leben ähnliche, oder auch gänzlich neue Situationen erleben, reagieren wir mit einem bekannten Emotionsmuster. Der Mensch ist ein Gewohnheitstier. Oben beschriebenes Kind wird auf neue Situationen eher positiv freudvoll zugehen, weil die Nervenautobahn zum Rezeptorenblock Freude Vorrang hat.

Die Kindheit ist für die Persönlichkeitsentwicklung überaus wichtig, weil in dieser Zeit die Nervenverbindungen ausgebildet werden und somit die Persönlichkeit geformt wird. Es ist erwiesen, dass psychische Schäden, die in der Kindheit zugefügt wurden schwerer aufzuarbeiten sind, als solche, die im späteren Leben entstehen. Zum Teil liegt das daran, dass die Erfahrungen der Kindheit, bis zum dritten Lebensjahr, in anderen Gedächtnissystemen abgespeichert werden, als jene, die ab dem vierten Lebensjahr gemacht werden.

Unser bewusstes Gedächtnis wird vom Hippocampus gesteuert. Diese Hirnstruktur reift relativ spät heran, etwa im Alter von drei Jahren. Manche Forscher halten das für die Ursache der von Freud beschriebenen „Kindheitsamnesie", also die Tatsache, dass wir uns an Ereignisse aus der frühen Kindheit später nicht mehr bewusst erinnern können.

Es ist aber keineswegs so, dass Ereignisse aus dieser Zeit keine bleibenden Spuren in unserem Gehirn hinterlassen, sie sind bloß auf eine Weise gespeichert, auf die das Gehirn später keinen bewussten Zugriff mehr hat. Anders als der Hippocampus entwickelt sich der Mandelkern sehr früh im Leben, und die Amygdala vergisst sozusagen nicht. Sie speichert von Beginn an Erfahrungen ab. Doch da in den ersten drei Lebensjahren der Hippocampus noch nicht beteiligt ist, werden diese Erfahrungen in Regionen abgespeichert, zu denen der Hippocampus keinen Zugang hat.

Die Amygdala speichert nicht Begriffe, sondern Reizassoziationen, etwa den Gürtel und das wutentbrannte Gesicht des prügelnden Vaters. Solche unbewussten Erinnerungen können aber wieder gelöscht werden, besser gesagt durch bessere Verhaltensmuster ersetzt werden.

Die Kindheit ist für die Persönlichkeitsentwicklung überaus wichtig, weil in dieser Zeit die Nervenverbindungen ausgebildet werden und somit die Persönlichkeit geformt wird.

Positiv erlebte Verhaltensweisen, beispielsweise bei Angst, werden positiv abgespeichert und verdrängen mit der Zeit das alte, negativ besetze Verhaltensmuster. Ein Beispiel dazu: Ein vierjähriger Bub sieht das erste Mal in seinem Leben eine Schlange in Natura. Er stößt einen Schrei aus und springt zur Seite. Seine Mutter verfolgte dieses Szenario. Sie eilt zu ihrem Sohn, nimmt seine Hand und fragt ihn was ihn denn so erschreckt habe. Er erzählt es ihr. Innerlich bleibt die Mutter ruhig entspannt; Herrin über die Situation. Sie führt das Kind zu der Stelle mit der Schlange zurück. Sie beschützt ihn, in dem sie ihn mit beiden Armen an den Schultern umfängt. Die Schlange liegt noch da und sonnt sich. In einer Entfernung von einem Meter bleibt die Mutter mit ihrem Sohn stehen und erklärt ihm die Anatomie und das Verhalten der Schlange. Mittels ihrer Körpersprache, ihrer Mimik und dem Klang ihrer Stimme merkt das Kind es braucht keine Angst zu haben. Seine Mutter ist ruhig und bietet ihm Schutz. Der Sohn übernimmt die Ruhe der Mutter. Dieser Bub wird zukünftig ohne Angst und mit Ruhe in einer ähnlichen Situation reagieren. Anders wird sein Verhaltensmuster sein, wenn seine Mutter gerade selbst gestresst ist und ihren Sohn anschreit, weil er hysterisch ist. Dieses Kind wird weiterhin auf Schlangen mit Angst reagieren und den Schutz der Mutter vermissen.

Das Kind merkt sich das Verhaltensmuster aus welches es selbst einen Gewinn zieht. Das alte Verhaltensmuster wird mit dem neuen überlagert. Die eigenen Gefühle zu beeinflussen ist deshalb so schwierig, weil unser Entscheidungszentrum kaum mit dem Mandelkern verbunden ist. Umgekehrt ist der Mandelkern stark mit dem Entscheidungszentrum verknüpft. Informationen oder Signale können nur vom Mandelkern zum Entscheidungszentrum fließen und nur sehr eingeschränkt umgekehrt. Der Mandelkern kann unsere Gedanken weit stärker beeinflussen, als unsere Gedanken den Mandelkern. Darum ist es so schwer, aus einem emotionalen Zustand wieder herauszukommen.

Das Kind merkt sich das Verhaltensmuster aus welchem es selbst einen Gewinn zieht. Das alte Verhaltensmuster wird mit dem neuen überlagert.

Dafür gib es einen wichtigen evolutionären Grund: Wenn wir von einem Raubtier angegriffen werden, ist es wenig sinnvoll, die Aufmerksamkeit nach Belieben schweifen zu lassen, sondern wichtig, zu fokussieren, das heißt zu handeln.

Emotionale Intelligenz

Gefühle lassen uns oft unvernünftig agieren und verleiten uns zu Kurzschlusshandlungen. Emotionen sind die Gegenspieler der Vernunft. So lautete bis vor wenigen Jahren der wissenschaftliche Stand über den großen Themenbereich Gefühle.

In den vergangenen Jahren fand jedoch ein Umdenken statt. Man kann sogar von einer „emotionalen Wende" sprechen, ausgelöst von den beiden Hirnforschern John Mayer und Peter Salovey. Aber erst Daniel Goleman schaffte es 1995 mit seinem Buch „Emotionale Intelligenz" in aller Munde zu sein. Nicht nur in wissenschaftlichen

Sphären wurde über dieses Thema diskutiert, sondern die Erkenntnisse fanden Einzug in unseren Alltag.

Die Kernaussage des Buches lautet: Wer seine eigenen und die Gefühle anderer richtig wahrnimmt, wer sie versteht und managen kann, lebt glücklicher und erfolgreicher. Diese Fähigkeiten seien in unserer komplexen Welt sogar doppelt so wichtig, wie die traditionell messbare Intelligenz mit ihrer Überbetonung rationaler und logischer Denkfähigkeit, so Goleman.

Plötzlich galten die „Toleranz der Verschiedenheit", die „Teamfähigkeit" und die „Empathie" als Grundsteine der neuen Intelligenzform. Besonders begierig wurde diese „neue Intelligenzform" in Managerkreisen aufgegriffen, versprach sie doch, dass emotional intelligente Führungskräfte und Mitarbeiter, Wettbewerbsvorteile und Leistungsverbesserungen bringen würden, die durch Sachkenntnisse oder anderen Eigenschaften nicht aufzuwiegen wären. Seither kann man fast in jeder Stellenanzeige lesen, dass Teamfähigkeit, Motivationskünste und Konfliktbewältigungstalent, die Grundvoraussetzungen für den angebotenen Job seien.

Plötzlich galten die „Toleranz der Verschiedenheit", die „Teamfähigkeit" und die „Empathie" als Grundsteine der neuen Intelligenzform.

Die hinter diesen kommerziellen Ausartungen stehende Grundidee zu banalisieren, und zu verwässern wäre schade, weil sie dafür zu gut ist. Sagt sie doch: Ein geschärftes Bewusstsein für die eigenen Gefühle und ein kluger Umgang mit ihnen wirken sich günstig auf zwischenmenschliche Beziehungen, seelische Gesundheit und möglicherweise auf den Lebenserfolg aus.

Viele Forscher und Wissenschafter, unter ihnen immer noch Peter Salovey und John Mayer, arbeiten heute noch an der Präzisierung der obig genannten Theorie. Eine Fragestellung lautet beispielsweise: Wo bewähren sich Elemente emotionaler Selbstbeobachtung und Sensibilität im realen Leben?

Nochmals kurz zusammen gefasst, was beinhaltet emotionale Intelligenz: Jeder Mensch hat Gefühle, positive und negative. Wichtig ist sich deren bewusst zu werden und die Einstellung: „Ich darf sie haben und es ist gut, dass ich sie habe. Als nächstes ist wesentlich über seine Gefühle zu kommunizieren, das heißt seine Gefühle mit vertrauten Personen zu besprechen und mit ihnen auszutauschen. Wir zeigen unserer Umwelt ein authentischeres Bild von uns selbst und unsere Mitmenschen spüren uns besser und verstehen unser Verhalten besser, wie auch wir unser soziales Umfeld besser verstehen und nachempfinden lernen.

Jeder kann und muss selbst entscheiden ob er emotionale Intelligenz in sein Leben integrieren möchte oder nicht.

Emotionale Intelligenz und der Ärger

Ärger ist eines der wichtigsten Gefühlssignale, obwohl wir gerne darauf verzichten würden. Es macht uns im Alltag immer wieder zu schaffen und trägt zu Streit, Unzufriedenheiten und sogar gesundheitlichen Problemen bei. Wir ärgern uns über uns selbst, über falsche Blicke, den falschen Ton, über unpassendes Wetter, eine zerbrochene Kaffeetasse, ein nicht funktionierendes Gerät. Es gibt unzählige Beispiele zum Thema Ärger. Wesentlich ist dabei immer, dass irgendjemand oder irgendetwas unsere Gefühle verletzt. Die Auslöser von Ärger lauern überall. Umso wichtiger ist der kluge Umgang mit diesen Gefühlen.

Was ist aber die angemessene, "intelligente" Reaktion auf eine ärgerliche Situation? Ist es sinnvoll seinen Ärger zu zeigen, oder ist es gesünder ihn zu unterdrücken? Das ist nicht so einfach zu beantworten, denn manchmal ist das eine, manchmal das andere besser, beziehungsweise gesünder für unser Wohlbefinden. Das gewohnheitsmäßige heftige Ausleben von Ärger, mit dem dadurch bedingten hohen Stresshormonspiegel im Körper, verstärkt die Anfälligkeit für Herz-Kreislauf-Erkrankungen.

Hinter vorgehaltener Hand wird in den Kreisen der Emotionsforscher jedoch geflüstert: Wer das Ärgernis unterdrückt, laufe Gefahr, an Krebs zu erkranken. Zwar ist dieser Zusammenhang bisher weit weniger erforscht und belegt als der zwischen feindseligen Gefühlen und Infarktrisiko, aber die Hinweise reichen aus, um vor dem „Hinunterschlucken" von Ärger zu warnen.

Intelligenter Umgang mit seinen Gefühlen liegt vermutlich genau in der Mitte: Heftige Ausbrüche, die nicht mehr zu kontrollieren sind und die leicht zum Eskalieren neigen, sollten wir vermeiden, heroische Selbstbeherrschung und Selbstverleugnung sind aber auch nicht zielführend, wenn uns jemand gekränkt hat.

Emotionale Intelligenz besteht darin, zu wissen, was bestimmte Gefühlsausbrüche oder Gefühlsverleugnungen körperlich und psychisch in uns anrichten können. Es ist wichtig für mich zu wissen, welcher Gefühlsausbruch ist gut für mich und welcher eben nicht. So hat das Zeigen von Gefühlen, wie Ärger und Zorn nur dann einen positiven, nämlich kathartischen (lat. geistige und seelische Läuterung), befreienden Effekt auf Psyche und Körper, wenn wir wissen, wie wir uns wieder einkriegen und wenn wir auf unsere Fähigkeiten vertrauen können, diese Emotionen zu regulieren und zu steuern. Von großer Bedeutung in diesem Zusammenhang ist auch die Reflexion der eigenen Handlungsmuster in bestimmten Lebenssituationen, die in uns das Gefühl hinterlassen, wir hätten es besser oder anders lösen können oder sollen.

In einer Studie haben die Psychologen Susan L. Goldman, Thomas Kraemer und Peter Salovey untersucht, ob die Häufigkeit gesundheitlicher Beschwerden mit dem subjektiven Eindruck zusammenhängt, negative Gefühle wie Angst, Wut, Depressionen oder Enttäuschungen „im Griff" zu haben. Den Versuchsteilnehmern wurden dafür Aussagen zur Selbstbewertung vorgelegt wie „ Ich achte meist sehr genau darauf, wie ich mich fühle" oder, „wenn ich mich aufrege, versuche ich an die angenehmen Dinge des Lebens zu denken". Die Ergebnisse der Studie zeigten eindeutig: Schon der Glaube daran, den eigenen Gefühlshaushalt intelligent und kompetent managen zu können, ist gesundheitsförderlich. Die Teilnehmer, die sich als emotional achtsamer und bewusster erwiesen, litten im Verlauf eines halben Jahres deutlich weniger unter körperlichen Stresssymptomen wie Bluthochdruck oder Schlaflosigkeit als die Teilnehmer, die mit ihren Gefühlen nicht gut umgehen konnten. Sie nahmen ärztliche Dienste weit weniger in Anspruch als Versuchsteilnehmer, die ihren Gefühlsausbrüchen hilflos ausgeliefert waren.

Emotionale Intelligenz besteht darin, zu wissen, was bestimmte Gefühlsausbrüche oder Gefühlsverleugnungen körperlich und psychisch in uns anrichten können.

Offenbar gibt es auch ausgeprägte Geschlechtsunterschiede in der Art und Weise, wie Menschen mit Ärger umgehen. Die Psychologin Dana Crowley Jack fand in Studien heraus, dass Frauen ihren Ärger gewohnheitsmäßig viel stärker unterdrücken oder verleugnen als Männer, was schwerwiegenden Konsequenzen vor allem für ihre psychische Gesundheit hat. Es gibt offenbar ein typisch weibliches Muster des „Sich-Selbst-Zum-Schweigen-Bringens" (self-silencing). Der oft krampfhaft vor dem Partner, vor den Kindern, vor dem Chef verborgenen Ärger gilt als eine Hauptursache für weibliche Depressionen. Zwar äußern auch Frauen ihre Wut gelegentlich durch das heftige Zuschlagen einer Türe, warten aber meist bis sie alleine sind, um ihre Wut zu zeigen. In der Gegenwart von anderen maskieren sie ihren Ärger, sei es aus Furcht vor einer Eskalation oder aus Angst vor Abbruch einer Beziehung. Die eigenen negativen Gefühle zu maskieren wirkt sich langfristig nachteilig aus, es verringert das Selbstwertgefühl und macht depressiv.

Die eigenen negativen Gefühle zu maskieren wirkt sich langfristig nachteilig aus, es verringert das Selbstwertgefühl und macht depressiv.

Dasselbe gilt, wenn Ärger nur indirekt ausgedrückt wird, durch so genannte passiv-aggressiv Strategien wie Schweigen und Flucht. Als Ausweg aus diesem Dilemma, so Crowley, habe sich folgende Strategie erwiesen: Frauen, die es irgendwann fertig bringen, mit dem „Ärgerobjekt" über ihre verletzten Gefühle zu sprechen, oder sich gegenüber Dritten öffnen können, zeigen deutlich weniger Depressionen oder andere gesundheitliche Probleme. Das Reden über heftige Gefühle nach einer gewissen Abkühlungsphase scheint der beste Weg zu sein, um dem Dilemma von Gefühlsausbruch oder Gefühlsverleugnung zu entkommen. Die physiologisch und psychisch entlastende Wirkung von Gesprächen über eigene Gefühle, die wir in einer konkreten Situation nicht gleich ausdrücken wollten oder konnten, die wir aber nicht „aussitzen" und „vergessen" können, ist in zahlreichen Untersuchungen nachgewiesen worden.

Von besonderem Wert für die Gesundheit erweist sich auch die Fähigkeit, positive Gefühle wie Freude, Zuneigung, Neugier oder Zufriedenheit bewusst zu kultivieren, zu mobilisieren und für Problemlösungen im Alltag einzusetzen.

Die Psychologin Barbara Frederickson fand heraus, dass positive Emotionen unser Repertoire an „Denken und Handeln" erweitern (broaden and build-Theorie). Wenn wir positive Gefühle empfinden, sind wir entspannt und offen für Informationen aller Art, während negative Emotionen unseren Blick verengen, unser Denken auf eine einzige Lösung fixieren und uns zu eher reflexartigen Reaktionen veranlassen. Fühlen wir uns gut, sind wir kreativer, flexibler und können mehr gespeicherte Erinnerungen abrufen. Wir können mehr Hinweise in unserer Umgebung beachten und nutzen unsere intellektuellen Ressourcen besser. Zudem fällt es uns leichter auf andere Menschen zuzugehen, Beziehungen aufzubauen und zu pflegen und uns so Hilfe und Kapazitäten für die Zukunft zu erschließen. All dies nützt unserer Fähigkeit, Probleme effektiver zu lösen, Stress zu vermeiden und somit auch gesünder zu leben.

Susanne, 11, Gföhl

Ich bin gerne in der Natur, aber leider geht das nicht so oft, weil wir mitten in der Stadt wohnen.

Kennst du dich aus mit Tieren?
Eher mit Insekten. Ich fange mir manchmal welche und tue sie in Kisten. Zum Beispiel Schmetterlinge, die nicht mehr fliegen können. Einmal habe ich ein Tagpfauenauge gefunden am Parkplatz, das hatte die Beine abgerissen gehabt. Ich habe es mitgenommen und es hat noch ein paar Tage gelebt. Raupen fange ich auch.

Meiner Großelterngeneration ist es eher besser gegangen von der Natur aus und weil sie nicht so viele Elektrogeräte hatten. Sie konnten mehr draußen sein und haben nicht so viel Zeit verplempert mit Elektrogeräten.

Emotionale Intelligenz und die Liebe

**Wenn du willst, dass dein Ehekelch
mit Liebe bis zum Rand gefüllt bleibt,
dann gib es zu, wenn du im Unrecht bist,
und wenn du recht hast: Halt die Klappe!**
Ogden Nash, 1962

Wie alle guten Alltagssprüche enthält auch dieser ein Körnchen Weisheit. Es ist der Ehe bekömmlich, eigene Fehler zuzugeben und dem anderen seine Fehler nicht unter die Nase zu reiben. In der Realität des Zusammenlebens liegen die Dinge oft komplizierter. Um diese einfache Regel beherzigen zu können und beispielsweise zu wissen, wann und wie wir mit welchen Worten um Verzeihung oder um Verständnis bitten, brauchen wir ein hohes Maß an Selbstkontrolle, eine gute Beobachtungsgabe und ein Gefühl für die richtige Zeit.
Kurz: Wir müssen emotional intelligent sein.

Was heißt das für Ehepartner im alltäglichen Leben?
Das hängt auch davon ab, welches „emotionale Skript" das Paar hat: Wie genau wissen beide, was Ärger in ihnen und im Gegenüber auslöst, wie sie gewöhnlich auf Verletzungen oder Unfairness reagieren, wie sie ein Gefühl üblicherweise ausdrücken und wie der Partner darauf reagieren wird. Emotional intelligente Streiter kennen die „wenn-dann-Abfolgen" von Auslösern, Emotionen und Gegenemotionen: Sie können vorhersehen, welche Worte welche Widerworte nach sich ziehen und welche Gefühlsausbrüche dann möglicherweise ihren verheerenden Lauf nehmen. Vor allem können sie ihre eigenen Gefühlsaufwallungen, ihre „gemischten Gefühle" besser differenzieren: Was ist Wut oder gar Hass, was ist Enttäuschung, Scham oder Selbstmitleid? Es ist wichtig, allen diesen Gefühlen im eigenen Leben einen Platz zu lassen und zu wissen, dass es völlig in Ordnung ist, sie zu spüren. Es geht jedoch darum, Zeitpunkt und Art einer Konfrontation so zu wählen, dass für beide Seiten ein konstruktiver

Umgang mit negativen Gefühlen möglich ist.

Nirgendwo ist die Gefühlsdichte so intensiv wie in der Partnerschaft und nirgendwo sind wir so involviert und verletzlich. Zahlreiche Forschungsprojekte belegen, dass das Gelingen einer Beziehung in hohem Maße vom Ausdruck der wechselseitigen Gefühle abhängt und von einer Streitkultur, die von emotionaler Intelligenz geprägt ist. Glückliche Paare achten viel genauer und sensibler auf die eigenen Affekte und die des Partners.

Wichtiger noch als der kluge Umgang mit den negativen Gefühlen ist jedoch der Ausdruck positiver Gefühle: Emotional intelligente Paare zeigen häufiger, wie wohl sie sich in der Gegenwart des anderen fühlen und wie gut sie ihn oder sie verstehen.

Wie man emotionale Intelligenz entwickelt

- Identifizieren Sie ihre Gefühle, statt Menschen oder Situationen zu etikettieren: "Ich bin heute ungeduldig" statt „Du brauchst heute wieder so lange für deine Hausaufgabe." oder „Du bist so eine Schlafmütze!"
- Unterscheiden Sie zwischen Gedanken und Gefühlen: „Ich verstehe nicht, was du sagst!" (Gedanke) und „Ich bin ziemlich geschafft!" (Gefühl)
- Vergewissern Sie sich immer wieder einmal, ob Sie die Gefühle des anderen richtig erkennen. (Gefühlsresonanz)
- Nützen Sie ihre Gefühle bei Entscheidungen, indem Sie sich selbst fragen: „Wie werde ich mich fühlen, wenn ich das mache? Und wie, wenn ich es nicht mache?"
- Geben Sie sich genügend Zeit um eine Entscheidung zu treffen. Treffen Sie Entscheidungen nicht ad hoc. Stichwort: „Ich sage dir morgen, wie ich mich entschieden habe."

— Fragen Sie auch andere Menschen, denen Sie vertrauen: „Wie würdest du dich fühlen, wenn du das tust oder jenes nicht tust?"

— Stehen Sie auch für Ihre negativen Gefühle ein: „Ich bin eifersüchtig!" statt „Du machst mich eifersüchtig!"

— Üben Sie sich in der Kunst, sich an Kleinigkeiten zu erfreuen. Schärfen Sie Ihre Beobachtungsgabe für die kleinen Dinge des Lebens.

— Schützen sie sich vor Menschen, die Ihnen Ihre Gefühle absprechen oder diese „ummünzen" wollen „Das kann dich doch nicht wirklich traurig machen!".

— Nehmen Sie sich Zeit für sich selbst und lernen Sie Ihre Bedürfnisse und Wünsche kennen.

Eine zentrale Basis, damit man intuitiv emotional intelligent handeln kann und es sich auch gestattet, ist ein gesundes Selbstvertrauen.

„Ich kann zu einer größeren emotionalen Kompetenz gelangen, wenn ich mir erstens versuche bewusst zu machen, welche Gefühle ich gerade in belasteten oder belastenden Situationen habe. Das heißt, der erste zentrale Teil von emotionaler Kompetenz besteht in der Fähigkeit in mich hinein zu hören. Der zweite Teil besteht darin, dass ich es schaffe, mich auf andere Personen einzulassen, man spricht von Empathie. Mich hinein versetzen in eine andere Person und quasi mit ihren Augen die Welt zu sehen und dabei auch mich. Der dritte zentrale Aspekt, der zur emotionalen Kompetenz gehört, ist die Fähigkeit, ein Miteinander zu praktizieren, das für beide gut ist. Nicht nur für mich, nicht nur für mein jeweiliges Gegenüber, sondern für beide. Und der vierte zentrale Aspekt besteht darin, dass ich Grenzen, Belastungsgrenzen in mir selbst wahr nehme und daraus Konsequenzen ziehe. Das sind die vier zentralen Elemente emotionaler Kompetenz."
Wolfgang Müller-Commichau; „Fühlen lernen oder emotionale Kompetenz als Schlüsselqualifikation".

Merkmale der negativen Gefühle

Die negativen Emotionen wie Wut, Ekel, Hass oder Angst verengen unsere Denk- und Handlungsalternativen. Sie blenden alles aus, was nicht unmittelbar einer Problemlösung dient, und fokussieren Geist und Körper in kritischen Situationen, bei Herausforderungen, Bedrohungen und Konflikten auf das jeweils sinnvolle Spektrum von Fähigkeiten oder Handlungsweisen. Wir laufen weg aus Angst, wir drohen oder greifen an aus Wut, Ekel lässt uns ausspucken, aus Scham verkriechen wir uns und so weiter.

Trotz ihrer oft nur kurzen Dauer sind negative Emotionen nachhaltiger.

Negative Gefühle erhöhen unsere Körperfunktionen wie Herzschlag, Blutdruck, Atmung. Der ganze Organismus wird auf erhöhtes Flucht- oder Verteidigungsverhalten eingestellt. Unsere Reaktionszeit wird dadurch verkürzt und ermöglicht uns ein schnelleres Reagieren auf Bedrohungen.

Merkmale der positiven Gefühle

Die positiven Emotionen und Gefühle wie Freude, Zufriedenheit oder Heiterkeit erweitern das Spektrum unserer Denk- und Handlungsalternativen. Es wird nicht wie bei den negativen Gefühlen, ein „Flüchten oder Kämpfen"-Programm ausgelöst und es gibt auch keine Reflexe wie bei Ekel oder Scham. Positive Gefühle wirken oft „unscheinbar" und etwas vage, weil sie uns nicht so sichtbar mobilisieren, sondern eher den Geist als den Körper in Gang bringen.

Die Hauptwirkung der positiven Gefühle liegt darin, dass sie uns offener, freier, zugänglicher und integrativer machen. Wir sind, wenn wir zufrieden, entspannt oder gar glücklich sind, eben nicht auf Flucht oder Kampf ausgerichtet, wir sind nicht defensiv oder angespannt und auf eine ganz bestimmte Problemlösung konzentriert, sondern werden freundlich, versöhnlich, neugierig. Positive Gefühle erweitern unseren Denk- und Handlungshorizont.

Wenn wir uns gut fühlen, sind wir zugleich auf das Sammeln von Informationen und auf das Erforschen unserer Umwelt eingestellt. Die Psychologin Barbara Frederickson hat diese Besonderheiten in ihrer Theorie des „broaden and build" zusammengefasst und erklärt. Sie konnte in zahlreichen Experimenten nachweisen, dass wir unter Einfluss guter Gefühle wacher, aufmerksamer und in der Folge davon auch klüger werden. So zeigte sich, dass bei der Lösung von Intelligenzaufgaben positiv gestimmte Versuchspersonen besser abschnitten als negativ gestimmte. Negativ gestimmte Versuchspersonen klammerten sich eher an Details und antworteten „konservativ" und „defensiv", zufriedene oder angenehm erregte Versuchspersonen waren risikofreudiger und spielerischer. Frustrierte oder ängstliche Menschen bringen schlechtere Leistungen, als die, die „gut drauf" sind.

Neben den auffälligen kognitiven Auswirkungen unterscheiden sich positive Gefühle vor allem in einem weiteren wichtigen Punkt von den negativen: Trotz ihrer oft nur kurzen Dauer sind sie nachhaltiger. Das heißt, sie haben langfristig positive Wirkungen.

Während Gefühle wie Ärger, Furcht, Wut und Zorn und der sie begleitende Stress uns körperlich und seelisch aus der Balance bringen, begünstigen positive Gefühle den Aufbau und die Pflege sozialer Beziehungen und Bindungen, die uns das Leben erleichtern und auf die wir in Krisenzeiten zurückgreifen können. Sie ermöglichen und fördern das Lernen, die Kreativität und alle anderen kognitiven Leistungen, die uns erlauben, Probleme auf einem höheren Niveau zu lösen.

Sie wirken sich positiv auf unsere körperliche Gesundheit aus, indem sie Stressreaktionen mildern und schneller abbauen. Sie verbessern die Qualität unserer psychischen Fähigkeiten wie Widerstandskraft, Zielgerichtetheit und Optimismus, und sie ermöglichen die Festigung der Identität.

Positive Gefühle haben einen kaum schätzbaren Wert für die körperliche und seelische Gesundheit und für das Wohlbefinden. Das Glück des Menschen ist kein Luxus, kein Hirngespinst. Positive Gefühle helfen, die Folgen der negativen Gefühle zu dämpfen, auszugleichen und schneller zu überwinden. Angenehme Gefühle sorgen dafür, dass unser Repertoire an sozialen und intellektuellen Problemlösefähigkeiten ständig zunimmt.

Eine Angst-Stressreaktion

Oft haben wir ein halbes Leben gebraucht um herauszufinden, wie wir in unserem Beruf und unserem Privatleben so leicht und schnell wie möglich vorankommen und Karriere machen.

Besonders in unserer schnelllebigen, modernen Zeit wird es immer wichtiger zu funktionieren, um besser als viele zu sein, um schon alleine seinen Arbeitsplatz zu behalten, der in Zeiten wie diesen sehr begehrt ist. Oder um genügend Geld zu scheffeln um sich Wünsche, die einem durch die Medien eingepflanzt werden, erfüllen zu können, um zufrieden zu sein.

Viel Erfolg zu haben zählt wahrscheinlich zum Schlimmsten, was einem im Leben passieren kann. Denn wir bleiben bei den Strategien und Verhaltensmustern, die uns Erfolg gebracht haben, ähnlich wie bei einem Kutschenpferd, das immer die gleichen Wege einschlägt und gar nicht mehr auf die Idee kommt neue Pfade auszuprobieren, denn warum auch.

Viel Erfolg zu haben zählt wahrscheinlich zum Schlimmsten was einem im Leben passieren kann.

Das Altbewährte ist gut bekannt, ich kenne seine Folgen und die Reaktion meiner Mitmenschen auf diese ebenso. Das Kutschenpferd sieht immer weniger von dem, was rechts und links passiert, merkt nicht, wie sich sein Weg allmählich verändert oder dass ihm jemand einen Knüppel zwischen die Beine schmeißt. Dann fällt das Pferd auf die Nase, oder erkennt plötzlich, dass es sich verrannt hat. Genauso geht es einem Menschen, der feststellt, dass er viel Zeit und Aufmerksamkeit in seinen Beruf, seine Karriere gesteckt hat, dass ihm gar nicht aufgefallen ist, wie ihm Frau und Kinder immer fremder wurden, bis sie sich endgültig von ihm getrennt haben. Das Fehlen seiner Gefühle bemerkte er ebenfalls nicht. Gefühle, die in seiner Kindheit wichtig für ihn waren. Die aber mit der Zeit auch lästig wurden.

Die ersten körperlichen Anzeichen hat er nicht zur Kenntnis genommen, erst nach dem zweiten Herzinfarkt beginnt er zu überlegen, ob das vielleicht doch ein Zeichen seines Körpers war. Besser ist es, spät drauf zu kommen als nie, wie deutlich unser Körper die Signale zeigt, wenn er mit unserem Tempo oder unseren unterdrückten Gefühlen nicht mehr kann. Jetzt kommt es wieder, dieses sonderbare Gefühl im Bauch, das er schon längst vergessen hatte und von dem er glaubte, es für immer überwunden zu haben. Die unterdrückten Gefühle und die davon im Gehirn ausgelöste Stressreaktion sind nicht mehr aufzuhalten, sie werden unkontrollierbar.

Wut und Verzweiflung machen sich breit, und der Körper wird immer wieder von Wellen der Angst überschwemmt, die bei derartigen unkontrollierbaren Belastungen und Gefühlen zwangsmäßig ausgeschüttet werden, tagelang oder sogar länger.

Diese lang andauernde Überflutung des Körpers mit Stresshormonen und negativen Gefühlen, wie Angst, Trauer, Wut und Hass, bleibt nicht folgenlos, und je länger sie anhalten, um so schwerwiegender sind die Auswirkungen auf den ganzen menschlichen Organismus. Die Unterdrückung der Bildung von Sexualhormonen ist wohl noch der harmloseste Effekt, denn die Begeisterung für Sex ist angesichts der empfundenen Angst und Verzweiflung meist ohnehin schon auf den Nullpunkt gesunken.

Durch diese dauernde Belastung werden die körperlichen Abwehrmechanismen so geschwächt, dass sie uns nicht mehr ausreichend vor Krankheitserregern schützen können. Ein Erreger nach dem andern kann sich nun ungehindert in unserm Körper ausbreiten, und es dauert sehr lang, bis der Körper sich wieder einigermaßen davon erholen kann. Natürlich ist auch der Schlaf gestört und durch unruhige und angstbesetzte Träume bietet der Schlaf keine Erholung und kein „Krafttanken" mehr. So kommt es zu einem Teufelskreis, aus dem auszusteigen sehr schwierig ist.

Sämtliche Gefühle lösen körperliche Reaktionen aus und es liegt an uns, diese Gefühle in unser Leben zu integrieren oder sie zu verdrängen. Sicher ist aber, dass die Gefühle wieder kommen und wenn wir sie allzu lange verleugnen, wird uns unser Körper die Auswirkungen präsentieren.

Nicht nur unterdrückte Gefühle können körperliche Beschwerden auslösen, sondern auch Isolation. Heute wissen wir, dass der Mensch als „Herdentier" geschaffen wurde. Das heißt nicht, dass wir immer irgendwem nachlaufen müssen oder dass wir immer unter vielen Menschen sein müssen, um glücklich zu sein. Sondern dass wir Kontakt brauchen. Kontakt bedeutet: zwischenmenschliche Beziehungen.

„Zwischenmenschliche Beziehungen sind mehr als eine kulturelle Lebensform, auf die wir zur Not auch verzichten könnten. Beziehungen sind nicht nur das Medium unseres seelischen Erlebens, sondern ein biologischer Gesundheitsfaktor. Die Spiegelneuronen in unserem Gehirn zeigen, dass unsere Gehirnstrukturen spezialisierte Systeme besitzen, die auf Beziehungsaufnahme und Beziehungsgestaltung angelegt sind. Überall dort, wo zwischenmenschliche Beziehungen quantitativ und qualitativ abnehmen, nehmen Gesundheitsstörungen zu.

Wir brauchen unsere Gefühle und unsere zwischenmenschlichen Beziehungen um gesund zu sein!

Verbotene Gefühle

Kaum jemand hat diese verbotenen Gedanken oder verpönten Gefühle nicht. Ich würde sogar sagen, jeder hat sie, wahrscheinlich sogar öfter am Tag. Wäre das nicht schön, wenn Sie mit dem gutaussehenden Kollegen, der so gerne mit Ihnen flirtet, ins Bett steigen könnten? Haben Sie nicht neulich den Wunsch gehabt, dem frechen Menschen eine runterzuhauen, der Ihnen grinsend den letzten Parkplatz weggenommen hat? Wenn Sie hören, dass ihre Nachbarn schon wieder einen Traumurlaub machen,

Es ist nicht das Gefühl selbst, das „böse" erscheint, sondern unsere Reaktion darauf, macht es böse.

wünschen Sie denen nicht wenigstens drei Wochen Regen? Nur mühsam haben Sie gestern das Lachen unterdrückt, als dem eitlen Chef das Toupet verrutschte. Und gelegentlich verspüren Sie den Impuls, Ihren quengelnden, widerborstigen Kindern den Hintern so richtig zu versohlen.

Kaum jemand wird bestreiten, dass ihm derartige Gedanken ab und zu durch den Kopf gehen. Natürlich setzen wir nur 99 Prozent in die Tat um, und manchmal schämen wir uns selbst für solche Fantasien. Früher wurden solche Impulse dem Teufel zugeschrieben. Nicht von ungefähr sind fünf der sieben Todsünden, nämlich Zorn, Neid, Habgier, Wollust und Völlerei, vor allem auf den Gedanken zurückzuführen, der der bösen Tat vorausging.

Äußere Einflüsse setzen auch verbotene Gedanken und Gefühle in Gang. Die Bilderflut der Medien bietet aggressive und sexuelle Inhalte im Überfluss an, als Unterhaltung und als Nachrichten. Manche Menschen sind in ihrem Denken und Fühlen sehr eng. Das bedeutet, dass sie bestimmte Gefühle in sich nicht zulassen und diese verdrängen, weil sie nicht in ihr Weltbild passen.

Es ist nicht das Gefühl selbst, das „böse" erscheint, sondern unsere Reaktion darauf macht es böse. Erst wenn wir eine bewusst schlechte Tat begehen sind wir „böse". Auch unsere kognitiven Fähigkeiten entscheiden mit, ob wir ein Gefühl als negativ oder als positiv bewerten, ob wir es haben dürfen oder nicht. Böse Gedanken sind ein Richtwert für unseren moralischen Kompass: Das Bewusstsein prüft immer wieder, ob die verinnerlichten Regeln eingehalten oder verletzt werden bei dem, was wir da so denken und fühlen.

So sind Vergewaltigungsfantasien nach Ansicht der Sexualtherapeuten sehr verbreitet und dienen zu einer Selbstvergewisserung unseres Gehirns, ob sie mit der Realität in Einklang sind und ob unsere inneren Werte und Normen mit diesen identisch sind. Dadurch bestätigen wir unser Wertesystem immer wieder und immer wieder kommen wir zu dem Ergebnis, das ist gut, das ist böse und tun wir nicht. Das ist eine Funktion unseres Gehirns, die laut den Sozialpsychologen, sehr wichtig ist und unser Wertesystem immer auf den neuesten Stand bringt.

Die Sozialpsychologen sagen auch, hätten wir keine bösen Gedanken und Gefühle mehr, könnte unser Gehirn sie nicht auf richtig oder falsch überprüfen, und wir würden auch unser Wertesystem verlieren oder zumindest Teile davon. Der Vorgang des Überprüfens: Jeder Mensch hat ein für sich ganz individuelles Wertesystem. In diesem sind Teile unseres Weltbildes gespeichert. Wie: Kinder bedürfen meines Schutzes und meiner Führsorge, ich verletze sie nicht bewusst!

Heute bin ich aber total grantig auf meinen Sohn, weil er mich schon die ganze Zeit bewusst nervt und nicht aufhört damit. In Gedanken möchte ich ihm „eine kleben"; unbewusst überprüfe ich, ob diese Handlung in mein Weltbild passt, oder nicht. Nein, ich schlage mein Kind nicht, sagt mir mein Weltbild.

Diese Überprüfung ist von enormer Wichtigkeit. Die Verhaltensforscher sagen: Würden wir unser Wertesystem nicht immer unbewusst auf seine Richtigkeit überprüfen, würden wir es verlieren oder Teile davon und irgendwann könnten wir nicht mehr zwischen „gut und böse" unterscheiden.

Also haben wir „böse" Gefühle und Gedanken, um weiterhin Gut von Böse unterscheiden zu können!

Gefühle und Entscheidung

Der Neuropsychologe Antonio Damasio und seine Frau Hanna beschäftigten sich längere Zeit mit dem Themenbereich Entscheidungen und ob sie von Gefühlen abhängen. Sie untersuchten Patienten, die durch einen Unfall einen Teil des präfrontalen Cortex, genauer den sogenannten ventromedialen präfrontalen Cortex eingebüßt hatten. Die Versuchspersonen zeigten alle keinerlei Auffälligkeiten, bis auf zwei: Zum einen waren sie seltsam emotionslos und zeigten keinerlei Mitgefühl, zum anderen konnten sie sich nicht entscheiden. Sind das nun zwei unterschiedliche Diagnosen, die nichts miteinander zu tun haben, oder gehören die beiden mentalen Funktionen zusammen?

Genau diese Frage konnten die Damasios beantworten. Und damit halfen sie, in der Wissenschaft die Trennung von Gefühl und Verstand, wie sie seit dem französischen Aufklärer René Descartes geherrscht hatte, aufzuheben.

Das Entscheiden, das Damasio als den eigentlichen Zweck des Denkens betrachtet, geht Hand in Hand mit Gefühlen und Emotionen. Sie sind die „freie Fahrt-, Stopp- und Richtungssignale des Geistes". Sie sind nötig, um aus den vielen Möglichkeiten, wie wir entscheiden und handeln können, möglichst schnell und effizient eine einzige auszusuchen. Das geschieht unter Rückgriff auf bereits erlebte Ereignisse. Sie helfen dem Geist einzuschätzen, ob die Handlungsoption sich zu einem Erfolg oder Misserfolg entwickelt. Gerade, wenn es um so schwer im Voraus kalkulierbare Angelegenheiten wie Heiraten oder die Berufswahl oder die Gründung einer Firma geht – der Verstand muss dabei scheitern. Denn die künftigen Ereignisse sind nicht abzu-

schätzen. Also bleibt dem Menschen keine andere Strategie übrig, als sich die groben Fakten des betreffenden Problems vor Augen zu führen. Dann kann er versuchen, eine Option als Lösung auszusuchen und sich vorzustellen, wie sich das emotionale Ergebnis der Lösung anfühlt. Für die meisten Entscheidungen gibt es kein rationales Richtig und Falsch. Sie lassen den Menschen in einem Zwiespalt, aus dem er sich nicht allein mit dem Verstand befreien kann. Ihm bleibt nur übrig, das zu wählen, von dem er fühlt, dass es richtig für ihn ist.

Die Gefühlswelt ist dabei noch auf eine zweite Weise wichtig: Die Vorstellungen, die in den Kopf kommen, sind schon vorsortiert. Alle Handlungsalternativen, die geradewegs zu einem „falschen" Resultat führen würden, sind in dieser Vorauswahl gar nicht mehr enthalten. Die Emotionen fungieren als Bewertungsrahmen. Sie dienen als Kriterien, nach denen das Gehirn die einzelnen zur Auswahl stehenden Möglichkeiten einschätzt.

Die Idee einer rationalen Entscheidung aufgrund einer Pro-und-Kontra-Abwägung ist überholt. Schon aufgrund der schieren Informationsflut ist der Mensch mit dieser Strategie überfordert. Der Mensch hatte wohl noch nie in seiner Geschichte so viel Entscheidungsfreiheit wie jetzt. Das ist ein zweischneidiges Schwert.

Gefühle spielen bei der Entscheidung eine wichtige Rolle. Sie sind ein wesentlicher Bestandteil dessen, was wir für gewöhnlich Intuition nennen. Intuition hat sowohl etwas mit Emotion als auch mit Erfahrung und Wissen zu tun. Der Mensch speichert alles was er lernt mit emotionalen Bewertungen ab. Ohne Emotionen, keine Entscheidung. Emotionen werden ihrerseits wieder emotional bewertet.

Emotionale Bewertung spielt sich nicht ausschließlich im Kopf sondern auf der gesamten körperlichen Ebene ab. Aus der Gesamtheit ergibt sich auch das Ich-Bewusstsein. Nicht nur unser evolutionäres Erbe sondern auch kulturell erworbene Signale determinieren den emotionalen Bewertungsrahmen.

Dieser gesamte Prozess kann aufgrund von Spiegelneuronen auch durchlebt werden, wenn eine Handlung nur beobachtet und nicht selbst durchgeführt wird. Die Beobachtung nur eines Teiles einer Handlungssequenz reicht aus. Der Rest wird im Gehirn „ergänzt". Erstmals wahrgenommene Handlungen speichern sich besonders intensiv ab. Mit starken Gefühlen besetzte Handlungen ebenso. Ohne Gefühl wird nichts behalten, es muss allerdings ursprünglich nicht das eigene sein.

Also stehen mir auch nicht selbst vollzogene Handlungen in Zukunft als Handlungsressource zur Verfügung, unabhängig davon, ob ich das will oder nicht.

Gefühle und Natur

In den nächsten paar Zeilen versuche ich meine innere Überzeugung und mein Erleben zu dem Thema Natur und Gefühle in Worte zu fassen. Wie Sie oben schon mehrfach gelesen haben müssen wir fühlen, um zu überleben und zu lernen. Jeden wachen Moment unseres Lebens fühlen wir, haben wir Empfindungen, seien sie positiv oder negativ, angenehm oder unangenehm. Kein Mensch ist in der Lage einen Moment nichts zu fühlen.

Wir leben in einer schnellen Zeit, in der wir von unserem Umfeld mit Eindrücken bombardiert werden.

Stellen Sie sich kurz vor Sie gehen, wie viele anderen Menschen auch in der Fußgängerzone bummeln: Musik aus verschiedenen Lautsprechern, blinkende Reklamelichter, Fernseher, die Werbungen senden, kläffende sich streitende Hunde, unzählige Dinge in den Auslagen, die darauf warten, dass sie jemand kauft und so weiter.

Jeder Eindruck hinterlässt ein Gefühl in uns. Ebenfalls spüren und übernehmen wir die Gefühle anderer. Sicher können Sie sich vorstellen mit welchem Gefühlswirrwarr und welcher Gefühlsüberflutung unser Körper zu kämpfen hat. Wir fühlen uns unruhig, gestresst, müde und so, als hätten wir keine Energie übrig für den restlichen Tag, der noch vor uns liegt.

Das ist in unserer heutigen Welt normal. Unsere Gesellschaft ist so beschaffen, dass sich notwendiger Weise ein großer Teil unseres beruflichen und privaten Alltags in derlei „Überflutungssituationen" befindet. Wichtig meiner Meinung nach ist aber, dass wir nicht vergessen, wie gut es sich anfühlt, in der Natur zu sein, wo nur geringgradige Einflüsse auf uns einwirken und wo Veränderungen langsam vor sich gehen. Jeden Eindruck können wir wahrnehmen, da es sich nur um einige wenige handelt. Jede Empfindung können wir erleben und jedem dazugehörigen Gefühl können wir nachspüren. An den Kleinigkeiten können wir uns erfreuen wie am leisen Knarzen eines Baumes im Wind. Die Qualität macht es aus, nicht die Quantität.

Meine langjährigen Erfahrungen im Beruflichen und auch im Privaten machen mich sicher, dass Menschen, die sich dann und wann den Ausgleich in der Natur gönnen, ausgeglichener und emotional intelligenter sind und dadurch zufriedener und glücklicher leben.

Zum Weiterlesen   Joachim Bauer

Warum ich fühle, was du fühlst: Intuitive Kommunikation und das Geheimnis der Spiegelneurone. Verlag Hoffmann und Campe, 2005. 191 Seiten, 19,95 Euro, ISBN-13: 978-3455095111

Wie kommt es, dass uns ein Gähnen anstecken kann, dass sich unsere Stimmung bessert, wenn uns jemand anlächelt, und dass wir manchmal auch über große Entfernungen wissen, wie es einem uns nahe stehenden Menschen geht? Intuition und "sechster Sinn": Das sind nur zwei der Phänomene, die durch die Entdeckung der "Spiegelneurone" erklärt werden können. Diese besonderen Nervenzellen haben es in sich, denn sie bilden die neurobiologische Basis für unser intuitives Verständnis dessen, was andere Menschen fühlen – und was sie vorhaben. Und sie beeinflussen uns massiv, sowohl psychisch als auch körperlich.

Ist der Garten für dich wichtig?
Ich finde es schon wichtig, dass man einen Garten hat, weil man hat ein bisschen einen Freiraum.

Als kleines Kind war ich sicher mehr draußen als jetzt. Aber auch wenn ich jetzt nicht mehr Ball spiele, ich sitze trotzdem noch oft heraußen, tu lesen oder so irgendwas.

Aber als Kind hast du gespielt im Garten?
Ja. Ich habe meistens mit meinem Bruder Ball gespielt. Oder wir haben so einen großen Kirschenbaum gehabt, da sind wir immer raufgeklettert. Eine Sandkiste und eine Schaukel haben wir auch gehabt.

Wie hat es in Blumau ausgesehen?
Wir haben in einer Wohnung gewohnt, aber wir haben einen Schrebergarten gehabt. Das war nur über die Straße drüber, da waren lauter Schrebergärten.

Wir haben vorher in Blumau gewohnt, da haben wir auch einen Garten gehabt, aber kcinen so großen. Wir waren oft draußen.

Wart ihr auch außerhalb des Gartens?
Ja, wir waren oft Spazieren und Wandern, Rad fahren mit den Eltern. Wir sind

immer irgendwo hingegangen, Verwandte besuchen oder einfach nur so einen Spaziergang machen. Jetzt, wo wir da hergezogen sind, war es dann schon, „Ich mag nicht spazieren gehen, das ist voll langweilig, ich bleib lieber zu Hause".

Kennst du Pflanzen vom Namen her, was das ist, was man damit machen kann?

Teilweise, von der Mama und was wir da im Gemüsebeet angepflanzt haben und so, da kenne ich ein paar Sachen.

Welche Rolle hat die Natur für dich?

Es ist schwer zu beschreiben, weil, zu Hause, das ist der Raum, da lebst du. Und wenn man raus geht, das ist etwas ganz Anderes einfach. Das kommt auch immer drauf an, weil, wenn ich mit meinen Freunden spazieren gehe oder mich draußen treffe, dann hat das eine ganz andere Bedeutung, als wenn ich so mit meinen Eltern spazieren gehe. Wenn ich mit meinen Eltern spazieren gehe, da schaue ich schon manchmal, ah, da rennt ein Hase oder ein Reh, oder die Blume ist so schön. Wenn ich mit meinen Freunden gehe, da geht man einfach, sag ich jetzt mal, blind durch die Welt und da hat man kein Auge für das.

Habt ihr einen Platz, wo ihr euch treffen könnt?

Entweder wir sind auf einem Spielplatz oder mit meiner anderen Freundin gehe ich hauptsächlich mit ihrem Hund spazieren, da rennen wir dann einfach kreuz und quer durch den Ort.

Regen sich die Leute auf, wenn ihr auf dem Spielplatz seid?

Früher waren wir in unserer Siedlung, da ist ein anderer Spielplatz, und da haben wir Fußball gespielt, und da haben sich ein paar alte Leute beschwert, dass wir immer so herumgeschrien haben, und da haben sie ein Schild aufgestellt, dass man da nicht mehr Fußball spielen darf. Aber ich denke mir, ein Spielplatz ist ja dafür da, dass man darauf spielt! Wenn man nicht möchte, dass da Kinder herumschreien, dann darf man nicht neben einen Spielplatz hinziehen.

Habt ihr früher irgendwelche Spiele gespielt oder spielt ihr jetzt noch welche?

Im Moment spielen wir meistens Federball, aber ich gehe auch Tennis spielen. Wir spielen manchmal Handball. Bei meinem Opa haben wir Nachlaufen oder Verstecken gespielt. Da ist ein Riesengarten und ein Swimmingpool.

Und wenn du nicht draussen bist, wa machst du dann?

Eigentlich lesen, ich lese gerne. Auch mein Handy - Musik hören, SMSen, telefonieren oder spielen am Handy. Computer mache ich selten, einmal in zwei Wochen oder so wenn's viel ist. Ich tu E-Mails schreiben, chatten, schaue etwas in Google nach, wenn mich etwas interessiert.

Und wenn mir ganz fad ist,
mache ich ein Referat draus,
auch wenn ich es nicht vortrage.

*Wenn du an die Generation deiner
Großeltern denkst, haben die es
als Kinder besser oder schlechter
gehabt als du?*

Also ich glaube schon, dass
ich mehr Möglichkeiten habe.
Ob das besser oder schlechter
ist, kann ich nicht sagen. Wenn
es um die Natur geht, haben
die sicher mehr gewusst als wir.
Die haben einfach noch nicht
so etwas gehabt wie Computer
und dass sie den ganzen Tag
davor sitzen. Die sind halt
raus gegangen, haben sich mit
Freunden getroffen und haben
irgendwas gemacht, egal, ob sie
auf einen Hügel rauf geklettert
sind oder sonst irgendwas
gemacht haben. Sie waren
einfach viel mehr draußen.

Warum denkst du, war das besser?

Sie haben einfach die
Natur und die Welt besser
kennengelernt als wir. Ich kenn
halt schon auch Leute, ich
meine, wenn man ihnen sagt,
das ist ein Radieschen, dann
wissen sie es schon, aber wenn
du ihnen irgendeinen Namen
sagst, das sei eine Clivia oder
so, die haben keine Ahnung.
Die sitzen wirklich den ganzen
Tag vor dem Computer und
tun Fernsehen oder so. Ich habe
solche in der Klasse.

*Kommt die Anregung für die Natur
von den Eltern?*

Ich glaube schon. Wenn wir
früher nicht so viel wandern

gegangen wären, hätte mich das
auch nicht so interessiert. Wenn
ich mir die Eltern von meiner
Freundin anschaue – ich glaube,
meine Freundin würde sich
auch dafür interessieren, aber
ihre Eltern machen es einfach
nicht mit ihr. Wenn ich mit
ihren Eltern aufgewachsen wäre,
würde mich das auch nicht so
interessieren jetzt.

*Welche Bedeutung hat Natur für
dich?*

Wenn ich an Natur denke,
denke ich an einen schönen
großen Garten mit vielen
Pflanzen.

*Hat sich die Natur verändert
gegenüber früher?*

Es gibt sicher mehr Arten,
weil die sind alle gezüchtet
worden, aber durch das
Herumzüchten sterben auch
viele Pflanzenarten jetzt aus, und
von dem her ist sie schon ein
bisschen bedroht.

Trude, 78, Markt Piesting
Ehefrau von Heinz

*Wo sind Sie aufge-
wachsen?*

Ich bin mit
fünfeinhalb Jahren
nach Piesting gekom-
men und habe da
gelebt von September
1935 bis Feber 1951.
Ich bin dort in die
Volksschule gegangen
und dann später nach
Wiener Neustadt
in die Mittelschule.
Davor habe ich in
Holland gelebt, weil
meine Mutter in
Wien einen Holländer
kennenlernte, der hat
damals in Wien gearbeitet, und
sie ist dann mit ihm nach Holland
gezogen. Deshalb bin ich in Holland geboren und die ersten Jahre
aufgewachsen. Ich musste dann
zu einem Onkel nach Piesting,
weil mein Vater ganz plötzlich an
einem Herzversagen gestorben
war. Meine Mutter hatte das nicht
überwunden und ist dann selbst
krank geworden. Sie ist dann auch
in Holland gestorben.

*Haben Sie noch eine Erinnerung an
die Zeit in Holland?*

Ja. Wir haben zuerst in Rijswijk
gelebt, das ist südlich von Den
Haag, und dann die letzte Zeit haben wir direkt in Den Haag gelebt.
Das ist beides städtisch. Wir haben
in einem Reihenhaus gewohnt.
Die Gassen sind sehr eng, weil es
damals dort ja keine Autos gab.

In Den Haag haben wir dann in
einem etwas größeren Wohnhaus
gewohnt im ersten Stock.

Gab es in Holland einen Garten?

Ja, da gibt es immer einen
kleinen Vorgarten und hinten
dann einen etwas größeren Garten. Ich war vor ein paar Jahren
dort. Das ist alles recht schmal,
aber sehr gemütlich.

Ich habe sehr viele Spielsachen gehabt, das weiß ich noch.
Das Traurige war, wie ich nach
Österreich kam, erzählte man
mir, die Spielsachen hätten nie
mir gehört, die hätten einer anderen Cousine gehört, das war alles
nur geborgt. Aber das war nicht
wahr. Die durften nicht mit, weil
der Transport viel zu mühsam
gewesen wäre.

Waren Sie ein Einzelkind?

Ja. Die Cousinen haben mir
erzählt, ich wäre ein sehr ver-
wöhntes Kind gewesen, weil ich
ein Einzelkind war. Meine Mutter
hatte Schwierigkeiten, Kinder zu
bekommen und hatte vorher sehr
viele Totgeburten gehabt.

*Welche Spielsachen hatten Sie, kön-
nen Sie sich noch erinnern?*

Da war ein wunderschönes
Puppenhaus, ein stockhohes
Puppenhaus, das war aber im
Schlafzimmer. Ein eigenes Zimmer dürfte ich nicht
gehabt haben. Ich habe auch einen Stubenwagen gehabt und ein
Puppenwagerl, das hatte ich dann
alles in Piesting nicht mehr. Aber
ich war nicht unglücklich deshalb,
das war halt so.

Haben Sie in Holland hauptsächlich in der Wohnung gespielt oder auch draußen?

Ich glaube, auch draußen, denn ich habe Fotos, wo ich draußen bin. In Den Haag sicher nicht mehr, denn das war ja mehr Stadt, aber in Rijswijk war es ruhiger. Da gibt es Fotos, wo ich mit anderen Kindern draußen spiele vorm Haus. Sehr gern war ich immer im Sommer in Netting, wo meine Mutter her ist. Da sind wir jeden Sommer hergefahren und das war sehr schön. Wenn wir im Sommer hier geschlafen haben, und vom Bauernhof meiner Großmutter in das Haus hinaufgegangen sind, das auch der Großmutter gehört hat, habe ich immer die Grillen gehört, an die kann ich mich noch so gut erinnern. Meine Mutter war dann immer sehr glücklich, wenn sie wieder in ihrer Heimat war, denn ich glaube, sie litt sehr an Heimweh.

Als Sie dann ganz in Piesting gelebt haben, wie hat da die Wohnumgebung ausgesehen?

Das war eine Dienstwohnung meines Onkels, denn mein Onkel hat damals im Harzwerk gearbeitet. Wir haben dort in einem stockhohen Haus gewohnt. Es war so üblich, im ersten Stock haben die Angestellten gewohnt. Wir hatten zwei Zimmer, Küche und ein Kabinett und das Klo war am Gang.

Hatten die Zieheltern Kinder?

Nein, da war ich wieder allein. Das war langweilig, aber ich hatte in der Umgebung zwei Mädchen und vis à vis war ein Bub. Wir haben immer miteinander gespielt,

zum Beispiel in der Waschküche, das war schön.

Haben Sie dann wieder Spielzeug bekommen?

Ja, ich bekam einen Kaufmannsladen, den haben dann unsere Kinder auch noch gehabt. Ich hatte allerlei Steiff-Tiere und Puppen und viele Bücher. Ich hatte im Zimmer eine Spielecke und ein Bord, da waren meine Bücher drauf. Ach ja, und einen Puppen-Kleiderkasten hatte ich, den hatten dann auch noch unsere Kinder. Sogar kleine Kleiderhaken hatte er. Da war ich glücklich und ich habe mich sehr gerne in diese Ecke verzogen, weil ich schon sehr früh sehr gerne gelesen habe. Ich durfte nicht länger als eine Stunde dort lesen, weil es hieß, ich würde mir die Augen verderben, und am Abend habe ich schon gar nicht lesen dürfen, weil wenn man liegt, verdirbt man sich die Augen, hieß es. Ich habe aber so gerne gelesen. Ich habe ja zuerst im Wohnzimmer geschlafen und erst nach 1945 im Kabinett, weil das war ja nicht zu beheizen. Da ist das Wasser eingefroren, so kalt war es da. Da habe ich dann versucht, heimlich im Bett zu lesen, aber meine Stiefmutter war so streng und hat das verboten. Sie hat das nicht verstanden, genauso wie sie das Schwimmen nicht verstanden hat, weil sie selber nicht gerne geschwommen ist, sie hat Angst gehabt vorm Wasser und ist nur in ein Wasser gegangen, in dem sie stehen konnte. Das war das Allerschlimmste. In Piesting gibt es ja das Waldbad und wir waren auch oft in Bad Vöslau im Bad und ich durfte nie länger als eine Viertelstunde am Vormittag im Wasser sein und eine Viertelstunde am Nachmittag. Ich bin am Beckenrand gestanden und habe die anderen Kinder beneidet, die ununterbrochen im Wasser sein konnten. Ich schwimme ja heute noch gern.

Welche Rolle hat Natur gespielt in Ihrer Kindheit und Jugend?

Meine Ziehmutter ist sehr viel mit mir spazieren gegangen. Sie hatte sehr viel für die Natur übrig, sie hatte ja auch eine künstlerische Ader und hat gemalt. Aber ich bin nicht allein in den Wald gegangen. Wenn meine Ziehmutter kuren war, dann kam ich entweder nach Wiener Neustadt ins Internat oder zur Großmutter nach Netting. Das war wieder eine andere Welt, denn dort im Dorf gab es sehr viele Kinder und da haben wir sehr viel gespielt und sind alle miteinander in den Wald gegangen. Als ich noch kleiner war, habe ich bei der Großmutter auch noch nicht helfen müssen. Erst, als ich etwa zwölf Jahre alt war, habe ich, wenn ich im Sommer bei ihr war,

beim Dreschen helfen müssen oder den Leuten den Most und die Jause aufs Feld bringen. Aber vorher war es lustig, mit den Kindern aus der Nachbarschaft zu spielen, denn da gab es am Dorfplatz eine Tränke, da ist immer das Wasser geflossen. Da haben wir herumgepritschelt. Ich habe heute noch einen Bezug zu Netting.

Das heißt, das war freier und es gab mehr Kinder?

Ja, ganz richtig. Und ich kann mich nicht erinnern, dass mich die Großmutter je zurechtgewiesen hätte, dass ich hinein muss.

Sie leben jetzt am Waldrand mit einem schönen Garten, welche Rolle hat Natur für Sie jetzt?

Die Natur hat mir immer sehr viel bedeutet. In meiner Jugend bin ich gern gewandert, einmal sogar auf den Dachstein mit Freunden. Da wären wir fast umgekommen, weil die den Weg nicht gewusst haben. Heute bin ich so ängstlich, aber damals hat das keine Rolle gespielt.

Heinz, 82, Markt Piesting, Ehemann von Trude

Ich bin auf einem riesigen Hof aufgewachsen, in dem Wohnungen für die Mitarbeiter der Papierfabrik waren. Da waren wahnsinnig viele Kinder, und wir sind nur in der Natur aufgewachsen. Ich bin glücklich, ich war immer glücklich, ich musste nie sagen, das kann ich nicht, ich

hatte nie Angst, und das ist mir bis heute geblieben. Wir haben gespielt, später, mit 9 oder 10 Jahren, haben wir begonnen, alles Mögliche zu bauen. Dann haben wir Höhlen erforscht, ich habe damals schon gewusst, wie hoch das Meer einmal war, weil ich gewusst habe, wo die kleinen

Muscheln anfangen oder wo der Schlick war. Nach unten hin wurden die Muscheln immer größer.

Wieso haben Sie das gewusst?

Das war einmal eine Schneiderei und wir Buben haben in dem Kabinett gewohnt, wo die Schneiderei gewesen war, und der Großvater war sehr belesen. Ich habe als Bub keinen Karl May gelesen, sondern Schiller und Goethe und es gab damals schon Merian und naturwissenschaftliche Bücher mit Sauriern und so weiter. Ich wollte unbedingt die Überreste eines Höhlenbären finden und wir haben überall gegraben. Durch einen Cousin waren wir in Verbindung mit der Universität. Da ist irgendein Höhlenprofessor herumgewandert und hat erfahren, dass wir da graben und hat gesagt „Grabt nur!". Wenn mein Cousin nach Wien gefahren ist, hat er die Knochen und was wir da gesammelt haben zum Professor gebracht und der hat uns dann gesagt, was das ist, was wir da gefunden haben. Das waren Knochen von Hirschen von vor Tausenden von Jahren. Er hat uns halt beschäftigt und musste nicht selber hinfahren. Später, mit 11, 12, 13 Jahren, haben wir hauptsächlich Flugzeuge gebaut. Bis 1938 haben wir die Flugzeuge sogar mit Seide bespannt, dann hat man keine mehr bekommen,

drum haben wir das mit Papier gemacht. Das größte Flugzeug hatte so 2,30 Meter Spannweite. Es gab auch Machtkämpfe zwischen den Kindern der verschiedenen Siedlungen beim Kitzberg und wir haben auch Häuser gebaut.

Hatten Sie Spielzeug?

Eine Nähmaschine zum Beispiel, die sich die Großmutter von der Schneiderei aufgehoben hatte. Ich habe bald Nähen gelernt, habe mit Puppen gespielt, Tuchenten genäht und Pölster, es war ja noch genug da von der Schneiderei oben am Dachboden. Ich war immer tätig.

Welche Bedeutung hatte Natur für Sie? Haben Sie sie bewusst wahrgenommen?

Ja sicher, ich bin in der Natur aufgewachsen, wir sind auch viel gewandert und waren immer unterwegs. Ich habe Beeren gepflückt und Pilze und alles. Meine Mutter wollte das alles nicht, denn sie war ja berufstätig und hatte keine Zeit. Da musste ich zu einem alten Mann gehen und den Rucksack ausleeren, und der hat dann gesagt, das ist alles in Ordnung. Wir sind praktisch bei der Großmutter aufgewachsen. Blumen pflücken bin ich auch gerne gegangen und ich habe immer alle überhäuft mit den Sachen. Das ist einfach in einem drin. Wir waren viel unterwegs, mein Bruder und ich sind später von Hütte zu Hütte gezogen und haben die Leute unterhalten. Mit meinem Vater sind wir schon früh gewandert, er hat mich oft mitgenommen.

Naturerfahrung – Erlebnispädagogik

Werner Ebner

Handlungsorientiertes Lernen

Erlebnispädagogik

Outdoor-Training

Die Handlungsorientierung ist ein Lernmodell, das sich aus der Reformpädagogik heraus entwickelt hat. Die Ansätze finden sich bei Johann Heinrich Pestalozzi, Friedrich Fröbel oder John Dewey ebenso wie bei Célestin Freinet oder Maria Montessori. Auch heute gilt dieser Ansatz als produktives, didaktisch-methodisches Konzept. Handlungsorientierung basiert heute lerntheoretisch auf zwei grundlegenden Theorien, nämlich der auf die sowjetische Psychologie von Lew Semjonowitsch Wygotski und Alexej Leontjew zurückgehenden Tätigkeitstheorie sowie auf den kognitiven Handlungstheorien von Jean Piaget und Hans Aebli zurückgehenden Ansätzen zur Entwicklungspsychologie des Lernens.

Handlungsorientierung verzichtet auf das Prinzip der inhaltlichen Vollständigkeit eines Themenkomplexes und ist eher exemplarisch; nicht die Einverleibung von Begriffen, sondern ihr Nach-Schaffen und das neue Kombinieren von Gegebenheiten sind wesentlich. Vereinfacht gesagt erweitert die Handlungsorientierung die Ganzheitlichkeit in der Betrachtung des Lernens und seines Umfeldes um das

Foto: Gerald Stradner, "die umweltberatung"

Modell der vollständigen Handlung als konstruktivistischen Prozess.

Handlungsorientiertes Lernen geschieht in Partnergruppen oder Projektarbeiten (mit gemeinsamer Erörterung, Planung und Diskussion), bei szenischem Spiel wie Musik, Tanz oder Theater oder auch bei Exkursionen. Im Schulunterricht werden gerne folgende Methoden verwendet: der Projektunterricht, die Freiarbeit, das Stationen-Lernen oder das Lernen durch Lehren.

Handlungsorientiertes Lernen wird nicht nur im System der Schule verstärkt eingesetzt sondern findet sich auch immer mehr in der außerschulischen Arbeit.

Den erlebnispädagogischen Lernprozess beschreiben Reldan Nadler und John Luckner 1992 wie folgt: Ausgangspunkt der Arbeit ist es, die TeilnehmerInnen in einen Zustand des Ungleichgewichts zu setzen. Den Kern des Ungleichgewichts sehen Nadler/Luckner darin, dass im Bewusstsein des Individuums ein Missverhältnis zwischen Information und der gewohnten Art zu denken besteht. In der Regel wird das dadurch erreicht, dass die Teilnehmer in eine neuartige Situation gebracht werden, in der sich einzigartige Problemlöseaufgaben stellen. Gleichzeitig wird ein kooperatives Umfeld geschaffen, so dass die Aufgaben bewältigbar sind und Erfolgserlebnisse möglich werden. Über eine Reflexion werden schließlich Generalisierung und Transfer der neuen Lebenserfahrung angestrebt. Wachstum und Lernen haben immer etwas mit Risiko zu tun, mit einem Aufbruch ins Unbekannte, Ungewisse und Unvorhersagbare.

Michael Rehm definiert Erlebnispädagogik als alle Aktivitäten, welche die Natur und/oder Abenteuer, Spiele und Initiativen als Medium benützen, um ein erzieherisches, weiterbildendes, entwicklungsförderndes oder therapeutisches Ziel zu erreichen.

Dies ist eine sehr weiträumig, offene Beschreibung von Erlebnispädagogik. Der Verein Erlebnispädagogik Austria (EPA) hat eine enger gefasste Begrifflichkeit entwickelt:

Erlebnispädagogik im Bereich der Sozialpädagogik ist ein handlungsorientierter Ansatz, der nach unserem Verständnis folgende Elemente in einem Konzept pädagogisch, zielgerichtet verbindet:

Das Erlebnis   persönlich bedeutsame Natur-, Gruppen- und Ich-Erlebnisse

Die Gruppe   Interaktionserfahrungen mit der Gruppe (soziales Lernen)

Die Natur   heilende Kraft der Natur

- Durch einen förderlichen Rahmen, z.B.: Durchführungsgebiet, Gruppengröße, Gruppenzusammensetzung, Leitung und Leitungsfunktion, zielorientierter Zeitrahmen, Normen und Verbindlichkeiten
- durch begründbare Inhalte, z.B.: subjektive Grenzerlebnisse, Medien und Aktivitäten, offene und gestaltbare Situationen, Wagnis und Sicherheit, situationsimmanente Problemstellungen
- und entsprechende Methoden, z.B.: learning by doing, Selbstorganisation, Lernen durch Beobachtung und Imitation, Lernen durch Reflexion und kognitive Verarbeitung, metaphorisches Handlungslernen werden ganzheitliche (emotionale, motorische und kognitive) Lernprozesse mit situationsübergreifender Wirkung (Transfer) angestrebt, die je nach Zielformulierung und Konzeption schwerpunktmäßig einen erkennbaren präventiven, sozialpädagogischen und/oder therapeutischen Einfluss auf die Persönlichkeitsentfaltung haben.

Rahmen, Inhalte und Methoden müssen auf die Zielgruppen und die Ziele abgestimmt werden.

Differenzierung
zwischen Erlebnispädagogik und Outdoortraining

Erlebnispädagogik und Outdoor-Training verwenden großteils die gleichen Medien. Die wesentliche Unterscheidung treffen Andrea König/ Stefan König (Augsburg, 2002) in den Zielthemen und in den Zielgruppen.

In der Erlebnispädagogik sind die Zielthemen:

Sozialverhalten, Persönlichkeitsentwicklung, Gruppenbildung, die Verminderung disfunktionaler Verhaltensweisen und die Übernahme von Verantwortung.

Die Zielgruppen sind: Schüler, Studenten, Menschen mit Behinderung, Teilnehmer sozialer Einrichtungen und Multiplikatoren.

Im Outdoortraining sind die Zielthemen:

Führungskompetenz, Projektmanagement, Teamentwicklung, Crossculture, Entwicklung interkultureller Kompetenz sowie die Optimierung von Kommunikations- und Kooperationsprozessen.

Die Zielgruppen sind: Fach- und Führungskräfte, Nachwuchsführungskräfte, Projektgruppen, Auszubildende, Trainees oder neu zu strukturierende Abteilungen.

Neben dieser Unterscheidung sehe ich die Gestaltung der Beziehungsstruktur ebenfalls als einen wesentlichen Unterschied. Erlebnispädagogische Settings sind üblicherweise auch in größere pädagogische Konzepte integriert und finden normalerweise auch über längere Zeiträume, entweder intensiver oder in regelmäßigen Abständen, statt. Outdoor-Trainings sind eher als kurzfristige ein- bis mehrtägige Programme ausgerichtet, oft auch als punktuelle Veranstaltungen konzipiert.

Um die im Weiteren dargestellten Angebote in der Kinder- und Jugendarbeit besser zuordnen zu können, möchte ich zwei Modelle einer möglichen Einteilung vorstellen.

Naturerfahrung – Erlebnispädagogik

Programmtypen nach Simon Priest

Simon Priest unterscheidet vier verschiedene Programmtypen, die er in
- Freizeit und Erholung,
- Erziehung/Bildung,
- Entwicklungsförderung und
- Therapie einteilt.

Beim Programmtyp "Freizeit und Erholung" ist der Zweck, die Gefühle zu verändern. Die Ergebnisse sollen Spaß und Genuss sein, das Auftanken der Energie steht im Vordergrund. Der Slogan für diesen Programmtyp ist „change the way people feel" Dieser Programmtyp findet sich wieder in den klassischen Ferienaktionen.

Im zweiten Programmtyp "Erziehung/Bildung" ist der Zweck, das Denken zu verändern. Als Ergebnisse sollen neue Ideen, neue Konzepte, ein anderes Bewusstsein und neue Einstellungen entwickelt werden. Der Slogan dieses Programmtyps heißt "change the way people think". Typisch für solche Programme wäre ein Projekt wie z.B. der Bau eines Biotops, um Umweltbewusstsein zu entwickeln.

Der dritte Programmtyp "Entwicklungsförderung" hat den Zweck einer Verhaltensänderung. Das Ergebnis ist die Verstärkung funktionaler Verhaltensweisen. Der Slogan des Programmtyps heißt „change the way people behave." Als klassische Programmangebote können hier im Rahmen von OutdoorTrainings die Verbesserung des Kommunikationsverhaltens, der Führungsqualitäten, Kooperationsfähigkeit usw. gesehen werden.

Im vierten Programmtyp "Therapie" ist der Zweck die Veränderung von Fehlverhalten. Die Ziele orientieren sich an der Verminderung disfunktionaler Verhaltensweisen. Der Slogan lautet „change the way people misbehave." Hier befinden wir uns im engeren Sinn in der Erlebnispädagogik, in der Arbeit mit sozialen Randgruppen, in der therapeutischen Intervention wie z.B. in der Drogenarbeit oder mit verhaltensauffälligen Kindern und Jugendlichen.

Diese vier Programmtypen sind natürlich nicht streng und starr auf das jeweilige Kernthema beschränkt. Natürlich kann Spaß und Erholung auch in den therapeutischen Programmen vorkommen oder in einem Bildungs- oder Erziehungskonzept. Die Übergänge sind fließend und je nach konzeptioneller Ausgestaltung schwerpunktmäßig zu sehen.

Motivationsmodell von Jürgen Einwanger

Als zweites Orientierungsangebot möchte ich das Motivationsmodell von Jürgen Einwanger vorstellen. Ausgehend von einer erlebnisreichen Aktivität sieht Einwanger unterschiedliche Motivationen für die verschiedenen Angebote, die es in diesem Bereich gibt. Er unterscheidet dabei acht Grundrichtungen. Diese sind:
Freizeitangebot, erlebnisorientierte Angebote, Erlebnispädagogik, Erlebnistherapie, Teamtraining, Incentive, Outdoor-Adventure und Animation.

Er unterteilt diese in zwei wesentliche Grundinteressen. Auf der einen Seite steht als primäres Interesse die Persönlichkeitsbildung, auf der anderen Seite vordergründig ein kommerzielles Interesse. Die Seite der Persönlichkeitsbildung ist auch gekennzeichnet durch die Intensität der Reflexion und Auswertung, auf der anderen Seite – beim kommerziellen Interesse – verliert sich diese fast vollkommen.

© Jürgen Einwanger

Versucht man nun, das bisher ausgesagte auf drei Vektoren zu übersetzen, dann ergibt dies einen Vektor Ziele, der sich unterteilt in freizeit-, bildungs-, entwicklungsfördernde und therapeutische Ziele (Modell von Simon Priest). Dem zweiten Vektor kann die Motivation nach dem Modell von Jürgen Einwanger zugeteilt werden, der dritte Vektor steht für die Rahmenbedingungen (EPA). Beispielhafte Nennungen sind z.B. Übung, Medium, Gruppenzusammensetzung, Reflexionsdichte usw. Je besser die Elemente der drei Vektoren auf einander abgestimmt sind, umso optimaler ist das Lernfeld für die einzelnen TeilnehmerInnen aufbereitet.

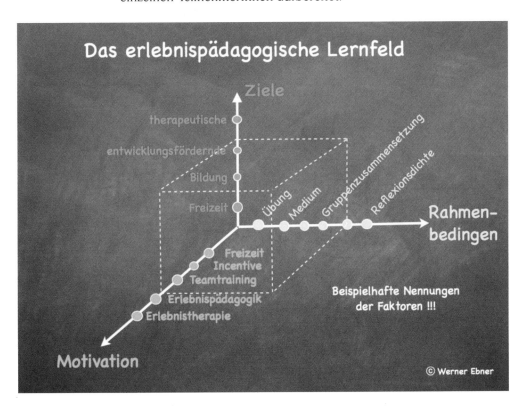

Literaturnachweise:

Bernd Heckmair, Werner Michl:
„Erleben und Lernen – Einstieg in die Erlebnispädagogik", Neuwied, 2002

Anette Reiners:
„Praktische Erlebnispädagogik" (1+2), Augsburg, 2003

Andrea Zuffelato, Astrid H. Kreszmeier:
„Lexikon der Erlebnispädagogik", Augsburg, 2007

"die umweltberatung"

Ihre 1. Adresse in Umweltfragen!

"die umweltberatung" ist eine firmenunabhängige Bildungs- und Beratungseinrichtung. Der vorsorgende Umweltschutz ist das Leitmotiv, denn nur so können unsere Lebensgrundlagen und eine hohe Lebensqualität auch für künftige Generationen erhalten werden.

Vom Wissen zum Handeln!

Das ist seit über 20 Jahren das Motto von "die umweltberatung". Praktische Tipps und fachliches Know-how motivieren zu aktivem Umweltschutz und mehr Lebensqualität.

Unsere Themen:
- Bauen/ Wohnen/ Energie
- Chemie im Haushalt
- Ernährung
- Garten & Boden
- Mobilität
- Klimaschutz & Gemeinde
- Umweltbildung
- Wasser

Die Experten/-innen der verschiedenen Fachbereiche beraten persönlich oder telefonisch, auf Messen und bei Vorträgen, veranstalten Seminare und Exkursionen oder arbeiten in zukunftsweisenden Projekten. Zu den Kundinnen und Kunden zählen KonsumentInnen, MultiplikatorInnen, Bildungsinstitutionen, Kindergärten und Schulen, sowie Gemeinden und Firmen.

Mit Lupen auf Erkundungstour
- wie "die umweltberatung" ihren Umweltbildungsauftrag versteht

Umweltschutz beginnt von klein auf und die umweltpädagogische Arbeit wird immer wichtiger, weil damit der Grundstein für einen nachhaltigen Umgang mit der Umwelt auch im Erwachsenenalter gelegt wird. Kinder und Jugendliche mit geeigneten Techniken anzusprechen, Informationen und Wissen mit vielfältigen und „merk-

würdigen" Methoden weiterzugeben, zählt zu den Hauptanliegen des Kompetenzzentrums für Umweltbildung von "die umweltberatung".

In der erfolgreichen Umweltpädagogik ist es wichtig, den ForscherInnengeist anzusprechen. Spielerische Wissensvermittlung steht dabei im Vordergrund. Ob das Reich der Eintagsfliege erkundet, der Kreislauf der Natur erforscht oder die Bodentiere betrachtet werden, das Erlebnis ist wichtig.

Zu den Arbeitsschwerpunkten zählen:

- Workshops und Schulangebote für SchülerInnen, Kindergartenkinder und Gruppen verschiedener Altersstufen
- Weiterbildung von Pädagoginnen/ Pädagogen und anderen MultiplikatorInnen
- Elternabende in Schulen und Kindergärten
- Entwicklung und Durchführung von Umweltbildungsprojekten und laufende Erweiterung des Angebots für Schulen und Kindergärten
- Fachliche und didaktische Beratung bei Umweltprojekten in Schulen und Kindergärten

Spielend lernen in der Erwachsenenbildung

Auch in der Erwachsenenbildung werden die Schlagworte „entdecken – erforschen – erleben" sehr wichtig genommen. In unserer Arbeit setzen wir stark auf die natürliche Neugier der Menschen. Der evolutionäre Sinn der Neugierde ist der Gewinn an Sicherheit. Der Sinn nach Neugier besteht nach Cube/Alshut (1991) darin, das Neue kennenzulernen und durch das Überschreiten von Grenzen die Selbstsicherheit zu erhöhen. Dabei ist es sinnvoll, das Neue nicht nur passiv an sich herantragen zu lassen, sondern auch aktiv dar-

auf zuzugehen, Grenzen des Gewohnten zu passieren und neue Herausforderungen zu suchen. Genau diese Prozesse werden beim Spielen in Gang gesetzt.

Die gleichzeitige Wissensvermittlung beim spielerischen Erleben ist eine Herausforderung, die "die umweltberatung" gerne annimmt. Erwachsene erleben das Spielen ebenso lustvoll und nicht selten hört man/ frau ein erstauntes „Oh" oder „Ah", wenn die Komposttierchen unter der Lupe betrachtet oder bei diversen Quizes die richtigen Antworten diskutiert werden. Überlegen Sie selbst: Was ist interessanter, ein stundenlanger Frontalvortrag oder das Durchlaufen von spannenden Stationen mit Lerneffekt?

Die Inhalte, die über unsere Bildungsmaterialien vermittelt werden, laufen bei den Workshops (die für Erwachsene und Kinder jeweils altersgerecht gestaltet sind) über die Form des „offen und aktiven Lernens". Mit dieser Lernform wird es allen ermöglicht, die Verantwortung für den eigenen Lernprozess zu übernehmen. Die spielerische Arbeit in Gruppen fördert einerseits die soziale Kompetenz und andererseits die Problemlösungskompetenz. Das stärkt wiederum das Selbstwertgefühl und die Fähigkeit, selbsttätig Entscheidungen zu treffen. So werden aus Kindern und Jugendlichen selbstständige Persönlichkeiten, die sowohl in Teams als auch in Eigenverantwortung produktiv arbeiten können.

Informieren Sie sich über unsere aktuellen Angebote für Kindergärten und Schulen!

"die umweltberatung" NÖ, Tel.: 027 42/ 718 29, niederoesterreich@umweltberatung.at und auf
www.umweltberatung.at
www.umweltbildung.umweltberatung.at
Rechtsträger: Umweltschutzverein Bürger und Umwelt

Der Weg in den Wald

Verein Waldpädagogik Österreich

Glaube mir, denn ich habe es erfahren, du wirst
mehr in den Wäldern finden als in den Büchern.
Bäume und Steine werden dich lehren, was du
von keinem Lehrmeister hörst"

(Bernhard von Clairvaux, 11. Jahrhundert)

Waldpädagogik ist im deutschsprachigen Raum und zunehmend in weiten Teilen Europas ein äußerst erfolgreiches Konzept mit nachhaltigen Zielen.

Waldpädagogen im Realversuch: Wie lässt sich die Schutzwaldthematik kindgerecht erlebbar machen?

Waldpädagogik ist eine eindrucksvolle Form von Öffentlichkeitsarbeit für unseren Wald. Sie wendet sich vor allem an Kinder und Jugendliche als künftige Entscheidungsträger. Vielen Kindern in Österreich ist der heimische Wald – er bedeckt nahezu die Hälfte der Staatsfläche - fremd geworden. Sie verbringen wenig Zeit im Wald, kennen mehr Automarken als Pflanzennamen, haben Probleme mit Bewegung im Gelände und sind gegen das "Ernten von gesunden Bäumen".

Weil sich die Waldpädagogik in erster Linie an junge Menschen wendet, muss sie besonders sensibel eingesetzt werden und bedarf einer umfassenden Ausbildung für die einzelnen Waldpädagogen und Waldpädagoginnen. Der zu erwartende Wert dieser forstlichen Dienstleistung ist mit anderen Instrumenten kaum erreichbar und die Effekte sind durch die Ganzheitlichkeit der Aktionen sehr nachhaltig.

Waldpädagogik vermittelt konkrete Lebensinhalte: Forstwirtschaft zum Angreifen.

Förster Albert Botka, Geschäftsführer des Vereins Waldpädagogik in Österreich: „Unser Ziel ist es, jedes Kind in Österreich mit diesen eindrucksvollen Waldaktionen zu erreichen - und wir sind nicht mehr weit davon entfernt. Den Wert dieser erfolgreichen Umweltbildung für unsere Zukunft kann man gar nicht hoch genug einschätzen."

100.000 SchülerInnen in Österreich konnten im Vorjahr den Wald unter der Führung der forstlich ausgebildeten WaldpädagogInnen erleben. (Derzeit besuchen laut Schulstatistik des BMUK 05/06 in Österreich rund 650.000 Kinder die Pflichtschule, das sind rund 72.000 Kinder pro Pflichtschulstufe.) Dabei erfahren sie beispielsweise, dass Holz ein nachwachsender Rohstoff ist, sie erkennen das große ökologische Netzwerk, das Flora und Fauna im Wald zusammenhält und über Generationen reift, um immer wieder bereit zu stellen, was wir für unser Leben brauchen. Die Funktionen des Waldes werden spielerisch und fast „nebenbei" vermittelt. Diese Walderlebnisse werden auf ihre Weise zu ganz besonderen Momenten für Kinder.

In den vergangenen Jahren haben sich weitere Projekte entwickelt. Zum einen werden Führungen verstärkt im Erwachsenen- und Freizeit-Segment angeboten und nachgefragt, zum anderen engagieren sich waldpädagogische Teams im Bereich der Jugend-Waldarbeit. Hier werden, einem Beispiel aus der Schweiz folgend, Jugendliche mit der praktischen Arbeit im Wald aus dem Alltag geholt, sie lernen, wichtige und anspruchsvolle Arbeiten zu verrichten. Die Projekte reichen von der Arbeit im Jungwald bis zur Brennholzerzeugung und ermöglichen den für Jugendliche so wertvollen emotionalen Zugang zu einem Thema; erst dadurch kann eine Handlungsbereitschaft entstehen (Leuthold, 2008).

Das Thema Waldpädagogik füllt viele Fachbücher und doch lässt sich der Lerninhalt kaum fassen. Über die Vermittlung von reinem Waldwissen und Kenntnissen über die heimische Waldstruktur und Forstwirtschaft bietet die Waldpädagogik die Chance, Verständnis für die Umwelt zu wecken und Erkenntnis über die Vernetztheit unseres Ökosystems zu zeigen.

Viele weitere Aspekte fließen in eine waldpädagogische Führung ein, etwa die Schutzwald-Thematik, die Jagd oder die Bedürfnisse der Wildtiere und ihr Verhalten als Reaktion auf die Freizeitaktivitäten des Menschen. Dazu kommen Lerninhalte aus dem sozialen Bereich wie Gruppendynamik, Teamfähigkeit, Kommunikation oder das Training sensorischer Fähigkeiten, die vielleicht noch nicht geweckt wurden. Das Schmecken, Riechen, Hören und Fühlen des Waldes wird (wieder) zu einem Erlebnis.

Alle Inhalte werden mit der notwendigen Sensibilität an die Waldbesucher herangetragen und gemeinsam erarbeitet. Im Vordergrund der waldpädagogischen Führung steht nicht der Frontalunterricht, sondern das Prinzip des eigenen Walderlebens.

Bundesweite Strukturen in allen Bereichen - von der Werbung bis zur Finanzierung - zu sichern, aktuelle Inhalte zu kommunizieren, das Erkennen von Zukunftsthemen und die fachliche Begleitung sowie die Kommunikation nach außen (bei Messen wie der Interpädagogika und in zahlreichen Medien) sind Aufgaben des Vereins "Waldpädagogik in Österreich". Mit derzeit rund 500 Mitgliedern ist der Verein in Europa einzigartig. Er unterstützt die Arbeit der einzelnen Waldpädagogen und bietet über die Homepage www.waldpaedagogik.at umfassende Informationen und Services für ganz Österreich an. So, wie die Wälder unseres Landes wachsen, wächst auch der Kreis der WaldpädagogInnen und der begeisterten TeilnehmerInnen an den Waldführungen Jahr für Jahr. Wir freuen uns über jeden, der mit dabei ist.

Christoph Leuthold, Vortrag zur Waldpädagogik mit Jugendlichen,
Kongress Waldpädagogik in Österreich 2008

Clemens, 17,
Laa/Thaya

Wo bist du aufgewachsen?

Hier in Laa in unserem Reihenhaus. Meistens war ich mit den Nachbarkindern unterwegs, wir haben auf der Gasse gespielt, Ball gespielt, fangen gespielt. Weiter draußen haben wir unser Versteck gebaut und gespielt, damit wir uns ein bisschen abgrenzen von den anderen Kindern, damit wir unseren eigenen Bereich haben, wo wir ein bisschen allein sein können. Ansonsten haben wir Fußball gespielt, sind Radtouren gefahren, waren schwimmen am Mühlbach, lauter so Sachen.

Habt ihr einen Garten?

Ja, wir haben einen eigenen Garten, der ist mittelgroß. Früher hatten wir auch eine Schaukel drin stehen, aber meistens war ich mit den anderen Kindern außerhalb vom Garten. Mit meiner Schwester habe ich einmal mit einem Brett eine Brücke gebaut über einen Graben.

Was habt ihr draußen bei eurem Versteck gemacht?

Wir haben Erde ausgegraben und uns aus Holz etwas zusammengebaut, eine Art Hütte. Bis zum ersten Mal Schneien waren wir draußen, und wenn der Schnee weg war wieder. Wir sind auch mit den Rädern Runden gefahren um den Erdhaufen.

Hast du auch im Garten gespielt?

Als ich kleiner war, hatten wir Hasen, mit denen haben wir im Garten gespielt. Und wir sind ein bisschen herumgelaufen. Aber der Garten ist nicht sehr groß. Bei einem Freund von mir gibt es einen größeren Garten und dort gibt es auch einen Teich und eine Schaukel. Seine Mutter war meine Tagesmutter und da waren wir sehr viel im Garten, da waren wir die meiste Zeit draußen.

Habt ihr Gemüse daheim im Garten?

Nein, wir haben nur Erdbeeren und ein paar Kräuter im Garten, obwohl ich eigentlich eher der Gartenfanatiker bin und lieber mehr angebaut hätte. Aber mit dem kleinen Hund geht das jetzt nicht, der gräbt sonst alles aus. Aber die Oma hat einen eigenen Garten und baut eigentlich relativ viel an. Manchmal helfe ich ihr dabei.

Was interessiert dich daran?

Ich war früher schon und auch jetzt noch ein kleiner Biologe und haben immer Sachen angebaut. Ich habe auch fünf Zimmerpflanzen, um die ich mich kümmere. Es ist interessant, wenn etwas wächst. Ich habe auch einen Bonsai, aber der ist schwieriger zu pflegen.

Was interessiert dich an der Natur?

Die Idylle, die Ruhe, wenn man sich von der Stadt abgrenzen kann. Da gibt es nicht so viele Leute, nicht so viele Autos, es ist ruhiger, das gefällt mir an der Natur.

Kennst du dich auch mit Wildpflanzen aus?

Nicht so viel. Gewisse Beeren kenne ich schon, aber sonst nicht so viel. Bei uns gibt es hauptsächlich Felder, nicht so viel Wildnis oder Wald.

Verbringst du jetzt auch noch Zeit draußen?

Ja, es gibt draußen einen Kirschenbaum, da sitzen wir oft oben, da ist es auch ziemlich ruhig, da kommen in einer Stunde vielleicht zwei Autos vorbei.

Was ist dir wichtig an der Natur?

Das Wegsein von der Stadt, die Ruhe, dass man in sich kehren kann, dass man Zeit findet.

Unterscheidest du dich diesbezüglich von Gleichaltrigen?

Ja, ich gehe viel weniger weg. Die meisten sitzen viel in Lokalen und meistens am Abend. Wenn wir uns treffen, dann meistens schon am Nachmittag, und dann gehen wir hinaus und sind draußen.

Hast du das von deinen Eltern?

Ja, meine Eltern gehen auch gern Wandern und deshalb habe ich das auch gemacht und habe auch mit dem Klettern angefangen, und so habe ich zur Natur gefunden und habe gedacht, das ist schöner, als in der Stadt zwischen den Häusern herumzulaufen.

Glaubst du, dass deine Großeltern mehr Natur hatten als du heute?

Ich glaube schon, dass sie mehr an Natur interessiert waren oder mehr draußen waren. Heute sitzen die Kinder vorm Fernseher, das haben meine Großeltern nicht gehabt, und deshalb, glaube ich, waren sie mehr draußen.

Gibt es etwas, worum du deine Großeltern beneidest?

Ja, früher haben sich die Kinder alle gekannt, das kann man bei uns jetzt nicht mehr behaupten, da kennt man gerade seinen Freundeskreis und sonst niemanden. Früher sind alle zum Spielen zusammengekommen. Heute gibt es lauter verschiedene Gruppen, lauter Abgrenzungen.

Was bedeutet Natur für dich? Ist es dir wichtig, dass sie erhalten bleibt?

Auf jeden Fall. Man sollte nicht alles zubauen, sonst hat man gar nichts mehr, wo man sich zurückziehen kann, so wie ich es mache. Andererseits ist die Natur auch dafür da, dass gewisse Stoffe abgebaut werden, zum Beispiel die Photosynthese zum Abbau von CO_2. Ohne Natur ist das nicht möglich, und ohne Natur ist das Existieren auf der Erde nicht wirklich möglich.

Muss Natur schön sein?

Das ist nicht so wichtig, wichtiger ist, wo sie liegt. Wenn es zum Beispiel schön ist und neben der Autobahn, hat man nichts davon. Besser ist, wenn es ein bisschen weg ist von der modernen Technik, wenn man so sagen kann.

Bildung am Puls der Jugendarbeit

wienXtra-institut für freizeitpädagogik

Das wienXtra-institut für freizeitpädagogik (ifp) ist eine erfrischende „Weiterbildungsoase" im Bereich Jugendarbeit -- Freizeitpädagogik – soziokulturelle Animation in Wien. In vielfältigen Seminaren werden Grundlagen, Inhalte und Methoden für die Leitung von Jugendgruppen, Freizeiteinrichtungen und für die Durchführung von Freizeitaktivitäten vermittelt. Natur- und Erlebnispädagogik ist ein wichtiger Bestandteil unseres Bildungsangebotes. Den Kern der ifp-Aktivitäten bilden neben den Veranstaltungen des offenen Bildungsprogramms verschiedene Lehrgänge: Neben den „Klassikern" wie dem Grundkurs bzw. Aufbaulehrgang für Jugendarbeit veranstalten wir aktuelle Speziallehrgänge, wozu u.a der Lehrgang für Spielpädagogik zählt.

Unser Angebot richtet sich insbesondere an JugendleiterInnen, Freizeit- und Outdoor-PädagogInnen, Jugendzentrums-MitarbeiterInnen, StreetworkerInnen, SozialpädagogInnen sowie SozialarbeiterInnen, steht aber natürlich – sowie auch unsere Fachbibliothek – allen Interessierten jederzeit offen.

Von der Umwelterziehung zur erlebnisorientierten Naturerfahrung

Der Wandel von klassischer Umwelterziehung zur erlebnisorientierten Öko- und Naturpädagogik (vgl. Kalff 2001) ist – vor allem im außerschulischen Bereich – nicht mehr zu übersehen. Umweltbildung wird dabei in einem weiteren Sinne als „Bildung für Nachhaltigkeit" verstanden. Der globale Ansatz dieses Konzepts bietet viele Anknüpfungspunkte für Theorie und Praxis der Freizeitpädagogik und soziokulturellen Animation. Das ifp trägt der Entwicklung Rechnung und begrüßt diesen Brückenschlag, der bereits in verschiedenen Publikationen dokumentiert wurde (vgl. exemplarisch Kreuzinger/Meister 2003). Didaktisch bedeutet dieses Verständnis die Abkehr von reiner Wissensvermittlung hin zu einer von methodischer Innovation getragenen Bewusstseinserweiterung. Erwachsenenbildung und Umwelt-

bildung finden sich so in einem wechselseitigen Verhältnis wieder. Darauf aufbauend reicht die inhaltliche Bandbreite unserer Seminare von der gemeinsamen Reflexion des Umweltbewusstseins von Kindern und Jugendlichen bis hin zu naturpädagogischen Spielen und Aktionen in verschiedenen Erlebnisräumen. Durch die Umlegung des klassischen (Methoden-)Repertoires (z.B. im Bereich „soziales Lernen in Gruppen") auf die Umweltbildung trägt das ifp zur Stärkung des „Umweltbewusstseins" und der Aneignungskompetenz bei und untermauert damit auch die große Bedeutung informeller Lernprozesse von Kindern und Jugendlichen.

Dass dem so ist, davon können sich Kinder und Familien bei den zahlreichen Veranstaltungen des wienXtra-Kinderaktionsteams überzeugen (sh. dazu im Detail www.familientage.at oder www.ferienspiel.at). So steht der „Wald der jungen WienerInnen" stellvertretend für viele weitere naturnahe Angebote, die von den wienXtra-ExpertInnen – in Kooperation mit Partnerorganisationen wie der MA49-Forstamt oder dem Verein Umweltspürnasen – angeboten werden.

Literatur:

Kalff u.a. (2001): Handbuch zur Natur- und Umweltpädagogik. Theoretische Grundlegung und praktische Anleitungen für ein tieferes Mitweltverständni., Günter Albert Ulmer Verlag, Tuningen.

Kreuzinger, Steffi/Meister, Kathrin (2003): Feuerzauber und Weltenreise: Eine Welt für Kinder. 40 Bausteine für Globales Lernen. Bildung für Nachhaltigkeit in Spiel- und Kulturprojekten. Prokon Verlag.

Kontakt und weitere Informationen
wienXtra-institut für freizeitpädagogik
Albertgasse 35/II
1080 Wien
01/4000-83415
ifp@wienXtra.at
www.ifp.at

Wege ins Freie

Kinder-Jugend- und Familienarbeit im Österreichischen Alpenverein

Dipl. Biol. Sybille Kalas

Dem Österreichischen Alpenverein ist Kinder- Jugend- und Familienarbeit ein großes Anliegen. Das Freizeit-Angebot erstreckt sich vom „Langzeit-Projekt" der Jugendarbeit in den Sektionen bis zu den Ferienprogrammen „Freunde treffen" und „Bergferien" für Kinder, Jugendliche und Familien. Menschen mit Handicap sind selbstverständlich willkommen. Es ist uns ein besonderes Anliegen, ihnen möglichst selbstbestimmte Wege in Naturräume zu eröffnen. Bei Umweltbaustellen (z.B.: Eine Ferienwoche für die Natur arbeiten, unentgeltlich einen Umweltschaden beheben oder der Natur mit einem konstruktiven Beitrag helfen) und im Bergwaldprojekt legen Menschen jeden Alters engagiert Hand an im und für den Lebensraum Natur.

Ausbildungen wie „risk'n'fun" für die „Freeride-Division" oder der JuniorCup für die Kletter-Szene der Alpenvereinsjugend decken neben vielen anderen Ausbildungsmöglichkeiten die bergsportliche Seite ab.

Im Rahmen der SPOT-Seminare gibt es Ausbildungen für alle, die gerne kompetent und professionell mit Kindern und Jugendlichen unterwegs sind; zum Lehrgang „Mit Kindern unterwegs" sind auch Kinder mit eingeladen, damit wir nicht in der Theorie stecken bleiben! !SPOT experience" ist ein Angebot für SchülerInnen und ihre LehrerInnen, die ihre Klassenfahrten einmal anders gestalten und vielleicht auch an ihrem „Teamgeist" arbeiten wollen. Beim „Spot Praktikum" können junge Menschen als PraktikantInnen in Sektionen des Alpenvereins oder bei Camps und Umweltbaustellen mitarbeiten.

Allen Angeboten liegen Leitbilder zu Grunde, die wir auf der Basis unserer vielschichtigen Praxis-Erfahrungen und entsprechend unserem Engagement für Menschen jeden Alters und ihren Lebensraum Natur entwickelt haben.

Das Positionspapier „Naturbeziehung"

macht deutlich, wie wir Menschen im (natürlichen) Lebensraum sehen:

▬ Wir verstehen den Menschen als Teil der Natur, der mit der ihn umgebenden Mitwelt in Beziehung tritt. Diese Beziehung ist genau wie soziale Beziehungen emotional. Beziehungen zum natürlichen Lebensraum ermöglichen dessen Nutzung als Biotop und Psychotop (Brämer).

▬ Zugänge zu Naturräumen können von verschiedenen Ausgangspunkten aus gefunden werden (Neugierde, Sport...). Wir wollen Menschen Zugänge zu ihren natürlichen Lebensräumen öffnen und Gelegenheit geben, ihre Haltung gegenüber diesen Räumen als Konsequenz ihrer Erfahrungen und ihres individuellen Erlebens zu beurteilen und für ihre eigene Lebenswirklichkeit zu bewerten.

▬ Wir halten es für wichtig, Menschen „den Boden unter den Füßen" fühlen zu lassen. Sie sollen ein realistisches Bild der Mitwelt und damit unserer Lebensgrundlagen (unserer eigenen Ökologie) entwerfen dürfen und in der Folge ökologisch verantwortungsvoll handeln. Wir stehen zu einer nachhaltigen Nutzung des Lebensraumes auf verschiedenen Ebenen (Nutzungsvielfalt).

Das Positionspapier zu Familienarbeit und der Arbeit mit Kindern

macht unsere Einschätzung des sozialen Systems „Familie" deutlich und zeigt Grundsätze unserer Praxis in der Kinder- und Jugendarbeit auf:

▬ Wir wollen Eltern und andere Erwachsene auf Augenhöhe mit Kindern bringen. Wir sehen die Familie (oder entsprechende Langzeit-Sozial-Strukturen) als Generationen-übergreifendes Erfahrungsfeld für Kinder und Jugendliche.

▬ Kinder brauchen Gelegenheiten, aus dieser Geborgenheit heraus Erfahrungen mit dem eigenen Körper und den umgebenden

(Natur)Räumen zu sammeln. Mütter, Väter, Großeltern und andere Familienmitglieder sollen vielfältige Kompetenzen auf jenen Gebieten vertiefen
und erwerben, die ihre Kinder interessieren. Dazu
gehört z.B. das Wahrnehmen und interessierte,
partizipative Beantworten von Kinderfragen, aber
auch das Gewähren von Freiraum für eigene Ent-
deckungen und Erfahrungen. Kinder sollen Herausforderungen annehmen dürfen, Grenzen erreichen und eigenverantwortlich ausloten dürfen.
Sie haben ein Recht auf gestaltbare Plätze für sich
allein außerhalb der offensichtlichen Kontrolle
durch Erwachsene. Das zeitlose Versunken-Sein
im Hier und Jetzt ist eine große kindliche Kompetenz. Sie erfährt Förderung in Naturräumen. Aus
dem kindlichen emotionalen Zugang kann sich
ein respektvoller, eigenverantwortlicher Umgang
mit den Ressourcen der Lebensräume entwickeln.
KinderbegleiterInnen sollen die Angebote der Lebensräume nützen und die Balance zwischen In-
szenierung und der Haltung „die Natur spricht für
sich selbst" finden.

In unserem Handlungsfeld „Natur" im sozialen Rahmen sowohl der Familie als generationenübergreifende Gruppe als auch in Peer Groups wollen wir einen Beitrag leisten zur Begleitung junger Menschen in ein selbstbestimmtes, verantwortliches, engagiertes Leben mit positiver Grundhaltung. Dazu gehört auch die Bereitschaft zu Risiko, das Bewusstmachen von Grenzen und die Erweiterung von Handlungsräumen (Risiko-Manifest des OeAV). Pädagogik darf sich nicht darauf zurückziehen, junge Menschen vor den Fährnissen des Lebens zu bewahren, sie muss dazu beitragen, dass sie sich bewähren können - also Bewähr- statt Bewahr-Pädagogik! Wir anerkennen Risikoverhalten als unverzichtbar und entwicklungsnotwendig und als Handlungsmotiv. In diesem Sinne sehen wir vor allem die Langzeit-BegleiterInnen ins Leben als MentorInnen für Kinder und Jugendliche, nicht als Er-Zieherinnen zur Anpassung an fremdbestimmte Ziele.

Information und Kontakt

www.alpenvereinsjugend.at

www.freunde-treffen.at

www.spot-seminare.at

www.spot-experience.at

www.spot-praktikum.at

www.risk-fun.com

www.alpenverein.at/jugend/Ausbildung/SpotSeminare/Ueberuns/0500_Standortbestimmung_Leitbild.shtml

www.alpenverein.at/Jugend/Ausbildung/SpotSeminare/Ueberuns/downloads/ Risiko-Manifest_Oeav.pdf

Herbert, 77, Perchtoldsdorf
Großvater von Paul

Ich bin in Oberösterreich, in Schwertberg aufgewachsen und zwar in einer Fabrik. Das war in einem Tal, alles Natur rundherum, ein Fluss daneben, wir waren immer unterwegs im Hof oder im Wasser.

Es waren einige Kinder dort im Haus, wir haben Spaß gehabt. Wir haben Verstecken gespielt in der ganzen Fabrik und solche Sachen. Der Fluss war gut zum Schwimmen. Er hatte selten über 18 Grad, aber das hat mir damals nichts ausgemacht. Es gab Schotter und Steine, an manchen Stellen war er aufgestaut, da konnte man gut schwimmen. Ich habe immer Flöße gebaut. Holz und Nägel hat man in der Fabrik bekommen, das war kein Problem.

Das war ein Tal, links und rechts gab es Hänge, die waren bewaldet. Es gab Bauernhöfe, Schwammerl hat es gegeben, das war halt reine Natur.

Das Rad war das Verkehrsmittel. Ich bin gern Rad gefahren, aber als Sport hat man das nicht aufgefasst.

Als ich dann studiert habe, musste ich in Wien wohnen, das hat mir nicht gefallen. Das Eingesperrtsein und nicht Hinauskönnen, das hat mir nie zugesagt.

Was hat die Natur in der Kindheit für Sie bedeutet?

Das ist schwer zu sagen. Das war alles eine Selbstverständlichkeit. Man hat das aufgenommen, dass es schöne Pflanzen und schöne Blumen gibt, das Wasser war überhaupt etwas Faszinierendes, aber es war nicht so, dass man das bewusst empfunden hat. Es war einfach da. Eigentlich konnte man sich etwas Anderes gar nicht vorstellen.

Wir hatten keine Computerspiele und kein Handy, Fernsehen auch nicht, das gab es damals alles noch nicht. Radio hat es schon gegeben. Es ist in Ordnung, wenn Kinder das heute machen, aber ich finde es schade, wenn sie es zu viel machen und damit so viel Zeit vertrödeln. Wenn man viel in der Natur ist, lernt man eine andere Einstellung, als wenn man es von der Konserve bekommt. Wir sind auch viel gelaufen als Kinder, und das bleibt einem wahrscheinlich ein ganzes Leben lang.

Mit dem Opa gehe ich manchmal Schwammerl suchen.
Parasole kenne ich, Herrenpilze und Eierschwammerl.

Paul, 9, Perchtoldsdorf
Enkel von Herbert

da haben wir Spiele gespielt,
Lagerfeuer gemacht und so
Sachen. Es gibt auch ein Biotop
und einen kleinen Bach, da haben
wir einen Staudamm gebaut.
  Mit dem Opa gehe ich
manchmal Schwammerl suchen.
Parasole kenne ich, Herrenpilze
und Eierschwammerl.
  Ich spiele meistens auf der
Straße, da dürfen keine Autos
fahren. Bei einem Freund
können wir im Garten Fußball
spielen und bei einem gibt es ein
Schwimmbecken.
  Ich hatte einmal einen Fisch
aus dem Bach, den habe ich in ein
kleines Aquarium gegeben, aber
da ist er gestorben. Jetzt habe ich
Neonfische, Kugelfische und einen

**Was machst du am Nachmittag
nach der Schule?**
  Dann mache ich die
Hausaufgabe und dann spiele
ich mit meinen Freunden und
vielleicht schaue ich am Abend ein
bisschen fern, maximal eine halbe
Stunde.
  Meistens tun wir draußen
Fußball spielen oder Tennis oder
mit den Rädern herumfahren.
Manchmal bin ich im Wald, in den
Ferien öfter. Diese Woche war ich
beim Tippi vom Waldkindergarten,

Panzerwels.
  Wenn ich zwei oder drei Tage
nicht rausgehen kann, weil ich
krank bin oder weil das Wetter
schlecht ist, dann stört mich das
schon.

Was fehlt dir dann?
  Die Freunde und der Platz.

Die Erlebnis- und Bildungswerkstatt

zur Begegnung mit Garten, Wald und Landwirtschaft.

Schnuppern von Kräutern,
freche Ferkel und sanfte Kühe beobachten,
Schafwolle erfühlen,
biologische Schmankerl verkosten,
Bäume ertasten,
Blumen bewundern...

All das und noch viel mehr kann hautnah im bio erlebnis norbertinum in Tullnerbach mitten im Wienerwald erlebt und erlernt werden. Lehrmeister sind Kühe, Schweine, Schafe, Ziegen, Hühner und 17 Hektar mit Wiesen, Feldern, Wald und Garten. Es gibt spezielle Programme für Kindergärten und Schulen, Seminare für Erwachsene, Feste, Familiennachmittage oder Kindergeburtstage.

Schule am Bauernhof Angebot für Kinder, Jugendliche und MultiplikatorInnen
Erlebnisführungen im bio erlebnis norbertinum
Unter dem Motto: „Erleben und begreifen mit allen Sinnen" bieten wir zweistündige Erlebnisführungen zu unterschiedlichen Themenschwerpunkten an. Entsprechend dem jeweiligen Alter werden Kinder und Jugendliche an das Leben in und mit der Natur durch fachkundige BegleiterInnen herangeführt.
Termine: nach Vereinbarung
Ort: bio erlebnis norbertinum, Tullnerbach, **Dauer:** 2 Stunden,
Zielgruppe: Kindergärten, Volksschulen, Hauptschulen, Unter- und Oberstufen sowie Schülerhorte und Jugendgruppen, **Kosten:** auf Anfrage

Folgende Erlebnisführungen werden angeboten:
Bio-Bauernhof und Tiere
Was ist biologische Landwirtschaft? Wie leben die Tiere am Bauernhof, welches Futter, welche Pflege brauchen sie? Woher kommt unsere Nahrung? Mit welchen Maschinen wird ein Acker bewirtschaftet? Lehrreiche Antworten bekommen Sie bei dieser Exkursion.

Alles in Butter
Woher kommt die Milch und was kann man aus ihr alles machen? Wie Rinder, Schafe und Ziegen leben und wie die verschiedenen Milchprodukte hergestellt werden, erfahren die TeilnehmerInnen bei dieser Führung. Zum Abschluss wird Butter selbst hergestellt und verkostet.

Vom Acker zum Bäcker

Getreideprodukte wie Mehl und Brot bilden seit alters her die Nahrungsgrundlage des Menschen. Arbeitswege in der Ackerwirtschaft werden erkennbar, die Verarbeitung des Getreides nachvollziehbar gemacht. Dazu gibt es Ratespiele und Tipps zum Erkennen von Roggen, Dinkel, Urkorn und Co. Auch Weckerl backen gehört natürlich dazu.

Abenteuer Wald

Welche Tiere und Pflanzen leben im Wald? Warum ist der Wald so wichtig? Was bedeutet Waldbewirtschaftung? Naturpädagogische Aktionen unterstreichen die Bedeutung des Waldes. Der Wald wird mit allen Sinnen erkundet – hören, fühlen und spielen!

Garten-Erlebnis-Welt

Erde, Licht, Luft, Wasser, Pflanzen und Kleinlebewesen sind die Basis der Kreisläufe in der Natur...
Wie sieht Salat aus, wenn er blüht? Was ist eine Mischkultur? Warum lieben Pflanzen Kompost und welche Tiere leben im Boden? Es darf in eigenen Übungsbeeten gepflanzt, geerntet und verkostet werden.

Das Gartenjahr im Suppentopf - Jahreszeitenküche

Die Jahreszeitenküche bietet den Kindern besondere Möglichkeiten, einfache, gesunde und lustige Gerichte selbst zuzubereiten.
Welches Gemüse hat gerade Saison? Was darf im bäuerlichen Garten nicht fehlen? Vom Erdapfel bis zum Zitronenthymian – schmecken, naschen und verkochen!

Angebote für Familien und Kinder

Tag der offenen Tür

Das bio erlebnis norbertinum präsentiert sich an diesem Tag von seiner vielfältigsten Seite – für Sie eine gute Gelegenheit, unsere Aktivitäten und Programme kennen zu lernen (Bauernhofführung, Gartenführung, Kinderprogramm, Jungpflanzenverkauf, biologische Schmankerl,...). Das Fest wird in Kooperation mit der Landwirtschaftlichen Fachschule Norbertinum veranstaltet.
Termin: Der Tag der offenen Tür findet in der Regel jeweils am 1. Mai statt,
Kosten: Eintritt frei

Familiennachmittage

Führungen am bio erlebnis Bauernhof für die gesamte Familie
Ferkeln beim Wühlen in der Wiese zuschauen, Kälber in Mutterkuhhaltung beobachten, Schafe streicheln oder Kräuter kosten, Wissenswertes über alte Obst- und Gemüsesorten erfahren. Die Seele in der Natur baumeln lassen und dabei Kaffee und Kuchen auf der Sonnenterrasse genießen – die Familiennachmittage mit Erlebnisfüh-

rung durch den Bio-Bauernhof geben Erwachsenen und Kindern die Möglichkeit, einen unbeschwerten Nachmittag in der Natur zu verbringen.

Termine: von Mai bis Oktober jeden letzten Samstagnachmittag im Monat ab 14:00 Uhr, Führung um 15:00 Uhr, Kosten für die Führung: auf Anfrage

Ferienbetreuung 2008

Die Betreuungsaktion begeistert Kinder zwischen 7 und 12 Jahren, die auf dem Gelände des bio erlebnis norbertinum eine abenteuerreiche Woche in der Natur und mit den Tieren des Bio-Bauernhofes verbringen.

Jeder Tag steht unter einem anderen Motto. Die Kinder entdecken und erkunden gemeinsam mit geschulten BetreuerInnen das Leben rund um den Bio - Bauernhof.

Zielgruppe: Kinder von 7 - 12 Jahren, Termine & Kosten: auf Anfrage

Kindergeburtstag am Bio-Bauernhof

Geburtstag feiern mit FreundInnen und unseren Bauernhoftieren!

Unser Angebot beinhaltet eine Erkundung des Bauernhofs – Tiere kennen lernen, streicheln und füttern; eine Rätselralley am Bauernhof, eine Bio-Jause (Grillwürstel mit Gebäck oder selbst belegte Pizza), Getränke, Spielmaterialien und natürlich ein kleines Geschenk für das Geburtstagskind.

Gerne vereinbaren wir auf Wunsch auch Programme im Schaugarten oder im Abenteuer-Wald z.B. mit einer Jause beim Lagerfeuer.

Termine: nach Vereinbarung, Dauer: 3 Stunden, Zielgruppe: Kinder von 4 - 14 Jahren, Kosten: auf Anfrage

Und außerdem im Angebot am Standort Tullnerbach

Naturspielplatz   Der Naturspielplatz liegt direkt am Gelände des bio erlebnis Bauernhofs. Hier können Kinder nach Herzenslust graben, bauen, spielen und selbst kreativ werden. Strauchverstecke, Laufhügel, Wasserspiele und Baumstämme laden die Kinder zum Balancieren und Spielen ein.

Tiere – unsere Helfer Zahlreiche Studien beweisen, dass durch den Kontakt zu Tieren dem Menschen auf unterschiedliche Art und Weise geholfen werden kann. Tiere vermitteln oftmals das Gefühl von Sicherheit, Geborgenheit und Zuneigung.
Soziale Kompetenzen, die Steigerung der Motivation, Lern- und Reaktionsfähigkeit wie auch die Verbesserung der Motorik können durch den gezielten Kontakt mit Tieren erreicht werden.
Termine: nach Vereinbarung

Seminarhaus & Erlebnisscheune Sie können unsere Räumlichkeiten auch für Seminare, Meetings, Vernissagen, private Feste oder Events mieten – das Seminarhaus und die Erlebnisscheune bieten ein stimmungsvolles Ambiente in wunderschöner Lage mitten im Wienerwald.
Kosten: nach Vereinbarung

„Natur im Garten"-Schaugarten Der terrassenförmig angelegte Schaugarten steht ganz im Zeichen des Bio-Gartenbaus. Zu erleben gibt es einen regionaltypischen Bauerngarten, ein Raritäten-Schaufenster mit alten Gemüsesorten, einen Schaubereich für Kompost- und Milchwirtschaft und vieles mehr. Schautafeln im Garten helfen bei Erkundungen auf eigene Faust.
Öffnungszeiten: 1. Mai – 31. Oktober, Führungen nach Vereinbarung

Hofladen Es erwartet Sie ein umfassendes Sortiment an Biowaren wie köstliche Milchprodukte von Kuh, Schaf und Ziege oder vollwertige Teigwaren, Gemüse und Obst, natürliche Säfte, Gewürze, hochwertige Öle und Fleisch- und Wurstwaren. Außerdem gibt es Naturkosmetik, biologisch abbaubare Wasch- und Reinigungsmittel sowie Bücher und Geschenkkörbe für jeden Anlass. Wir freuen uns auf Ihren Besuch!

Öffnungszeiten: MO – DI jeweils von 9:00 – 12:00 Uhr, FR von 9:00 – 19:00 Uhr, SA von 9:00 – 14:00 Uhr und nach Bedarf für angemeldete Gruppen

Anmeldung und Information
bio erlebnis norbertinum

bio erlebnis norbertinum, Norbertinumstrasse 9, 3013 Tullnerbach
Tel.: 02233/54561, office@bioerlebnis.at, www.bioerlebnis.at

bio erlebnis norbertinum

25 Jahre Umweltspürnasen

Der Verein Umweltspürnasen wurde 1983 gegründet, ermöglicht durch eine bis heute anhaltende Zusammenarbeit mit dem Umweltministerium. Es war ein Meilenstein in dem damals in Österreich noch kaum bekannten Metiers der „Umwelterziehung" oder „Ökopädagogik". Die Anregung kam von Lesern des Kindermagazins Wunderwelt, das seinen Lesern damals schon Umweltberichte und Experimente wie Luft und-Wassertests anbot, und von den jungen Redakteuren der Fernsehsendung „Baustelle", dem ersten Umweltmagazin von und mit 8- bis 14-Jährigen des Österreichischen Rundfunks ORF. Die Kinder wünschten sich Begegnungen mit der Natur, sie wollten sie beobachten und experimentieren, eigenständig entdecken, nicht allein, sondern in der Gruppe, weil das mehr Freude macht. Die Abenteueraktionen führten an den Tümpel, in Wald und Moor, zu den Libellen, den Bibern und den Sumpfschildkröten.

Zwei Konrad-Lorenz-Preisträger – die Journalistin Ingrid Greisenegger und der Ökologe Werner Katzmann – haben die Bewegung gemeinsam mit der Journalistin Renate Marschalek ins Leben gerufen. Damals kamen erstmals bekannte Wissenschaftler aus dem Hörsaal und dem Labor, um mit den Nachwuchsforschern aus der Grundschule zum „Tümpeln" ins Wasser zu steigen. Das Programm wurde laufend aktualisiert, doch dem Prinzip ist der Verein bis heute treu geblieben: Qualifizierte und hoch engagierte junge Biologen und Landschaftsplaner begleiten Kinder in die Natur. Viele haben neben oder nach ihrer Tätigkeit als Gruppenleiter in der Umweltbewegung Karriere gemacht.

Individuelle Naturerfahrung war in der Gründerzeit Mangelware und ist es bis heute, obwohl inzwischen auch andere Organisationen dem konsequenten Programm der Umweltspürnasen gefolgt sind. Die sieben Umweltspürnasen-Bücher wurden 175.000 Mal verkauft. Sie sind zu Klassikern der Umwelterziehung geworden und haben der Idee zu Breitenwirksamkeit verholfen. Kinder sind neugierig und lassen sich begeistern. Eine schöne Eigenschaft, die später oft verloren geht. Die Umweltspürnasen gaben und geben Kindern die Gelegenheit, diese Fähigkeit mit Freude auszuleben.

Wissenschaftlich kompetent begleitet lassen sich ökologische Zusammenhänge leicht begreifen, Kinder können Artenvielfalt erfassen und die Bedeutung des Mikrokosmos für ein globales Ganzes verstehen. Dabei steht nicht die Vermittlung von ökologischem Faktenwissen im Vordergrund – das sammelt sich wie von selbst an – sondern das emotionale Naturerleben. Man trifft sich dazu in Kleingruppen, im Idealfall über Monate oder Jahre hinweg. Und so werden Kinder oft zu Lehrmeistern ihrer Eltern in Umweltfragen.

Programm-Angebot

1. **Vereinsinterne Veranstaltungen für Mitglieder**
Jahresbeitrag: 26 Euro

Kindergruppen: 6- bis 14-Jährige werden in kleinen Gruppen von maximal 15 TeilnehmerInnen von unseren ÖkopädagogInnen betreut. Pro Jahr sind 8 Aktionsführungen an Wochenenden während der Schulsaison vorgesehen.

Jugendgruppen: Jugendlichen ab 13 Jahren steht ein spezielles Aktionsangebot zur Verfügung.

Ferien-Camps: Intensive Biotoperkundung im Rahmen eines gemeinsamen Ferienlagers. 8- bis 16-Jährige können auf spielerische Weise der Natur begegnen oder sich mit verschiedenen Arbeitsmethoden der Biologie und anderer Naturwissenschaften vertraut machen.

2. **Programme, die auch von Nichtmitgliedern gebucht werden können**
Familienaktionstage: Über wienXtra – MA13 werden für Kinder und Eltern Naturexkursionen in unterschiedliche Lebensräume angeboten (Auwald, Tümpel, Bach oder Wiese), wobei man gemeinsam bestimmte Aufgaben zu lösen hat.

Aktionsveranstaltungen für das Wiener Ferienspiel

Eventservice: Von Institutionen oder Firmen für einen besonderen Anlass abrufbare, individuell abgestimmte Naturerlebnistage oder Seminare für Erwachsene und/oder Kinder.

2. **Schulservice**

Unsere ökopädagogischen Aktionen werden mit Förderung des Umweltbildungs-Fonds und des Landes Niederösterreich Abteilung RU3 für alle Schultypen durchgeführt.

Freilandveranstaltungen: Zu den Themen Wienerwald, Au, Auwald, Föhrenwald, Fließgewässer, Stillgewässer, Wasservögel, Mähwiese, Trockenrasen, Magerwiese, Stadtökologie.

Indoor-Veranstaltungen: Blick in den Mikrokosmos, Wasser ist Leben.

Manuel, 13, Gföhl
Bruder von Sarah

Die ersten vier oder fünf Jahre haben wir in Wien gewohnt, da gab es nur einen ganz kleinen gepflasterten Hof. Hier gefällt es mir besser, das ist ganz klar. Die Gegend ist super, es gibt viel Natur, unser Teich ist super und es ist einfach ein Haus etwas ganz Anderes als eine Wohnung. Man hat mehr Platz, die Nachbarn sind netter. In Wien ist alles sehr eng.

Ich spiele Fußball, wir sind im Teich im Sommer, mit meiner Schwester springe ich Trampolin oder wir spielen Federball, solche Sachen. Weiter weg gehe ich nur, wenn ich mit dem Papa Laufen gehe.

Oft sitze ich auf der Terasse zum Lernen oder Aufgabe machen. Es ist gemütlicher und ich kann mich besser konzentrieren, wenn ich in die Gegend schauen kann. Man kann sich auch viel besser entspannen.

Wenn wir im Frühling Blumen anbauen, helfe ich meistens. Wenn der Papa etwas am Haus arbeitet,

helfe ich auch, und manchmal mähe ich den Rasen, das macht Spaß.

Beim Gemüse weiß ich schon, was was ist. Übermäßig interessiert es mich nicht, aber es ist schon gut, wenn man das weiß. Wir gehen auch Schwammerl suchen, aber in den vergangenen zwei Jahren haben wir nicht viel gefunden. Beim Parasol weiß ich, worauf man schauen muss, dass man nicht etwas Falsches erwischt, und Eierschwammerl kenne ich.

Natur ist voll super zum Draußensein und zum Spielen, sehr entspannend, wenn man zum Beispiel heraußen im Zelt ist und es zirpt.

Ich denke, dass die Leute früher sehr viel arbeiten mussten, weil die meisten auf Bauernhöfen gelebt haben. Und sie hatten nicht so viele technische Sachen und mussten sich deshalb selbst beschäftigen und haben draußen etwas gemacht.

Gemeinnütziger Verein Umweltspürnasen Club

Geschäftsführer: Dr. Gerhard Desbalmes

Vorstand: Dr. Ulrike Goldschmid, Biologin. Univ. Prof. Roland Albert, Ökologe. Gabriele Schwammer, Zoopädagogin

Förderer: Bundesministerium für Land-und Forstwirtschaft. Stadt Wien MA22-Umweltschutz. Land Niederösterreich Abteilung RU3-Umweltwirtschaft und Raumordnungsförderung. Kooperation mit Stadt Wien MA45-Wasserbau

Adresse: 1060 Mariahilferstraße 89
Internet: www.umweltspuernasen.at
e-Mail: umweltspuernasen@chello.at
Telefon und Fax: 01/5811150

Sarah, 11, Gföhl
Schwester von
Manuel

Ich bin oft draußen und spiele mit meinen Tieren. Wir haben zwei Katzen, zwei Meerschweinchen und zwei Hasen. Sonst gehe ich Rad fahren, Tennis spielen tu ich auch. Meistens bin ich im Garten und tu Trampolin springen oder im Teich baden oder Fußball spielen.

Wir haben ein paar Beete, aber da ist gerade viel Unkraut drin. Und wir haben einen Kirschenbaum, der gehört mir, und einen Zwetschkenbaum und andere Obstbäume. Manchmal tu ich Kirschen pflücken und manchmal tu ich aus dem Teich die Algen herausfischen.

Im Teich haben wir Kröten und einen Molch oder zwei. Und wir haben auch kleine Fische, weil der Papa einmal unten vom Teich Pflanzen mitgenommen hat und da waren die Fischeier oben und jetzt werden wir die Fische nicht mehr los.

Meistens sind wir im Garten,

weil da unten ist ein Park und der, dem das gehört, der mag das nicht so, wenn man da herumrennt und etwas spielt.

In Wien haben wir nur eine Terasse gehabt und das hat mir gar nicht gefallen mit den ganzen Autos und Abgasen. Man kann auch nicht einfach herumlaufen und es sind überall so viele Leute.

Meine Großeltern waren ärmer und haben nicht so viele Sachen bekommen, aber sie haben mehr spielen können, weil noch mehr Flächen waren und nicht so viele Autos und Abgase.

Ist es besser, wenn man draußen spielt?

Ich glaube schon. Mein Bruder sitzt in letzter Zeit immer beim Computer, außer wenn es ganz heiß ist, und wenn es den Computer nicht gäbe, könnten wir gemeinsam Fangen spielen oder irgendwas, alleine geht das ja schwer.

Zuerst im Garten schauen und erst dann hinein die Arbeit im Haus machen.

Hilde, 70, Sollenau

In den Ferien war ich immer bei meinen Großeltern in Furth, das war für mich die schönste Zeit. Wir sind hier auch im Freien aufgewachsen, aber dort sind meine Großeltern zu den Bauern helfen gegangen und wir haben auch mitgeholfen und haben von den Bauern das gute Essen gehabt.

Ich bin zwar in einem Mietshaus aufgewachsen, aber da waren nur drei Parteien und wir haben einen kleinen Hof und einen kleinen Garten dabeigehabt und überall die Freiheit.

Zwischen Tor und Schuppen war eine Stange, ziemlich hoch, da haben wir geturnt. Wir haben uns mit den Füßen aufgehängt, Felge-Aufschwung gemacht, lauter so Sachen. Damals haben wir zwar nicht gewusst, wie das alles heißt, aber wir haben geturnt. Von den Hausparteien haben wir Schimpfen bekommen, wenn wir aufs Dach geklettert sind, was wir nicht durften.

Bevor ich in die Schule gegangen bin oder später in die Arbeit, bin ich immer zuerst eine Runde in den Garten hinaus gegangen. Wenn ich nach Hause gekommen bin auch: zuerst im Garten schauen und erst dann hinein die Arbeit im Haus machen. Meine Schwester macht es heute noch genauso.

Ich glaube, wenn ich immer zu Hause in der Wohnung wäre, würde mir die Decke auf den Kopf fallen.

Die Kinder haben heute zwar alles, aber so richtig die Freiheit, die wir genießen haben können, haben sie glaube ich nicht.

Wenn ich in meinen Garten hinübergehe, komme ich an einem kleinen Schrebergarten vorbei, da sind nur Spielsachen drinnen. Die haben zwei kleine Kinder und keinen Gemüsegarten, grad, dass die Kinder ein bisschen eingezäunt sind und nichts passieren kann. Die können sich mit der Natur an und für sich gar nicht befassen.

Wir nahmen zum Beispiel ein Buch und spielten, das sei unser Zimmer oder unsere Küche, je nachdem, welche Farbe es hatte. Die Knöpfe von den Strapsen waren unser Klavier oder Betten oder Kasten – uns hat das eine Freude gemacht. Oder wir haben mit Kugeln gespielt und solchen Dingen.

Liegt es an den Eltern, dass die Kinder keinen Bezug zur Natur haben?

Ich glaube schon. Die Kinder werden sich selbst überlassen, die Eltern befassen sich nicht mit den Kindern, unternehmen nichts mit ihnen.

Dadurch, dass wir so in der Natur aufgewachsen sind und man nicht den riesigen Konsum und Spielsachen hatte, hat man sich halt einfach mit der Natur befasst. Da hat man halt auch aus Nichts etwas gemacht. Da hat man sich Häuser gebaut aus Sträuchern, ein bisschen zugehängt, oder hat man sich selber etwas gebastelt mit Kisterln.

Mir kommt vor, dass die Kinder heute ärmer sind, nicht finanziell, aber sie haben ja gar keine Freude.

Wir haben wenig gehabt aber mehr Freude damit, als die Kinder heute mit dem großen Konsum und Spielsachen. Ich glaube schon, dass wir glücklicher waren. Wir hatten mehr Freiheit.

Es hat sich sehr viel verändert. Ich wohne seit 1967 hier, damals hat man hinuntergesehen bis zur Brücke und jetzt ist alles verbaut. Ich sehe es auch bei mir im Schrebergarten: Am Anfang habe ich 16 oder 17 Vogelsorten gehabt und wenn ich jetzt schaue, wenn ich fünf zusammenbringe, ist es viel. Weil die Sträucher, die die Vögel zum Nisten brauchen, großteils gerodet wurden und die Wohnhäuser hingebaut wurden, haben sie keine Möglichkeit mehr, sich da aufzuhalten oder Nester zu bauen.

Die vielfältige Jugendgeneration

Gemeinsamkeiten, Widersprüche und Ambivalenzen

in den Wertvorstellungen junger Menschen in Österreich.

Ingrid Kromer

ist Erziehungswissenschafterin und Jugendforscherin. Sie arbeitet am Österreichischen Institut für Jugendforschung, wo sie sich mit Theorien der Jugendarbeit, Forschung zu Übergang von Kindheit ins Jugendalter, Umweltbewusstsein und Umweltengagement, Partizipation und gesellschaftspolitischem Engagement von Heranwachsenden, Jugenddelinquenz und Werteforschung beschäftigt.

Es ist nichts Neues, wenn im öffentlichen Diskurs über Jugendliche von Werteverfall und Wertemangel die Rede ist. Das war und ist scheinbar ein Spezifikum von „Jugend". Schon Sokrates urteilte über die damalige Jugendgeneration, dass sie von Grund auf verdorben sei.

Wer ist aber die Jugend? Gibt es *die Jugend* überhaupt? In aktuellen, hoch entwickelten und pluralistischen Gesellschaften wie der österreichischen macht es kaum mehr Sinn, von *der* Jugend zu sprechen – viel zu verschieden sind die Lebenschancen und Perspektiven von Mädchen und Burschen, jungen Frauen und jungen Männern. Menschen. Junge Menschen in Österreich präsentieren sich als eine bunte inhomogene Gruppe in sehr unterschiedlichen Lebens- und Entwicklungskontexten und präsentieren sich sehr vielfältig. Da Lebensverhältnisse, Lebensentwürfe und Identitätsbildungsprozesse von Mädchen und Burschen durch bestimmte Rahmenbedingungen strukturiert werden, ist es wichtig, sich der unterschiedlichen Verschränkungen sozialer Differenzlinien wie Geschlecht, sozioökonomischem Kapital, Ethnizität, Religion bzw. Kultur bewusst zu sein. Heute kann daher weniger denn je von einer Jugend als einer in sich geschlossenen Gruppe mit gleichen Interessen und Bedürfnissen gesprochen werden.

Und dennoch kann *die* Jugend nicht nur aufgelöst in zersplitterte, voneinander vollkommen unabhängige Jugendkulturen und Jugendbiographien begriffen werden, denn alle sind in eine gesamtgesellschaftliche Struktur und Kultur eingebunden, die persönliche Werthaltungen, Sinndeutungsmuster und Weltanschauungen prägen. Werte von jungen Menschen entstehen aus der sozialen Deutung persönlicher Erfahrungen und können daher weder als verinnerlichte Normen noch als soziale Vorlieben begriffen werden. Sie sind reflexive Standards zur Entscheidung über persönliche Präferenzen und bezeichnen emotional besetzte Vorstellungen über das Wünschens- und Begehrenswerte. Werte entstehen demnach durch die individuelle Artikulation von Erfahrungen mithilfe der symbolischen

Mittel, die die jeweilige Kultur bereitstellt. Jugendliche entwickeln dabei ihre Werthaltungen im Spannungsfeld von Individualisierung und Gruppenbezug.

In diesen kurzen Begriffsdefinitionen zu Jugend und Werten wird deutlich: Wenn von den Wertvorstellungen junger Menschen geredet wird, impliziert dies auch immer eine Reflexion der gesellschaftlichen Verhältnisse. Die rasanten Modernisierungsprozesse in Wirtschaft und Technik, Gesellschaft und Kultur haben in den vergangenen 20 Jahren die Lebenswelten und -werte der Menschen auch in Österreich tiefgreifend verändert und wirken sich unterschiedlich auf die Einzelne bzw. den Einzelnen aus. Denn Werthaltungen spiegeln immer auch die gesellschaftlichen Kontexte und die durch diese ermöglichten Grunderfahrungen von Menschen wider – also das, was einer Gesellschaft insgesamt als wertvoll erscheint.

Vor diesem Hintergrund versteht sich der vorliegende Beitrag, der auf Grundlage von verschiedenen empirischen Jugendstudien[1] in Österreich der Frage nachgeht, inwieweit soziale Verantwortung in den Wertvorstellungen junger Menschen heute vorkommt bzw. welchen Stellenwert Solidarität für Mädchen und Burschen in Österreich hat. Dabei interessieren sowohl Daten zu Einstellungen und Werten junger Menschen als auch Ergebnisse von Forschungsarbeiten zu Umweltverständnis, Umweltinteresse sowie nachhaltige Umweltkompetenz von Jugendlichen.

---

1 Damit sind vor allem die Studien des Österreichischen Instituts für Jugendforschung gemeint. http://oeij.at/content/de/forschung/index.html

Die aktuelle Österreichische Jugend-Wertestudie 2006/07[2], die in ihrer dritten Welle Lebenskonzepte und Werthaltungen von 14- bis 24-Jährigen analysiert, zeigt sehr deutlich auf, wie sich gesellschaftliche Transformationskrisen auf die Wertewelten junger Menschen in Österreich auswirken (vgl. Friesl/Kromer/Polak 2008).

Um die Vielfalt und die Multidimensionalität des jugendlichen Werteraums und das Zusammenspiel der einzelnen Wertedimensionen darzustellen, wurden zwei Schritte der Datenanalyse durchgeführt: Zuerst wurden mittels Faktorenanalyse einzelne Wertevorstellungen zu zentralen Dimensionen[3] zusammengefasst. Anschließend wurden diese inhaltlich homogenen, voneinander unabhängigen Faktoren herangezogen, um auf Basis einer Clusteranalyse Teilgruppen von Jugendlichen zu identifizieren, die dann jeweils typische und kennzeichnende Werteprofile aufweisen (vgl. Kromer/Hatwagner 2008, 262f).

Die nachstehende Tabelle zeigt die durchschnittlichen Ausprägungen der Faktoren (Wertedimensionen) in den Clustern (Wertetypen) zur besseren Orientierung.

---

2 In der „Österreichischen Jugend-Wertestudie 2006/07" kommen sowohl quantitative als auch qualitative Untersuchungsmethoden zur Anwendung. Die quantitativ-standardisierte Untersuchung wurde im Sommer 2006 durchgeführt: 1.231 Jugendliche zwischen 14 und 24 Jahren wurden mit persönlichen mündlichen Interviews befragt. Erstmals wurde mit einer eigenen Stichprobe von Jugendlichen mit Migrationshintergrund dieser wesentliche Aspekt der Jugendpopulation konkret berücksichtigt. Als qualitativer Teil wurden zwischen November 2006 und Mai 2007 fünf Fokusgruppen mit Jugendlichen und jungen Erwachsenen durchgeführt, um die quantitativen Ergebnisse zu vertiefen.
Die Jugend-Wertestudie wurde 1990/91 erstmals in Kooperation zwischen dem Österreichischen Institut für Jugendforschung (ÖIJ) und dem Institut für Pastoraltheologie (heute Fachbereich des Instituts für Praktische Theologie der Katholisch-Theologischen Fakultät) der Universität Wien durchgeführt. Im großen Pool des „European Values Survey 1990-92" wurden die Werteinstellungen der 16- bis 24-jährigen ÖsterreicherInnen erforscht. Im Sommer 1999 startete in engem Zusammenhang mit einer Neuauflage der Europäischen Wertestudie 1999/2000 auch eine erneute Durchführung der „Jugend-Wertestudie" (Zielgruppe: 14- bis 24-Jährige). Die im Juli 2008 präsentierte Publikation „Lieben, Leisten, Hoffen – die Wertewelt junger Menschen in Österreich" von Christian Friesl, Ingrid Kromer und Regina Polak dokumentiert die dritte Untersuchungswelle (2006) und vergleicht sie mit den bisherigen Ergebnissen. Dieser Zeitvergleich über fast zwei Jahrzehnte ist eine Besonderheit dieser Jugend-Wertestudie.

3 Zur Berechung der Wertedimensionen wurden jene Items im Fragebogen herangezogen, die sich durch die Bedeutsamkeit der individuellen Lebensgestaltung persönlicher Gegenwart und Zukunft auszeichneten. Insgesamt wurden vier Wertedimensionen extrahiert: „authentischer Pragmatismus", „freizeitorientierter Hedonismus", „berufs- und leistungsbezogener Materialismus" und „prosozialer Idealismus" (Kromer/Hatwagner 2008, 262ff).

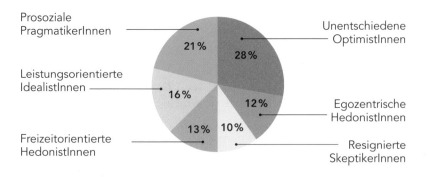

Wertedimensionen	Wertetypologie					
	Unentschiedene OptimistInnen	Egozentrische HedonistInnen	Resignierte SkeptikerInnen	Freizeitorientierte HedonistInnen	Leistungsorientierte IdealistInnen	Prosoziale PragmatikerInnen
Authentischer Pragmatismus	0+	0	-	0	-	0+
Freizeitorientierter Hedonismus	0	0+	-	+	0	-
Berufs- und leistungsbezogener Materialismus	0+	0	0-	-	0+	0
Prosozialer Idealismus	0	-	-	0	0+	0+

Quelle: Jugend-Wertestudie 2006/07; n=1.181 (Kromer/Hatwagner 2008, S. 265)

Jugendliche im Fokus von sechs Wertetypen

Die folgende Typologie über die heutige Jugendgeneration der 14- bis 24-Jährigen in Österreich versucht, trotz Pluralität und Unterschiedlichkeit, junge Menschen in sechs voneinander abgrenzbaren Wertetypen darzustellen. Damit werden zum einen die Gemeinsamkeiten, Differenzen und Widersprüche in den jugendlichen Wertvorstellungen sichtbar, zum anderen zeigt diese Typologie auch die Fülle an Ressourcen und Potenzialen auf, die junge Menschen entwickeln und bereit sind zu investieren – für ihr persönliches Glück, aber auch für eine gerechte und solidarische Welt (Kromer/Hatwagner 2008, 265ff).

Prosoziale PragmatikerInnen — 21%

Leistungsorientierte IdealistInnen — 16%

Freizeitorientierte HedonistInnen — 13%

28% — Unentschiedene OptimistInnen

12% — Egozentrische HedonistInnen

10% — Resignierte SkeptikerInnen

Die **„unentschiedenen OptimistInnen"** stellen mit **28%** die größte Gruppe der Stichprobe dar und sammeln vor allem 16-Jährige in ihrer

Teilgruppe. Hier ranken sich alle Werte um den Mittelwert mit positiven Tendenzen. Keine der Wertedimensionen ist besonders ausgeprägt, das heißt hier ist noch sehr viel offen und unentschieden, was vermutlich auf einen Alterseffekt zurückzuführen ist. Im Wesentlichen konzentrieren sich Mädchen und Burschen in dieser Gruppe auf ihr persönliches Lebensglück – sich später ein angenehmes Zuhause schaffen, einen sicheren Arbeitsplatz finden, viel Geld verdienen, im Beruf erfolgreich sein stehen vorerst im Vordergrund, wobei grundsätzlich alle Optionen offen gehalten werden. Politisch sind sie eher uninteressiert und stimmen fremdenfeindlichen Positionen vermehrt zu. Insgesamt blicken sie vorwiegend positiv in die Zukunft und glauben fest daran, ihre persönlichen Ziele auch erreichen zu können. Während Jugendliche mit österreichischen Wurzeln und nicht-muslimische MigrantInnen gleichermaßen in dieser Teilgruppe zu finden sind, gehören MuslimInnen wesentlich geringer der Gruppe der OptimistInnen an.

In der Teilgruppe der „prosozialen PragmatikerInnen" (21%) sind überdurchschnittlich viele Mädchen und junge Frauen vertreten. Sie lehnen hedonistische Wertemuster ab – beispielsweise, dass sie das Leben genießen können, genügend Freizeit haben, im Leben vor allem Spaß haben. Werte, die den berufs- und leistungsbezogenen Materialismus betreffen, haben eine durchschnittliche Bedeutung. Sie streben ein ausgeglichenes Privatleben an, das sie eigenverantwortlich und selbstbestimmt erreichen möchten. Sie übernehmen sowohl Verantwortung für die persönliche Entfaltung als auch für *die soziale und natürliche Umwelt.* Das heißt konkret, dass sie u. a. einfacher und natürlicher leben wollen, hilfsbereit gegenüber anderen Menschen sind und Menschen, die anders sind, akzeptieren. Diese Gruppe bewertet Solidarität in der Familie besonders hoch, gleichzeitig zeichnet sie sich durch ein überdurchschnittliches Interesse an einem individualisierten Lebensglück aus. Politisch sind die VertreterInnen dieser Gruppe mäßig interessiert. Dabei ist auch auffallend, dass sie relativ stark die traditionellen Geschlechterrollen in Beruf und Familie ablehnen bzw. den egalitären Konzepten zustimmen.

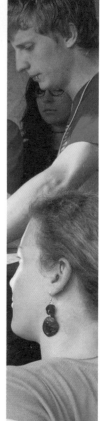

Die „leistungsorientierten IdealistInnen" (16%) lehnen sehr stark pragmatische Werte ab, hingegen sind prosoziale und materialistische Werte (damit sind Einstellungen wie Erfolg im Beruf, sicherer Arbeitsplatz, Status in der Gesellschaft, gute Leistungen erbringen, etc. gemeint) überdurchschnittlich bedeutsam. Sie suchen nach einem ausgeglichenen Wertemix aus Vergnügen, beruflichem Erfolg und sozialer Verantwortung in ihrem Leben. Diese Teilgruppe setzt sich vorwiegend aus jungen Frauen und Männern über 19 Jahren zusammen, die sich gesellschaftlich bereits gut verortet und sich selbstbestimmt und ernst genommen erleben. Sie zeigen sich politisch eher interessiert und lehnen deutlich Fremdbestimmung und undemokratische Regierungsformen ab. Wichtig sind ihnen Solidarität in der Familie und eine selbstbestimmte und eigenverantwortliche Lebensweise.

In der Gruppe der „freizeitorientierten HedonistInnen" (13%) sind jene Mädchen und Burschen zu finden, die leistungsorientierte und materialistische Einstellungen stark ablehnen und hauptsächlich nach Spaß, Vergnügen und Genuss suchen. Die Freizeit hat für diese Teilgruppe einen hohen Stellenwert und Selbstverwirklichung wird außerhalb des Berufs gesucht. Arbeit hat in dieser Gruppe keine sinnstiftende Bedeutung, vielmehr stehen Freude und Spaß im Alltag, insbesondere in der Freizeit, im Vordergrund. Die vorwiegend 17-Jährigen übernehmen Verantwortung für ihre Umwelt und weisen die höchste Zustimmung im Bereich der Mesosolidarität auf. Das meint zum Beispiel: Einkommensunterschiede verringern, Armut mit persönlichen Verzichten bekämpfen, an Bedürftige verteilen. Sie blicken „unbeschwert" in die Zukunft und haben das Gefühl, dass sie über ihr Leben bestimmen können. Ihr politisches Interesse ist sehr gering, jegliche Art von Fremdbestimmung wird jedoch entschieden abgelehnt.

Die Gruppe der „egozentrischen HedonistInnen" (12%) setzt sich zu zwei Dritteln aus Burschen zusammen. Diese vorwiegend jüngere Teilgruppe strebt in erster Linie nach Vergnügen und der Befriedigung spontaner Bedürfnisse. Sie erachten pragmatische wie auch erfolgs- und leistungsbezogene Werte als durchschnittlich wichtig für ihr Leben: ein sicherer und erfolgreicher Beruf, eine vernünftige Ausbildung, ein Status in der Gesellschaft, viel Geld verdienen. Diese Gruppe lehnt soziale Orientierungen deutlich ab. Im Unterschied zu den freizeitorientierten HedonistInnen zeigen sie eine breite Ablehnung bei solidarischen Werten auf der Mikro- und auch Mesoebene. Solidarität in Familie und Gesellschaft, aber auch das politische Interesse sind bei den Jugendlichen hier am geringsten ausgeprägt. Die männlichen Hedonisten lehnen darüber hinaus das emanzipatorische Rollenbild von allen Teilgruppen am stärksten ab, hingegen stehen die Mädchen neuen Rollenbildern offen gegenüber.

In der Gruppe der „resignierten SkeptikerInnen" (10%) finden sich jene Mädchen und Burschen wieder, die sich durch eine starke Ablehnung in nahezu allen Bereichen, vor allem aber hedonistischer, sozial-idealistischer und pragmatischer Wertorientierungen auszeichnen. Sie stehen allen Wertedimensionen skeptisch ablehnend gegenüber. Es sind weder alters- noch geschlechtsspezifische Besonderheiten in diesem Cluster zu finden. Ihr Blick in die Zukunft ist von Unsicherheit geprägt. Weder fühlen sie sich von der Gesellschaft ernst genommen, noch haben sie den Eindruck, ein selbstbestimmtes Leben führen zu können. In diesem Wertetyp sind strukturell, sozioökonomisch oder persönlich benachteiligte Jugendliche, insbesondere viele junge MigrantInnen anzutreffen. Weiters ist in dieser Teilgruppe eine starke Ablehnung egalitärer und emanzipatorischer Rollenbilder auffallend.

Zusammenfassend kann hier festgehalten werden, dass diese sechs unterschiedlichen Wertetypen nur als theoretische Konstrukte zu verstehen sind. Sie dienen dazu, einen kleinen Einblick in die Fülle der oft widersprüchlichen Darstellungen von jungen Menschen heute zu geben. Sie zeigen einmal mehr, dass es *die* Jugend beziehungsweise *die* Jugendlichen nicht als homogene Gruppe gibt. Vor allem in Bezug auf Wertorientierungen wird deutlich, wie wirksam neben persönlichen Ressourcen auch die gesellschaftlichen Rahmenbedingungen für die persönlichen Wertepräferenzen sind. In diesen Ergebnissen werden aber auch mehrdeutige Tendenzen erkennbar, wie Jugendliche mit der Pluralisierung der Gesellschaft umgehen:

Einerseits zeigt die Studie, dass junge Menschen, die sich um ihre materielle Existenz und um ihre Zukunft vermehrt sorgen, sich eher

ins Privatleben zurückziehen und ihre Bereitschaft, sich für das Gemeinwohl einzusetzen, schwächt. Sie suchen nach Halt und Orientierungen, nach Sicherheit und Entscheidungskriterien und ringen dabei um die Balance zwischen polaren Wertvorstellungen.

Andererseits enthüllen die unterschiedlichen Wertetypen, dass die Werteentwicklung junger Menschen zahlreiche Potenziale und Ressourcen birgt. Es sind vor allem die gebildeten Jugendlichen und die Mädchen und jungen Frauen, die hier wegweisend sind. In der Typologie sind es die „leistungsorientierten IdealistInnen" und die „prosozialen PragmatikerInnen", aber auch die „freizeitorientierten HedonistInnen", die Selbstverwirklichungswerte und solidarische Werte verbinden. Bei rund der Hälfte der Jugendlichen ist die Verantwortung für die Umwelt – im Sinne eines ganzheitlichen Verständnisses, das ökologische, ökonomische, soziale, politische und kulturelle Aspekte beinhaltet – in ihrem Wertekatalog mehr oder weniger deutlich verankert.

Man kann festhalten, dass Jugendliche heute schon früh mit grundlegenden Fragen der individuellen Lebensorientierung konfrontiert sind. Im Gegensatz zu früheren Generationen sind sie dabei über lange Zeit auf sich allein gestellt und herausgefordert, die Gestaltung des eigenen Lebens selbst in die Hand zu nehmen und zu bestimmen. Dies führt zu einer Fokussierung auf persönliche Bewältigungsstrategien und im Gegenzug zu einer Reduktion der Aufmerksamkeit und des Einsatzes für soziale und politische Themen. In weiterer Folge übersehen junge Menschen heute aufgrund dieser individualisierten Übergänge und des Mangels an kollektiven Erfahrungen die Notwendigkeit für solidarisches und gesellschaftspolitisches Handeln.

Aus anderen Untersuchungen lässt sich allerdings erkennen, dass Jugendliche im Bereich „Umwelt" Interesse und Engagement signalisieren. Allerdings muss auch hier von einem mehrdeutigen Verständnis von „Umwelt" ausgegangen werden. Im qualitativen Forschungsprojekt „Klimawandel als Fokus nachhaltiger Bildung. Bildungstransfer zwischen mehreren Generationen"[4] wird offenkundig, dass Umwelt nicht als einheitliches Phänomen assoziiert wird, sondern als ein komplexes Interaktionssystem mit unterschiedlichen Komponenten. Bei der qualitativen Annäherung an jugendspezifische Sichtweisen zu „Umwelt" zeigen sich vor allem drei unterschiedliche Zugänge (vgl. Kromer/Hatwagner/Rauscher 2007): Zum einen wird der Begriff „Umwelt" von Jugendlichen als Synonym für „Natur" verwendet, das heißt für die „Welt draußen", also die gesamte Flora und Fauna. Erweitert wird dieser durch einen zweiten Zugang, der als „allgemeine Umwelt" bezeichnet werden könnte; das heißt als Kosmos, der den Menschen umgibt; die Erde, die Luft, das Wasser, der Mond, etc. sowie das ganze Universum mit seinen verschiedenen Einflüssen und Auswirkungen. Als dritte Möglichkeit assoziieren Jugendliche mit Umwelt ihr persönliches Umfeld. Sie erweitern damit das physische Phänomen „Umwelt" um persönliche und soziale Faktoren. Die „persönliche Umwelt" schließt Beziehungen, Gefühle, Interaktionen der/des Betreffenden mit ein.

Ein Vergleich mit der Eltern- und Großelterngeneration in der Klimawandelstudie zeigt ein unterschiedliches Verständnis innerhalb der Generationen, aber auch generationsspezifische Zugänge: Umwelt als *Synonym für Natur* findet sich insbesondere in der Jugend- und Großelterngeneration. Umwelt als *allgemeine Umwelt* wird vor allem bei der Elterngeneration, aber auch in den anderen Generationen ausgebildet. Umwelt als *persönliche und soziale Umwelt* scheint nur in der befragten Jugendgeneration ausgeprägt zu sein.

Umwelt als Synonym für Natur findet sich insbesondere in der Jugend- und Großelterngeneration.

Wenn also verschiedenste standardisierte Umfragen belegen, dass junge Menschen grundsätzlich kein oder wenig Interesse für Umwelt haben, ist natürlich zu fragen, welches Umweltverständnis hier eigentlich ab-

---

4 Diese Studie legt die Perspektive auf ein aktuelles Umweltthema und beschäftigt sich am Beispiel des Klimawandels mit Wahrnehmung, Informationsflüssen und der Dynamik des intergenerationellen Austausches von Bildung. Anhand von Einzelinterviews und Gruppendiskussionen mit Angehörigen eines Familienverbandes (Jugend-, Eltern- und Großelterngeneration) wurde das Thema Klimawandel aus der Sicht mehrerer Generationen erforscht. Download unter: http://oeij.at/content/de/forschung/abgeschlosseneprojekte/projekte/article/73.html

gefragt wurde. Vermutlich wird damit nicht die persönliche und soziale Umwelt gemeint sein, denn wie aus Jugendstudien im deutschsprachigen Raum hervorgeht, sind gerade Themen, die den Mikro- und Mesobereich betreffen, sehr bedeutsam (Vgl. 14. Shell 2002; 15. Shell 2003, Österreichische Jugend-Wertestudie 2000; Österreichische Jugend-Wertestudie 2006). Offenkundig wird in diesen Studien aber auch, dass es für junge Menschen wichtigere Themen im Leben gibt als die „Umwelt", vor allem dann, wenn sie subjektiv als „ferne" (Umwelt ist „draußen") und abstrakt („unser Kosmos") verstanden wird und wenig mit den konkreten, alltäglichen Lebenserfahrungen zu tun hat.

Eine repräsentative Umweltstudie in Österreich[5], die Jugendliche und junge Erwachsene im Alter zwischen 12 und 24 Jahren zu bestimmten Umweltthemen befragte - im Erhebungsbogen wurden neben ökologischen auch soziale und ökonomische Aspekte benannt – zeigt ein generelles Interesse (vgl. Kromer/Hatwagner 2005). Auffallend ist allerdings, dass dieses Interesse einerseits bei den 12- bis

---

5 Diese repräsentative Fragebogenerhebung wurde im Rahmen des Forschungsprojekts „Zwischen Anspruch und Wirklichkeit: Vom Umweltinteresse zur nachhaltigen Umweltkompetenz" zum Thema „Umwelt" im Auftrag des Österreichischen Institut für Jugendforschung von Fessel-GFk durchgeführt. Es wurde erhoben, wie sehr sich Jugendliche für verschiedene Umweltthemen interessieren, wer auf die Einstellungen der Jugendlichen zu Umweltthemen einen Einfluss ausgeübt hat, welche Quellen verwendet werden, wenn Informationen zum Thema Umwelt gesucht werden, und welchen Informationsträgern vertraut wird, wenn es um Umweltthemen geht. Weiters gab es Fragen, wie häufig mit verschiedenen Personen zum Forschungsthema gesprochen wird, welchen Beitrag die Schule zur Vermittlung von Umweltkompetenz leisten kann und soll und zuletzt noch, was Jugendliche persönlich schon gemacht haben bzw. machen, damit Menschen umweltfreundlicher und auch gerechter miteinander leben können. Die Ergebnisse sind in der Publikation von Kromer /Hatwagner 2005 unter dem Forschungstitel nachlesbar.

13-Jährigen und andererseits bei den 19- bis 24-Jährigen am größten ist – in der Altersgruppe zwischen 14 und 18 Jahren dagegen deutlich geringer artikuliert wird. Dieser Umstand kann damit erklärt werden, dass mit dem Eintritt ins Jugendalter viele neue Interessen und Fragestellungen in den Vordergrund rücken und bislang bestehende Präferenzen zweitrangig werden. Zudem ist in der vorliegenden Studie auffallend, dass Interessen und Einstellungen zu Umwelt und Umweltschutz von Geschlecht und Bildungsniveau abhängig sind: für Mädchen/ junge Frauen ist Umweltschutz weit stärker ein Thema als für junge Männer; auch Menschen mit höherem Bildungsniveau verzeichnen höhere Werte auf der Skala des Umweltbewusstseins.

An der Spitze der genannten Umweltinteressen stehen die Themen „Tierschutz" (77%), „Soziale Gerechtigkeit" (75%) sowie „Luft- und Wasserqualität" (75%), gefolgt von „Schutz der Naturlandschaften" (70%), „Mülltrennung und Müllvermeidung" (69%) sowie das Thema „Klimawandel" (68%). Neben den soziodemografischen Merkmalen wie Bildung und Geschlecht beeinflussen auch Alter und Herkunftsschicht das je spezifische Themeninteresse. Deutlich wird in dieser Untersuchung auch, dass der „Tier- und Pflanzenschutz" für Jüngere und bei Jugendlichen mit niederen Bildungsabschlüssen besonders interessant erscheint und „Soziale Gerechtigkeit" (z. B. Armutsbekämpfung) quer durch alle Altersgruppen ein hohes Interesse spiegelt.

Umweltinteresse führt nicht automatisch zum nachhaltigen Handeln

Dieses allgemeine Interesse an spezifischen Umweltthemen bleibt aber, wie die Ergebnisse eines weiteren qualitativen Forschungsprojekts „NÖ Jugendstudie: Vom Umweltinteresse zum nachhaltigen Lebensstil"[6] zeigen, über weite Strecken ein theoretisches, wenn nicht relevante Einflussfaktoren und unterstützende Rahmenbedingungen berücksichtigt werden (Vgl. Kromer/Oberholenzer 2004).

---

6 Dieses qualitative Forschungsprojekt, welches im Auftrag der NÖ Landesregierung durchgeführt wurde, setzte sich zum Ziel, relevante Einflussfaktoren für nachhaltiges Handeln bei 14- bis 18-Jährigen zu erforschen und unterstützende Rahmenbedingungen für die Gestaltung eines nachhaltigen Lebensstils bei jungen Menschen zu generieren. Anhand von biografischen Interviews wurden „LebensstilpionierInnen", also Jugendliche, die Ansätze einer nachhaltigen Lebensweise bewusst in ihr Leben integriert haben und die in der Lage sind, über Umweltthemen differenziert und reflektiert zu denken, mit jenen Jugendlichen verglichen, die Umweltthemen vorrangig nicht besonders interessieren („Mainstream-Jugendliche"). Download unter: http://oeij.at/content/de/forschung/ abgeschlosseneprojekte/projekte/article/110.html

Förderliche Rahmenbedingungen sind Familien, die ihren Alltag nachhaltig gestalten. Mädchen und Burschen, die schon in der Herkunftsfamilie mit umweltbewusstem Handeln konfrontiert werden, können sich auch selbst leichter für einen nachhaltig gestalteten Lebensstil entscheiden, weil sie vieles als Selbstverständlichkeit schon im „normalen" Familienalltag miterlebt haben bzw. miterleben. Einprägsame Vorbilder im Familienverband unterstützen die Mädchen und Burschen auf der Suche nach ihrem eigenen Lebensstil und anerkennen und wertschätzen ihr Bemühen um eine nachhaltige Lebensführung.

Weiters zeigt die Studie, dass ein hoher Stellenwert von Tieren und Pflanzen im Familienalltag zentrale Bedeutung für die Entwicklung eines nachhaltigen Lebensstils haben.

Eine wertschätzende Kommunikations- und Partizipationskultur in der Familie kann als eine weitere wichtige Bedingung genannt werden. Erleben Mädchen und Burschen schon im Familienverband, dass sie ernst genommen werden, ihre Meinung zählt und auch Entscheidungen mit getroffen werden können, dann sind dies ideale Voraussetzungen für die Bildung eines nachhaltigen Lebensstils bei jungen Menschen. Weiters zeigt die Studie, dass ein hoher Stellenwert von Tieren und Pflanzen im Familienalltag zentrale Bedeutung für die Entwicklung eines nachhaltigen Lebensstils haben.

In den biographischen Interviews wird zudem offenkundig, dass jene Familien, die umweltfreundliches Handeln und Nachhaltigkeit als Leitbild in ihren Familienalltag integriert haben, auch die höchsten Bildungsabschlüsse aufweisen. Das heißt umweltbewusstes Denken und Handeln hat etwas mit Bildung zu tun, mit erhöhtem Problembewusstsein für globale Beziehungen und vernetztem Denken über ökologische Zusammenhänge.

Zusammenfassend zeigt diese Studie, dass trotz Ereignisreichtum und Erlebnisdichte in der Jugendphase und trotz drängender Fragen wie Jugendarbeitslosigkeit und wenig Perspektiven für einen sicheren Job am Arbeitsmarkt ein allgemeines Umweltinteresse Jugendliche zu einem nachhaltigen Lebensstil führen kann.

Nachhaltige Umweltkompetenz erfordert gezielte Wertebildungsprozesse

Am Beispiel dieser Studien kann gezeigt werden, dass Wertebildung bei Jugendlichen unter bestimmten Rahmenbedingungen durchaus gelingen kann. Im Vordergrund steht dabei eine gezielte Begleitung und Stärkung von Jugendlichen, die auf der Suche nach ihrem Platz im Leben sind. Gerade in der Zeit der Identitätsfindung sind junge Menschen offen für Informationen, die helfen können, einen eigenen Lebensstil zu finden. Sie sind aber auch offen für Personen, die ihnen glaubwürdig ihre Art zu leben zeigen und bereit sind, diese auch mit ihnen zu diskutieren. Wenn Mädchen und Burschen Lebenshaltungen von Erwachsenen als „echt" erkennen, nötigt ihnen das im Normalfall Respekt ab. Überlegungen einer möglichen Nachahmung werden in diesem Fall nicht von vornherein abgewehrt.

Wenn Mädchen und Burschen Lebenshaltungen von Erwachsenen als „echt" erkennen, nötigt ihnen das im Normalfall Respekt ab.

Junge Menschen äußern sich immer wieder auch skeptisch und resignativ, was Einschätzungen bezüglich der Zukunft betrifft. Ängste können einerseits zu einer pessimistischen Zukunftseinstellung führen und lähmen, andererseits aber auch als Motor für eigenes Handeln dienen. Dies ist allerdings nur dann möglich, wenn im persönlichen Lebensumfeld Raum herrscht, diese Ängste ernsthaft anzusprechen und sich mit anderen (erwachsenen) Menschen auseinanderzusetzen, die für den Umgang mit diesen Ängsten glaubwürdige Alltagsstrategien anbieten können.

Wertebildung wird vor allem dann gelingen, wenn sie die persönliche Betroffenheit im Lebensumfeld der Jugendlichen anspricht und das prinzipielle Interesse an komplexen Umweltthemen aufgreift. Sie muss sich den daraus entstehenden widersprüchlichen Diskursen stellen und die hohe emotionale Betroffenheit der Jugendlichen bei der Auseinandersetzung mit Unrechtssituationen jeglicher Art (Menschenrechte, insbesondere Frauenrechte, Tierrechte, politische Partizipation, Bildungszugang, Arbeitsmarkt, Naturzerstörung, Ausbeutung der Länder des Südens …) ernst nehmen und eine kritische Infragestellung bestehenden Erwachsenen-Handelns zulassen.

Denn im Zentrum der Wert-Erfahrung junger Menschen steht die Frage nach der Gerechtigkeit. Es braucht daher überzeugende Strategien in den Bereichen sozialer, ökologischer, ökonomischer Gerechtigkeit sowie politischer Partizipation und Bildung. Die Daten der aktuellen Österreichischen Jugend-Wertestudie zeigen durchgängig, dass der Bildungsstatus junger Menschen ein entscheidender Faktor für die Entwicklung von sozialen, humanen und demokratischen Werten ist. Albert Schweitzer antwortete einmal auf die Frage, was er denn für die beste Form des Lernens hielte mit: „Erstens: vormachen, zweitens: vormachen und drittens: vormachen" – vielleicht sollten sich dies die Erwachsenengenerationen in ihr Stammbuch schreiben.

Verwendete Literatur:

15. Shell Jugendstudie: Jugend 2006. Eine pragmatische Generation unter Druck. Fischer Taschenbuch Verlag, Frankfurt am Main 2006.

Friesl, Christian / Kromer, Ingrid / Polak, Regina (Hg.): Lieben – Leisten – Hoffen. Die Wertewelt junger Menschen in Österreich. Wien 2008.

Friesl, Christian (Hg.): Experiment Jung-Sein. Die Wertewelt österreichischer Jugendlicher. Wien 2001.

Kromer, Ingrid / Hatwagner, Katharina: Die vielfältige Jugendgeneration. In: Friesl et al: Lieben – Leisten – Hoffen. Die Wertewelt junger Menschen in Österreich. Wien 2008, 261-273

Kromer, Ingrid / Hatwagner, Katharina: Zwischen Anspruch und Wirklichkeit: Vom Umweltinteresse zur nachhaltigen Umweltkompetenz. Beiträge zur Jugendforschung, Band 10, hrsg. vom ÖIJ, Wien 2005.

Kromer, Ingrid / Oberholenzer, Notburga: NÖ Jugendstudie 2004. Vom Umweltinteresse zum nachhaltigen Lebensstil. Forschungsbericht. Im Auftrag der NÖ Landesregierung. St. Pölten 2004.

Zum Weiterlesen

Regina Polak, Ingrid Kromer, Christian Friesl:
Lieben - Leisten - Hoffen.
Die Wertewelt junger Menschen in Österreich. Czernin Verlag, Wien 2008.
328 Seiten, 20 Euro, ISBN: 979-3-7076-0259-3

Was denken junge Menschen über Familie, Beziehung, Beruf, Politik und Religion? Wie haben sich diese Einstellungen entwickelt? Wie wird die weitere Entwicklung aussehen? Wo liegen die Herausforderungen für Familie, Politik und Kirchen?

Das vorliegende Buch präsentiert Daten und Fakten über junge Menschen in Österreich und liefert dazu pointierte Interpretationen. Die Situation von Jugendlichen im gesellschaftlichen Kontext wird verständlich gemacht, die Wertewelt junger Menschen und ihr Wandel in den vergangenen 20 Jahren werden dargestellt. Datenbasis dafür ist die 1990, 1999 und 2006 durchgeführte Österreichische Jugend-Wertestudie.

Maria, 93, Mödling

Ich bin in Gaaden aufgewachsen. Wir haben in einer Mietwohnung gewohnt, da gab es einen Hof. Wir haben auf dem Kirchenplatz gespielt oder auf der Straße, da war ja nicht so ein Verkehr wie heute. Aber wir haben eh nicht viel Zeit gehabt zum Spielen. Der Vater ist gestorben, da war ich drei Jahre alt. Es gab keine Kinderbehilfe, keine Rente, gar nichts. Einmal im Jahr haben wir Schuhe bekommen, da mussten wir zum Armenrat gehen. Wir mussten in den Wald gehen zum Holz sammeln, am Vormittag und am Nachmittag. Im Herbst mussten wir Ähren klauben, Weizen und Gerste. Die Gerste hat die Mutter gebrannt, das war der Malzkaffee. Den Weizen haben wir gerieben mit der Kaffeemühle, und wenn wir Milch hatten, haben wir den in Milch eingekocht, das war unser Nachtmahl. Oder wir haben Erdäpfelmehl gegessen.

Ist Ihre Mutter Arbeiten gegangen?

Meine Mutter hatte einen Waldzettel, sie hat im Wald Holz gesammelt für die Bäcker. Da hat sie so Pflanzen mit langen Stengeln genommen mit so weißen Ballen drauf, mit denen hat sie die Bündel gebunden. Diese Pflanzen haben wir suchen müssen. Die Bäcker haben das dann in den Ofen gegeben, deshalb konnte sie keinen Draht zum Binden nehmen.

Sie hat auch Wäsche gewaschen für andere Leute und da haben wir müssen das Wasser vom Bach holen oder beim Bach schwemmen. Draußen im Hof hatten wir einen Kessel, da ist die Wäsche ausgekocht worden. Wir haben schon als Kinder fest mithelfen müssen.

Einen eigenen Garten gab es nicht?

Nein. Meine Mutter hatte dann später ein Stück Acker. Eine Ziege hatten wir im Hof in einem Schuppen. Aber die musste dann weg, weil es hieß, es stinkt im Pfarrhof von der Ziege. Das hat aber gar nicht gestimmt. Der Hausherr hatte ein Schwein, das hat gestunken. Aber zum Glück hatte die Mutter eine Bekannte, bei der konnten wir die Ziege einstellen. Die Mutter hat die Ziege gemolken und wir mussten Futter sammeln für die Ziege. Aber ich war so froh, wie die Ziege weg war, weil die sind so stur. Wir sind auch zu den Bauern arbeiten gegangen, Streu rechen im Wald als Einstreu, Erdäpfel klauben.

Als Sie später nicht mehr so schwer arbeiten mussten, sind Sie da Wandern gegangen oder dergleichen?

Mit den Pensionisten haben wir dann ein paar Ausflüge und Reisen gemacht, da waren wir viel fort. Einmal waren wir in der Steiermark und einmal in Kärnten am Forst oben. Da sind wir spazieren gegangen, Schwammerl suchen, Heidelbeeren suchen.

Glauben Sie, geht es den Kindern heute besser?

Ja, es geht ihnen besser, aber vielleicht zu gut, die haben keine Ehrfurcht mehr.

Otto, 84, Laa/Thaya
Ehemann von Ingeborg

Ich bin in Herrnbaumgarten aufgewachsen. Mein Vater war Lehrer und ich hatte eigentlich eine verhältnismäßig schöne Jugend, uns ist nichts abgegangen. Vor dem Krieg überhaupt nicht. Wir hatten einige Felder, auf zweien gab es einen Weingarten, wir hatten einen sehr großen Garten, fast ein Dreiviertel Joch. Man musste sich selbst kümmern, denn zu der Zeit hat ein Lehrer auch noch nichts verdient. Aber dadurch, dass wir einen Weingarten hatten und das Obst verkauft wurde, war immer irgendwie Geld da.

Ich musste Ribiseln pflücken, das hat mir nicht gefallen, diese kleinen Beeren abpflücken. Ich war lieber wo draußen, als im Garten Ribiseln pflücken, aber es musste halt sein.

Ich bin mit dem Rad weggefahren, in den Wald, da waren wir zwei oder drei Buben. Wir haben Räuber und Gendarm gespielt, wir haben jeden Weg gekannt, wir sind überall mit dem Rad herumgefahren. Es gab Försterhäuser im Wald, die haben wir uns angeschaut und wenn es irgendwie gegangen ist, haben wir sie aufgemacht und waren eine Weile drinnen. Wir haben aber nichts ruiniert. Es war sehr schön.

Wir haben gewusst, wo die Rehe sind, wo andere Tiere sind, wir haben uns angeschlichen und gewartet. Der Wald war für mich etwas Natürliches, all die Tiere haben mich interessiert, denn das bewegt sich.

Die Eltern haben den ganzen Nachmittag im Garten gearbeitet, die haben sich gar nicht um uns kümmern können. Ich kann mich nicht erinnern, dass sie einmal geschimpft hätten, weil ich mit dem Rad herumgefahren bin.

Die kleineren Kinder werden heute mit dem Auto abgeholt und überall hingebracht, aber ich würde das vielleicht auch tun, damit nichts passiert. Früher sind die Leute mit Kühen und Rössern gefahren, das war nicht gefährlich, da konnten die Kinder auf der Straße spielen.

Ingeborg, 76,
Laa/Thaya
Ehefrau von Otto

Wir haben in einem kleinen Einfamilienhaus mit Garten gewohnt. Der Garten war ziemlich groß, weil man ja Gemüse und Erdäpfel und alles angebaut hat. Das war kein Garten fürs Vergnügen, sondern nur für die Versorgung.

Bis ich zehn Jahre alt war, habe ich mit anderen Kindern beim Kellerhügel gespielt. Aber wenn man älter wurde, war keine Zeit mehr zum Spielen, da musste man helfen. Ich musste Unkraut jäten, Erdäpfel ausnehmen oder Ribiseln pflücken.

Meine Eltern hatten später auch einen Zwiebelacker, da hat die Hälfte der Ernte ihnen gehört und die andere Hälfte dem Besitzer des Ackers. Wenn ich dann von der Schule nach Hause gekommen bin, lag ein Zettel auf dem Tisch: „Geschirr abwaschen, dann nachkommen zum Zwiebel scheren." Da hatte ich keine Freude damit, weil, das sind ja doch etliche Kilometer und ich hätte eigentlich eine Aufgabe gehabt und etwas zu lernen. Aber das war nach dem Krieg halt notwendig.

Wenn wir gemeinsam gespielt haben, dann ohne Spielzeug. Oder wir haben uns aus den Schachteln der Zigarettenhülsen Puppenbetterl gebaut, Polster und Decke gebastelt, Vorhänge gemacht – so haben wir uns gespielt.

Eislaufen gegangen sind wir auch, mit den Schraubendampfern, die hat man auf den Schuh geschraubt. Wir sind auf dem Eisteich gelaufen, dort, wo Eis für die Brauerei und die Wirte herausgeschnitten wurde, dort durften wir laufen. Es gab auch einen Eislaufteich, das ist heute ein Fischteich. Da musste man ein paar Groschen zahlen und es war weiter weg, deshalb sind wir lieber auf dem Eisteich gelaufen.

Die Wohnung war sehr klein, deshalb waren wir immer draußen, wenn es möglich war.

In der Zeit, in der wir in Wien gewohnt haben, bin ich zu Weihnachten immer herausgefahren zu den Großeltern, denn in Wien hat es mir nicht gefallen.

Wir haben uns gefreut, wenn die Akazien geblüht haben, die haben wir gepflückt und die wurden daheim gebacken, oder wir haben sie gleich so gegessen, denn die waren ja süß. Ansonsten war die Natur nur Arbeit.

Ich halte mich meistens im Freien auf und im Urlaub sind wir jahrelang ins Waldviertel gefahren. Da war es schön, weil dort Wald war, das war schön zum Spazieren gehen. Hier bei uns kann man eigentlich nicht Spazieren gehen, außer im Park eine Runde, weil überall Felder sind.

Ich glaube, man gibt der Natur heute mehr Bedeutung als früher. Das war einfach da, aber man hat nicht geschaut, ob man das erhalten soll oder ob man dafür etwas tun soll. Das ist jetzt besser.

Es hat sich sehr viel verändert. Es ist viel gebaut worden, es ist alles viel gepflegter. Das Haus, wo ich aufgewachsen bin, gibt es noch, aber es gibt viel mehr Häuser und Gassen dort. Und es gibt nur mehr Ziergärten, keine Gemüsegärten.

Natur ade?

Die Jugend geht auf Distanz zur natürlichen Umwelt

Rainer Brämer

ist promovierter Physiker und arbeitet als Natursoziologe am Institut für Erziehungswissenschaft der Universität Marburg. In seiner Forschungsarbeit beschäftigt er sich mit den soziologischen, physiologischen und psychologischen Aspekten des Wanderns. Unter anderem zeichnet er sich für die „Jugendstudien Wandern" verantwortlich.

Glasmenagerie

Seit mehr als zwei Jahrzehnten bemühen sich engagierte Pädagogen darum, die junge Generation für die Gefahren zu sensibilisieren, die der natürlichen Umwelt von Seiten einer immer weiter fortschreitenden Ausrichtung des modernen Lebens auf Wirtschaftswachstum, Konsum und Technik drohen. Dass in einer Hightechwelt aufwachsende junge Menschen in der Regel kein sonderlich inniges Verhältnis zur Natur haben können, resultiert allein schon aus ihrer Lebensweise. Wohnen, Arbeiten, Lernen, Freizeit, Sport – all dies vollzieht sich überwiegend in verglasten Räumlichkeiten. Entfernungen zwischen den inselartigen Lebenswelten werden mit Auto, Bus und Bahn – ebenfalls hinter Glas – zurückgelegt.

Nicht genug damit, verbringt die junge Generation täglich auch noch Stunden vor Glasschirmen. Derzeit verfügen jeweils rund 80% der Jugendlichen über einen eigenen Fernseher, PC und/oder Internet-Anschluss, die im Schnitt bereits seit dem 10. Lebensjahr die Kinderzimmer füllen – mit dem Ergebnis, dass die Besitzer übers Jahr weit mehr Zeit davor hocken als in der Schule. Die Mediengeneration wächst in einer regelrechten Glasmenagerie auf. Natürliche Landschaften sind fast schon fremde Welten, in denen man nur noch gelegentlich zu Gast ist.

Problemverdrängung

Schon deshalb kann es kaum verwundern, dass die langjährigen Bemühungen um eine wirksame Umwelterziehung, Naturpädagogik oder neuerdings auch „Bildung für nachhaltige Ent-wicklung" (BNE) trotz vielfältig-kreativer Umetikettierungen wenig Wirkung gezeitigt haben. Zwar hat man von Kindesbeinen an genug über die vielfältigen Bedrohungen unserer natürlichen Lebensgrundlagen gehört und weiß ökologisch korrekt darüber zu klagen. An der bedenkenlosen Technikfaszination und Konsumfreude der Markenkids hat das indes wenig geändert.

Das hat viele Gründe, die oft genug in machtvollen gesellschaftlichen Strukturen verankert und pädagogischen Bemühungen daher kaum zugänglich sind. Hinzu kommt, dass sich die Pädagogik im Eifer des Gefechtes mit immer neuen didaktisch-methodischen (und manchmal auch nur verbal aufgefrischten) Konzepten als mit den Ursachen der Misserfolge beschäftigt hat. Eine empirische Aufklärung der Hintergründe stößt vor allem dann auf mäßiges Interesse, wenn sich daraus nicht unmittelbar konstruktive Lösungen und neue Programme ableiten lassen. Kritische Sachverhalte werden allein deshalb verdrängt, weil sie die Gefahr kurzfristiger Ratlosigkeit heraufbeschwören.

Jugendreport Natur

Tatsächlich kann der Jugendreport Natur, dessen aktuelle Befunde im Folgenden vorgestellt werden, keine Lösungsrezepte präsentieren. Das gilt umso mehr, als es dabei nicht um Fragen des Umweltbewusstseins, wie sie in ähnlichen Studien im Vordergrund stehen, sondern um die unmittelbare Beziehung Jugendlicher zur Natur geht. Dem liegt die Einsicht zugrunde, dass dem Kontakt junger Menschen zur Natur in physischer wie psychischer Hinsicht ein eigenständiger Wert und nicht nur die Funktion eines belebenden Mittels der Umweltbildung zukommt.

Bereits seit Mitte der 90er Jahre werden im Rahmen des „Jugendreports Natur" Schulklassen der Sekundarstufe vorwiegend aus den Bundesländern Nordrhein-Westfalen und Hessen in regelmäßigen Abständen nach dem Umgang mit und Einstellungen zu ihrer natürlichen Umwelt befragt (Tab.1). Auslöser war die mittlerweile schon sprichwörtliche „lila Kuh", die sich seinerzeit massenhaft in Malbögen bayerischer Vorschulkinder fand. Die mediale Verallgemeinerung dieses Befundes auf die gesamte junge Generation erwies sich allerdings mehr oder weniger als Zeitungsente. Per Fragebogen ernsthaft auf die Farbe des alpinen Rindviehs angesprochen, war offenbar allen Kindern und Jugendlichen klar, dass es sich bei der Fehlkolorierung um einen reinen Werbegag handelte.

„Jugendreport Natur"

Jugendreport Natur '06   Tab.1

1996: „Jugend ohne Natur?"	2.900 Teiln.
1997: „Das Bambi-Syndrom"	2.800 Teiln.
2000: „Natur national"	1.600 Teiln. Südtirol
2002: „Natur zu Fuß"	1.600 Teiln.
2003: „Nachhaltige Naturentfremdung"	1.400 Teiln.
2006: „Natur obskur	2.200 Teiln.

Stattdessen war es aber nun gerade die Ente, der von einem nicht zu vernachlässigenden Teil der Befragten die Farbe gelb zugewiesen wurde. Dass es sich hierbei tatsächlich um eine Folgewirkung massenhaft gelber Medien- und Plastik-Enten handeln könnte, stellte sich heraus, als zusätzlich Grundschüler mit der Farbfrage konfrontiert wurden und, je jünger sie waren, die Ente um so gelber malten. Dieser Farbirrtum hält sich neuerdings teilweise bis in die fünfte und sechste Klassenstufe, bevor sich die reale Naturerfahrung gegen das gelbe Medienvorbild vollends durchsetzt.

Die gute Nachricht

Es bleibt indes nicht bei schlichten Farbverschiebungen. Die jugendliche Naturentfremdung geht erheblich weiter, wie die folgenden Daten zeigen. Die Hauptursache hierfür besteht indes keineswegs – wie vielfach angenommen – darin, dass jungen Menschen für den Aufenthalt in der Natur keine Zeit mehr bleibt. Trotz ausgiebiger Kommunikation mit Freunden (im Schnitt drei Stunden täglich direkt, eine halbe Stunde per Telefon), weiterer Hobbys sportlicher und nichtsportlicher Art (zwei bis drei Stunden), der obligatorischen Hausaufgaben (eine Stunde) und vielfältiger sonstiger Aktivitäten (Musik, Shopping, Schulweg usw...) halten sie sich erstaunlich häufig in der Natur auf (Tab.2): Nicht weniger als zwei Drittel sind mehr-

mals pro Woche in Gärten, die knappe Hälfte in Feld und Flur, eine gutes Drittel sogar im Wald. Fast zwei Drittel könnten den nächsten Wald innerhalb von 5 Minuten erreichen. Zwar sind diese Zahlen begreiflicherweise stark wohnortabhängig, aber selbst reine Stadtkinder kommen relativ häufig mit Grün in Kontakt.

Viele Naturkontakte (in Prozent) Jugendreport Natur '06, Tab.2

Mehrmals pro Woche:	Wohnort gesamt	Wohnort Stadtmitte	Wohnort Dorf
in Gärten	68	55	78
in Feld und Flur	47	46	60
im Wald	38	12	39
Nächster Wald in 5 Minuten erreichbar:	61	35	73

Dementsprechend haben viele Jugendliche all das, was man dem Jugendalter als einschlägige Naturerfahrungen zuzuschreiben pflegt, auch schon oft – oder wenn man dem „oft" nicht ganz traut – mindestens doch öfter gemacht (Tab.3). Nimmt man noch die Waldaktivitäten des letzten Sommers hinzu, bei denen Wandern und Radeln mit Quoten von 50 % und mehr an der Spitze standen, so findet sich für die unterstellte Naturdistanz auf Anhieb kein durchschlagender Beleg. Wenn gleichwohl ein Fünftel noch nie das mulmige Gefühl erlebt hat, allein durch den Wald zu streifen oder in der Natur zu übernachten, so deutet das eher auf ein Zuviel an elterlicher Begleitung und Behütung hin.

Abenteuer Natur
Waldaktivitäten im letzten Sommer
(in Prozent)   Jugendreport Natur '06, Tab. 3

	oft	nie		
			Wandern	67
Baum erklettert	66	6	Radeln	47
Allein im Wald	45	18	Spielen	37
In Natur übernachtet	39	22	Waldjugendspiele	12
			Lehrpfad	9

Ökologisch korrekt

Der positive Eindruck setzt sich fort, wenn man Jugendlichen gängige ökologische Bekenntnisformeln zur Bewertung vorlegt, wie das im Jugendreport 2003 geschehen ist. Nach Ausweis von Tab.4 orientieren sie sich dabei großteils an dem auch unter Erwachsenen üblichen Heile-Welt-Klischee von Natur, beschwören eine harmonische, ewig gute Natur herauf und stellen ihr als diabolischen Kontrahenten den Menschen gegenüber. Der wiederum erscheint sündhaft naturböse, es sei denn, er ist Naturschützer oder erklärt zumindest seine Absicht, der Natur helfen zu wollen. Genau das tun zwei Drittel der Jugendlichen.

Gute Natur, böser Mensch (in Prozent)   Jugendreport Natur ,03, Tab. 4

Dem stimmen Jugendliche zu:	
Ich kann ohne Natur nicht leben	91
Was natürlich ist, ist gut	73
Die Natur wäre ohne Mensch in Harmonie	73
Der Mensch ist der größte Feind der Natur	64

So erfreulich diese Bekenntnisse klingen: Tatsächlich offenbaren sie weit eher als die reinen Kontakte einen erheblichen Grad an Naturentfremdung – insbesondere, wenn man berücksichtigt, dass die Befragten hierbei nicht gezwungen waren, sich für Zustimmung oder Ablehnung zu entscheiden, sondern stets auch eine neutral-ausweichende Antwort wählen konnten.

Wer allen Ernstes unterstellt, dass Natur als solche immer gut und harmonisch ist, scheint dieselbe noch nie von ihrer harten, unerbittlichen Seite wahrgenommen zu haben. Andererseits kommt man bereits nach kurzem Nachdenken zu der Einsicht, dass der Mensch nicht primär aus Bosheit oder Gier in die Natur eingreift, sondern vor allem auch deshalb, weil er, selber Naturwesen, sein von der (massenhaften) Nutzung natürlicher Ressourcen abhängiges Überleben zu sichern versucht.

Seelenvolle Natur

Mit dem abgehobenen Naturbild verbindet sich folgerichtig die überwiegende Zustimmung zu all jenen Klischees, die die Natur als arm und hilfsbedürftig erscheinen lassen (Tab.5). Man muss ihr daher helfen und sie vor Schaden bewahren. Das gilt umso mehr, als 85 % der Befragten davon ausgehen, dass Tiere eine Seele haben. In sie wird also umstandslos die eigene Befindlichkeit hineinprojiziert.

Natur als Pflegefall (in Prozent) Jugendreport Natur, 03, Tab. 5

Dem stimmen Jugendliche zu	1997	2003
Tiere haben eine Seele		85
Das Wild braucht seine Ruhe		79
Im Winter soll man Vögel füttern		72
Ich will der Natur helfen		64
Ich bin für mehr Einfluss für Naturschützer	83	73
Ich nehme gern an Umweltschutzaktionen teil	36	21

Von daher kann sich die Jägerschaft nur begrenzt darüber freuen, dass ihr suggestives Bild ruhebedürftiger Wildtiere von fast 80 % des Nachwuchses akzeptiert wird – werden gerade sie doch als die Hauptstörer der seelenvollen Idylle angesehen. Auch wenn Naturschützer eher darüber zerstritten sind, ob es wirklich gut ist, Vögel im Winter zu füttern, geben sich drei Viertel der jungen Generation davon überzeugt. Das zieht indes keine übermäßige Bereitschaft zur Teilnahme an hilfreichen Umweltaktionen nach sich – die Neigung dazu hat sogar nicht unwesentlich abgenommen (Tab. 5).

Die schlechte Nachricht

Wird das auf den ersten Blick beruhigende Bild hier schon brüchig, so dokumentieren die konkreter an jugendlichen Vorlieben ansetzenden Fragen einen doppelten Abschied von der Natur. Zum einen nimmt mit der Pubertät die Unlust an naturnahen Aktivitäten wie Klettern, Paddeln und selbst an Abenteuern drastisch zu, von Wandern gar nicht zu reden (siehe unten). Erwachsene schreiben dies gerne einer gleichsam naturgegebenen Interessenverlagerung zu anderen Lebensbereichen zu. Das übersieht allerdings den Umstand, dass Erwachsenwerden in früheren Zeiten eher mit einer Zuwendung zur Natur verbunden war, in der man bevorzugt seine Bewährungsproben suchte. Heute ist stattdessen der Abschied von der Natur angesagt, weil die Herausforderungen anderswo warten – wie etwa in virtuellen Kämpfen mit Monstern oder in der realen Konfrontation mit technischen Neuerungen. Ist Natur nur noch etwas für Kinder? Liegt hierin der Grund, weshalb sich natur- und umweltpädagogische Anstrengungen in so auffallend hohem Maße an jüngere Jahrgänge richten?

Zum anderen überlagert sich dem pubertären Abschied von der Natur ein zweiter, der sich unabhängig vom Alter vollzieht. Innerhalb von nur 3 Jahren hat die Neigung zum Klettern, Paddeln und Wandern um 14 bis 23 Prozent abgenommen – statistisch gesehen ein regelrechter Absturz. Natursport ist offensichtlich uncool. Besonders fatal ist das am Beispiel des Wanderns, das Tab. 3 zufolge zu den am meisten ausgeübten Outdoor-Aktivitäten gehört, aber laut Tab. 6 mehr als die Hälfte seiner ohnehin geringen Anhängerschar verloren hat. Selbst wo die Natur nur mehr oder weniger als angenehme Kulisse fungiert, ist ihr begleitender Unterhaltungswert gesunken – bei Zeltevents um zehn, bei Partys um 20 %. Da im selben Zeitraum die interaktiven Computerspiele ihren siegreichen Einzug in die junge Welt gehalten haben, liegt der Verdacht eines Zusammenhanges beider Trends nahe.

Abschied von der Natur (2) (in Prozent) Jugendreport Natur, 06, Tab. 6

Das mache ich gern:	2002	2005
Klettern	46	32
Paddeln	55	32
Wandern	28	14
Das mache ich gern:	**1997**	**002/3**
Im Grünen feiern	82	63
Draußen übernachten	68	59
Das mache ich gern:	**1997**	**2002/3**
Mit dem Walkman spazieren	37	45
Das stört mich beim Wandern (2002)		
Handyverbot	46	
Rauch- und Alkoholverbot	34 (Kl.9: 49)	

Natur langweilig?

Umgekehrt verbinden immer mehr Jugendliche den Ausflug ins Grüne mit einer akustischen Zusatzbegleitung per tragbarer Musikmaschine, bringen sich also gewissermaßen in Partystimmung. Darin spiegelt sich zum einen die weit verbreitete Gewohnheit, möglichst alle Tätigkeiten mit Musik zu untermalen, zum anderen aber womöglich auch das Gefühl, dass die Natur für sich genommen zu langweilig ist und einer emotionalisierenden Musikkulisse bedarf, um überhaupt genießbar zu werden. In eine ähnliche Richtung deutet der verbreitete Ärger über das notorische Handy- und Drogenverbot beim Wandern. Dass man sich mit der elektronischen Überdröhnung zugleich auch autismusartig von der Natur abschottet, also ihre feineren sinnlichen Reize nicht mehr wahrnimmt, scheint dabei keine Rolle zu spielen.

Wie langweilig Natur tatsächlich erscheint, zeigen die Reaktionen auf die Bitte, in freien Stichworten doch einmal ein besonders eindrucksvolles Naturerlebnis zu beschreiben. 42 % der Befragten fällt dazu absolut nichts ein. Das pädagogisch Pikante dabei: Sieben Wochen nach dem Besuch eines Walderlebniszentrums mit der Erlebnisfrage konfrontiert, fiel nahezu niemandem der Beteiligten dieser Besuch oder irgendeine seiner Einzelheiten ein.

Bildschirm contra Natur

Die sich aufdrängende Frage nach einem Zusammenhang von Medien- und Naturerfahrung lässt sich anhand der vorliegenden Daten somit auf die Frage zuspitzen, ob der Abschied von der Natur mit einer gesteigerten Bildschirmnutzung korreliert. Da nach Ausweis der Report-Daten der Medienkonsum mit dem Besitz eigener Gerätschaften deutlich steigt, wäre also zu fragen, ob damit zugleich auch die Naturdistanz zunimmt.

Bildschirm contra Natur (in Prozent) — Jugendreport Natur, 06, Tab. 7

	ohne eigenen TV/PC	mit eigenem TV/PC
Gerne		
paddeln	47	27
reiten	30	16
spazieren	24	14
	ohne eigenen TV/PC	mit eigenem TV/PC
Mehrmals wöchentlich		
im Wald	38	24
im Garten	77	65
in freier Flur	77	65

Tab. 7 gibt anhand einiger Indikatoren Anlass zur Bejahung diese Frage. Unter denen, die persönlich über entsprechende Geräte verfügen, zeigen nur halb so viel eine ausgeprägte Neigung zu Outdoor-Aktivitäten wie unter den Besitzlosen. Folgerichtig halten sie sich auch erkennbar seltener in Wald und Flur auf.

Natur moralisch

Zur Erklärung der zunehmenden Naturentfremdung reicht die Medienkorrelation allerdings kaum aus. Vielmehr lässt sich auf Anhieb eine ganze Fülle weiterer Faktoren angeben, welche die Natur im Horizont junger Menschen zunehmend in den Hintergrund drängen – angefangen von bereits naturentfremdeten Eltern über eine immer arbeitsteiligere und konsumorientierte Gesellschaft bis hin zu einem Bildungssystem, in der spätestens von Klasse 5 an das emotional hoch besetzte Thema Natur komplett von den distanziert-rationalen Naturwissenschaften mit ihrem maschinenhaft-funktionalen Naturverständnis dominiert wird.

Nicht zuletzt sind hieran vielleicht auch gewisse Akzente herkömmlicher Umwelterziehung nicht ganz unbeteiligt. In Frage käme zum einen die allzu naturwissenschaftlich-technische Ausrichtung des gängigen Umweltbegriffs und seiner schulischen Pädagogisierung, durch die der individuelle Naturzugang eher verstellt wird, zum anderen aber auch ein Übermaß an moralischer Emphase, die unterstellt, dass sich äußere Verhaltensnormen, solange man sie nur hinreichend nachdrücklich predigt, bruchlos in innere Verhaltensdispositionen umsetzen.

In einer Doppelfrage hat sich der aktuelle Jugendreport nach der Kenntnis moralischer Verhaltensregeln im Wald und ihrer Herkunft erkundigt. Tab.8 dokumentiert das Ergebnis. Danach werden die ersten beiden Plätze im Moral-Ranking von Ermahnungen eingenommen, die schon seit Generationen von Eltern an ihren Nachwuchs weitergegeben wurden und aus dem Struwwelpeter stammen könnten, zugleich aber auch unmittelbar nachvollziehbar sind.

Das gilt nicht in demselben Maße für die im Ranking folgenden Gebote. Dass man nichts aus der Natur, keinen Käfer oder Frosch, kein

Wiesenschaumkraut oder Löwenzahn, in die Hand oder in Besitz nehmen darf, ist eine vergleichsweise junge und wenig kindgerechte Regel. Wie sollen Kinder ihre alles erfassende Neugierde auf die Natur richten, wenn sie diese nicht sinnlich begreifen, erkunden, ausprobieren dürfen? Wer hat die vor allem gegen großflächige wirtschaftliche Eingriffe gerichteten Naturschutz-Barrieren so generalisiert, dass junge Menschen glauben müssen, sie würden die Natur zerstören, wenn sie mit ihr hautnah in Kontakt treten?

Waldmoral – Das hat mir schon mal jemand gesagt

(in Prozent)   Jugendreport Natur ‚06, Tab. 8

Im Wald sollst Du…	
nichts wegschmeißen	85
kein Feuer anmachen	83
keine Tiere fangen	79
nichts abpflücken	47
leise sein	52
auf den Wegen bleiben	49
Und wer hat das gesagt ?	
Eltern	53
Lehrer	38
Förster	21
Naturschützer	17
Jäger	12

Von ähnlich entfremdenden Vorgaben für den Umgang mit Flora und Fauna wissen Jugendliche auch in Hinblick auf das spielerische Durchstreifen der Landschaft zu berichten. Wer jungen Menschen in der freien Natur auferlegt, grundsätzlich auf den Wegen zu bleiben und leise zu sein, der hat erheblichen Anteil daran, dass Natur ihnen langweilig erscheint, weil sie so kaum ihren elementaren Erlebnis- und Entdeckerinstinkten folgen können. Da hat der Bildschirm, auch wenn er diese Instinkte nur per Auge befriedigt, in der Regel mehr zu bieten. Naturschutz wirkt aus dieser Perspektive eher senil und lässt sich bestenfalls als interessengeleiteter Versuch einer Ausgrenzung konkurrierender Naturnutzer interpretieren.

Revierverteidiger

Relativ direkt kommt das in den Antworten auf die anschließende Frage nach den Quellen derartiger Normative zum Ausdruck. Dass hierbei Eltern und Lehrer am häufigsten genannt werden, liegt auf der Hand, handelt es sich bei ihnen doch um alltägliche Kontaktpersonen, die überdies mit dem Verweis auf Brandgefahren und Vermüllung Wesentliches weiterzugeben haben. Förster, Naturschützer und Jäger laufen Jugendlichen dagegen weit seltener über den Weg. Wenn sie gleichwohl zu Anteilen, die ihrer Kontaktfrequenz auch nicht annähernd entsprechen, in Tab.8 auftreten, dann müssen sie nahezu durchgängig mit erhobenem Zeigefinger unterwegs sein.

Zwei dieser Gruppen fallen durch eine überdurchschnittliche Betonung spezifischer Gebote auf. Jägern geht es vor allem darum, dass Kinder leise sind, sich an die Wege halten und in der Natur nicht zelten. Dahinter lässt sich unschwer ihr Interesse an einer ungestörten Jagd – oder wie sie es verklausulieren: an der nötigen Ruhe für ihre Jagdobjekte („Wildruhezone") – erkennen. Naturschützer würden dagegen den Bewegungsdrang der Jugendlichen lieber dadurch einschränken, dass diese in der Natur auf Radeln und Klettern verzichten. Soviel ist sicher: Freunde schafft man sich und der Natur damit nicht.

Stattdessen sind solche Gebote geeignet, dem Bambi-Syndrom Vorschub zu leisten, welches bereits im Jugendreport Natur 1997 diagnostiziert wurde (Tab.9). Nicht nur der Naturschutz, sondern auch die Natur- und Waldpädagogik haben an der Verbreitung dieses versüßlichten Naturbildes einen gerüttelten Anteil.

Das „Bambi-Syndrom" Jugendreport Natur ‚97, Tab.9

Aus der Sicht Jugendlicher
ist Natur wichtig, gut, schön und harmonisch
haben Tiere und Pflanzen eine eigene Seele
muss man der Natur helfen und Schutz gewähren
muss man Natur sauber halten und darf sie nicht stören
ist das Pflanzen von Bäumen und das Füttern von Vögeln sehr wichtig
Ist das Fällen von Bäumen schädlich und das Töten von Tieren Mord

Glücklicherweise gibt es eine Reihe von Indizien, denen zufolge die Moral-
suppe nicht so heiß gegessen wie gekocht wird. So haben die Vorgängerstudien bereits mehrfach gezeigt, dass die tatsächlichen Neigungen Jugendlicher sich nur sehr begrenzt an den Moralgeboten orientieren, ja im Falle
des Zeltens oder Querfeldeingehens überhaupt keine Korrelation zwischen
Verbotskenntnis und tatsächlicher Verhaltensdispositionen besteht.

Die Öko-Konkurrenz

Das gilt nicht nur für die Verhaltensregeln im Wald, sondern für den
gesamten ökologischen Werthorizont. Von den abstrakten Er- und Be-
kenntnissen bis zum konkreten Alltagshandeln ist es in der Regel ein
weiter Weg, der nicht selten durch signifikante Brüche gekennzeichnet ist. Auf der Ebene des Bewusstseins herrschen offenkundig andere
Kräfteverhältnisse als auf der des Verhaltens. Hierfür ist nicht zuletzt das
schillernde Verhältnis von Ökologie und Ökonomie verantwortlich.

Natur als Produktionsfaktor (in Prozent) Jugendreport Natur ‚06, Tab.10

Jugendliche Arbeitserfahrungen	schon oft	noch nie
Bei Waldarbeiten geholfen	12	63
Beim Bauern gearbeitet	16	61
Keine Ahnung über Rohstoffe alltäglicher Haushaltsprodukte		
Rosinen	54	
Porzellan	90	
Speiseöl	60	
Plastik	93	

Während in politischen Konflikten um natürliche Ressourcen die
Ökonomie in der Regel die Oberhand behält, dominiert im jugend-

lichen Naturbild eindeutig die Ökologie – und zwar in einem Maße, dass ökonomische Aspekte gar nicht mehr zum Tragen kommen. Der Jugendreport Natur liefert hierfür zahlreiche Beispiele. So …

—— enthält der jugendliche Assoziationshorizont zum Thema Natur nahezu keinen Hinweis auf Notwendigkeit menschlicher Naturnutzung,
—— interessieren sich Jugendliche nicht für Nutztiere oder -pflanzen,
—— wissen sie wenig über die Rohstoffe von Konsumprodukten (Tab.10),
—— übersehen sie den produktiven Zusammenhang zwischen Ressourcen und Produkten, etwa wenn sie das Pflanzen von Bäumen für extrem wichtig, deren Fällen aber mehrheitlich für schädlich halten. Unabhängig davon, welche ökologischen Versatzstücke sich zu dieser in sich widersprüchlichen Überzeugung zusammengefunden haben, wird dabei der Umstand übersehen, dass man Bäume in der Regel nur pflanzt, wenn man ihr Holz später auch ernten will.

Die Ausblendung der Naturnutzung ist nicht zuletzt eine Folge der immer extremeren Arbeitsteilung, die dem Nachwuchs so gut wie keinen Einblick in die Bedeutung und Formen des wirtschaftlichen Umgangs mit Naturressourcen gestattet. Es fällt ihm folglich schwer, sich zu vergegenwärtigen, dass alle der so begehrten und konsumierten Produkte letztlich zu ihrer Herstellung einer massenhaften Ausbeutung natürlicher Rohstoffe bedürfen. Da dieser Zusammenhang spätestens in den glänzenden Verkaufskulissen gezielt verdrängt wird, entzieht er sich jenen umso mehr, die noch nicht in ein Arbeitsregime einbezogen sind.

Insofern haben junge Menschen den ökologischen Klagen über rücksichtslose wirtschaftliche Ausbeutungsmethoden wenig entgegenzusetzen, sondern neigen sogar dazu, in deren überzogener Verallgemeinerung jegliche wirtschaftliche Nutzung der Natur zu verurteilen. Auf dem Umweg über die davon scheinbar unabhängige Konsumwelt setzen sich aber auch in ihrem Alltagshandeln letztlich – unbewusst und daher umso wirksamer – ökonomische Handlungsmaximen durch: ein klassisch-dialektisches Verhältnis.

Die Nachhaltigkeitsfalle

Schon im Vorfeld des Jugendreports Natur '03 war aus der auffälligen Verdrängung ökonomischer Naturnutzung die Vermutung abgeleitet worden, dass sich so eigentlich kein fundiertes Verständnis von Nachhaltigkeit entwickeln kann. Denn dabei geht es primär um eine ressourcenerhaltende Nutzung der Natur. Wird aber der Basissachverhalt ausgeblendet, kann auch das Ziel kaum nachvollzogen werden.

Moral statt Vernunft   Jugendreport Natur '03, Tab. 11

Das verstehen Jugendliche spontan unter Nachhaltigkeit
„Tiere nicht ärgern"
„Keine Tiere und Pflanzen töten"
„Nichts kaputt machen"
„Weniger Müll in den Wald werfen"
„Keine Blumen pflücken"
„Wenn man Blumen gießt und pflegt"
„Wald sperren"
„Nicht so viel im Wald spielen

Um diese Vermutung zu überprüfen, wurden die Jugendlichen aufgefordert, ein typisches Merkmal von Nachhaltigkeit in Stichworten zu beschreiben. Das Ergebnis war eindeutig: 54 % fiel gar nichts dazu ein, 35 % lagen in ihren Antworten mehr oder weniger daneben, 9 % hatten eine ungefähre Ahnung und nur 2 % konnten tatsächlich Kernelemente des Begriffs angeben. Tab.11 gibt einige jener 35 % Einlassungen wieder, die, statt ein wesentliches Merkmal von Nachhaltigkeit zu benennen, lediglich einmal mehr den Katechismus der Natur(schutz)moral beschwören. Hierin kommt das Bambi-Syndrom zu höchsten Ehren, welches mangels hinreichenden Problemverständnisses offenbar das Nachhaltigkeitspostulat ersetzt. Oder um es noch pointierter auf den Punkt zu bringen: Naturschutzmoral und Nachhaltig-keitsverständnis sind offenbar zwei verschiedene Dinge, das eine blockiert mit seiner hohen emotionalen Besetzung geradezu den Zugang zum anderen als einem bislang rein rationalen Konstrukt.

Zu den jugendlichen Stichworten, die dem Wesen der Nachhaltigkeit etwas näher kommen, gehören folgende Formulierungen:

- „Nur so viel Holz fällen, wie Bäume da sind"
- „Weniger Holz, mehr Plastik nutzen"
- „Dass die Natur noch lange leben soll"
- „Licht ausmachen"

Auch diese Formulierungen bleiben so unbeholfen, dass sie Zweifel nähren, ob sich dahinter ein inhaltliches Verständnis oder nur Angelerntes verbirgt.

Zufallswissen

Gegen diesen Befund könnte man einwenden, dass das, was den Jugendlichen bei einer offenen Frage spontan nicht eingefallen ist, bei einer geschlossenen Frageformulierung mit Antwortvorgaben dann doch noch zutreffend reproduziert werden könnte. Daher enthielt der aktuelle Fragebogen diesbezüglich eine Frage mit 15 Auswahlantworten (6 zutreffenden und 9 unzutreffenden), von denen drei richtige angekreuzt werden sollten.

Tatsächlich fiel die Antwortverweigerung mit 20 % nunmehr erheblich geringer aus. Allerdings häuften sich die Antwortquoten in jenem Prozentbereich, den auch ein Zufallsgenerator erzeugt hätte. So liegt bei über der Hälfte der Antwortvorgaben der Verdacht nahe, dass hier vorwiegend Ratekunst im Spiel war. Er wird verstärkt durch die Zusammensetzung jener Antworten, die überdurchschnittlich häufig angekreuzt wurden. Sie waren häufiger falsch als richtig, überdies reproduzierte sich in ihnen erneut das Bambi-Syndrom. Die schon 2003 gezogenen Schlussfolgerungen fanden also eine drastische Bestätigung, die in Deutschland bereits seit Jahren propagierte „Bildung für nachhaltige Entwicklung" (BNE) hat zumindest den zentralen Begriffshorizont nicht erhellt.

Ästhetik der Sauberkeit

Am häufigsten wurde von den Befragten die Antwort „Keinen Müll in den Wald werfen" mit dem Nachhaltigkeitsbegriff in Verbindung gebracht. Das verstärkte einen anderen Verdacht. Schon in den Vorgängerstudien war das Müllproblem stets an erstaunlich prominenter Stelle in Erscheinung getreten. So landete in der Aufzählung guter Taten für die Natur „Müll gesammelt" auf Rang 1, derselbe Rang war „Müll weggeworfen" unter den schlechten Taten vorbehalten. Unter den Verhaltensgeboten der Tab.11 rangiert „Nichts wegschmeißen" vorne, und nun wird auch noch der Nachhaltigkeitsbegriff erstrangig damit in Verbindung gebracht.

Da das Vermüllungsproblem bestenfalls am Rande etwas mit Naturschutz oder Nachhaltigkeit, sehr viel mehr aber mit einer bestimmten, gegebenenfalls psychoanalytisch zu interpretierenden Form von Naturästhetik zu tun hat, ist man fast versucht zu unterstellen, dass das alltägliche Fundament assoziativer Umweltbewertung letztlich in einem Sauberkeitsanspruch besteht. Tatsächlich nahm in einer Batterie von Auswahlantworten des Jugendreports '03 unter der Überschrift „Das ist wichtig für uns alle" die Forderung „Den Wald sauber halten" mit 96 % Zustimmung Platz 1 der Rangskala ein.

Nimmt man noch die selbst unter jungen Menschen außerordentlich hohe Ladung aller Items hinzu, die das Thema Stille oder Ruhe ansprechen, so könnte man mit Blick auf die Natur fast von einer „Ruhe-und-Ordnungs-Mentalität" sprechen, die, wie zu sehen war, ungebrochen von Eltern an ihre Kinder weitergegeben wird. Positiv formuliert heißt das aber auch, dass es den Befragten vorrangig um eine reine, heile, ruhige, schöne, Geborgenheit und Sicherheit vermittelnde Natur geht - ein Wunsch, der Assoziationen an Heimat, Paradies oder eben auch an ein Bambi-Idyll hervorruft.

Ambivalente Avantgarde

Damit zeichnet sich das vorherrschende Naturbild Jugendlicher durch eine so gravierende Perspektivverschiebung gegenüber der BNE-Programmatik aus, dass deren Erfolglosigkeit abzusehen ist, sofern sie sich, wie bereits vielfach dokumentiert, erneut vorrangig in verbalen Wortgebirgen ergeht. Die Gefahr ist umso größer, als viele Protagonisten der BNE bereits in abgehobenen Größenfantasien schwelgen, die in ihrem kosmopolitischen Weltretter-Gestus alles Bisherige überbieten. Die ihnen anempfohlene Jugend dort abzuholen, wo sie mental verankert ist, dürfte damit immer schwerer fallen.

Es wäre indes schon viel gewonnen, wenn man wenigstens die kleine, aber feine Naturavantgarde der Hightech-Generation für das Projekt gewinnen könnte. Naheliegenderweise wird man sie bei den Teilnehmern von Natur- und Umweltinitiativen suchen. Vergleicht man daher deren Erfahrungen und Einstellungen mit denen der jugendlichen Gesamtheit, so fällt auf, dass ihnen im Vergleich zum Durchschnitt naturmoralische Gebote geläufiger sind und sie öfter an Müllaktionen teilgenommen haben. Das dürfte mit der Pädagogisierung solcher Gruppen zu tun haben, bei denen der moralische Zeigefinger stets präsent zu sein und das Müllsammeln als eine Art Initiationsritus zu fungieren scheint. Ansonsten unterscheidet sich weder das Naturbild noch der diesbezügliche Wertehorizont der Umweltengagierten vom Durchschnitt, mangelndes Nachhaltigkeitsverständnis eingeschlossen.

Korrelation von Nützen und Schützen

Was bei den naturengagierten Jugendlichen indes besonders ins Auge fällt, ist ihr stärker ausgeprägter Erlebnisdrang, welcher vermutlich den Hauptgrund ihres Engagements darstellt: Sie erhoffen sich davon, näher an die Natur heranzukommen und so mehr darin zu erleben - insbesondere dort, wo diese sich als besonders ursprünglich darstellt. An der Erfüllung dieser Hoffnung wird eine erfolgreiche Umweltbildung nicht vorbeikommen.

Dem entspricht der Umstand, dass diese Klientel die Natur in Form von Outdoor-Aktivitäten stärker als Freizeitraum nutzt. Nimmt man noch hinzu, dass die Engagierten häufiger als andere bei der Feld- und Waldarbeit geholfen haben und auch mehr über natürliche Rohstoffe wissen, so stellen diese Ergebnisse den so gern heraufbeschworenen Gegensatz von Nützen und Schützen einmal mehr in Frage. Zumindest bei dieser für die Umweltbewegung nicht unwichtigen Nachwuchsgruppierung korreliert beides positiv miteinander.

Natur als Erzieherin?

Fast noch interessanter erscheinen diejenigen, welche angeben, häufig im Wald unterwegs zu sein. Wesentlicher Grund für diese Gewohnheit ist die Waldnähe der Wohnung. Man nutzt also einfach die damit gebotenen Möglichkeiten, deren Reize, sofern unkontrolliert zugänglich, offenbar groß genug sind, um die Betreffenden dauerhaft zu binden.

Abgesehen vom (auch hier) mangelnden Nachhaltigkeitsbewusstsein zeichnet sich diese Gruppe nicht nur durch mehr Naturkontakte und -erfahrungen, sondern ähnlich wie die Umweltengagierten auch durch einen stärkeren Erlebnis- und Bewegungsdrang aus. Zugleich aber sind die Waldläufer deutlich weniger anfällig für das Bambi-Syndrom und hängen im Schnitt täglich zwei Stunden weniger vor dem Bildschirm als Waldentwöhnte. Es handelt sich um Jugendliche, wie man sie sich heutzutage mehr wünschen würde: unternehmungslustig, naturrealistisch, mediensouverän. Fast scheint es so, als erfülle sich in ihnen die uralte reformpädagogische Beschwörung von der Natur als optimale Erzieherin - und das alles ohne Umweltbildung und Naturpädagogik.

Bewegungsfreiheit

Ein weiterer Hinweis kommt aus einem scheinbar abgelegenen Bereich: dem Wandern. Im Vergleich von Tab.3 und Tab.6 fällt hierzu ein eigenartiger Gegensatz auf: Zwar gehört Wandern zu den häufigsten Tätigkeiten in der Natur, zwei Drittel der Jugendlichen waren im letzten Sommer ausdauernd zu Fuß unterwegs. Doch nur 14 % können sich dafür begeistern. Hinzu kommt, dass sich die jugendliche Wanderfreude gerade in den vergangenen Jahren halbiert hat. Tab.12 gibt auf der Basis der regelmäßigen „Jugendstudien Wandern" einen ausgiebigeren Überblick der Verhältnisse. Ganz im Gegensatz zum aktuellen Wanderboom unter Erwachsenen scheint das Wandern in der jugendlichen Parallelgesellschaft seinen Ruf als Auslaufmodell zu untermauern.

Andererseits ist es keineswegs so, dass junge Menschen nicht nach wie vor gerne durch die Gegend streifen. 50 % und mehr versprechen sich davon, Neues zu entdecken und Abenteuerliches zu erleben – am liebsten zusammen mit Freunden. Ein Rückblick auf nur wenig ältere Daten zeigen, dass dabei das Gefühl, sich frei bewegen und entgegen den waldpädagogischen Geboten auch quer durch den Wald gehen zu können, eine maßgebliche Rolle spielt.

Wandern uncool? (in Prozent)   Jugendstudie Wandern, Tab. 12

	1992	1996	2002	2005/07
Ich wandere gern	33	34	26	14
ungern	31	43	48	49

Was am Wandern nervt	2005/07
Langweilige Wege	69
Belehrungen unterwegs	63
Moralische Verhaltensregeln	43

Aber:

Das mache ich gern in der Natur: Lust am Draußensein (in Prozent)

2005		2002/03	
Durch die Gegend streifen	48	Unbekannte Landschaft entdecken	50
Abenteuer erleben	66	Quer durch den Wald gehen	60
Mit Freunden unterwegs	88	Mich frei bewegen können	86

Der auffällige Neigungswiderspruch erklärt sich vermutlich durch die tatsächlichen Erfahrungen beim Wandern. Zwei Drittel erleben die Wege als langweilig und die ewigen Belehrungen unterwegs als nervig, moralische Verhaltensregeln hält die Hälfte für überflüssig. Nach Verbesserungen gefragt, antworteten 90 %, dass sie am liebsten ohne Erwachsene unterwegs wären, Lehrer eingeschlossen. Und tatsächlich: Während sich im Jahre 2002 nur 17 % der gymnasialen Zwölftklässler vom Wandern angetan zeigten, springt diese Quote mit Übergang in das von Wanderzwängen befreite studentische Dasein nach Ausweis der jüngsten „Profil-studie Wandern" auf 62%.

Immerhin: Diejenigen, die trotz Frust mit elterlicher und schulischer Bevormundung dem Wandern auch in der Pubertät die Stange halten, erweisen sich statistisch gesehen als signifikant naturinteressierter, -aktiver und -sensibler, aber auch wissbegieriger, sportlicher und weniger medienabhängig als erklärte Wandermuffel. Erneut kommen also die aus eigenem Antrieb Naturaktiven dem Wunschbild einer aufgeschlossenen Jugend näher als der naturpädagogisierte Durchschnitt.

Inszenierung eigenständiger Naturerfahrungen

Fragt sich nur, wie es die Natur schafft, junge Menschen auch und gerade ohne pädagogische Vorgaben für sich zu vereinnahmen. Eine mögliche Antwort hierauf gibt die Naturpsychologie, eine in Deutschland noch weitgehend unbekannte, in den USA und anderswo allerdings seit Jahrzehnten etablierte Forschungsrichtung. Nach vielfach belegten empirischen Studien senken Naturkontakte Puls und Blutdruck, mindern Muskelspannung und Hautleitfähigkeit, entlasten von negativen Emotionen und verstärken freundliche Gefühle, Urteils- und Kontrollkompetenz, Einfallsreichtum und Kreativität sowie Aufmerksamkeit und Konzentrationsfähigkeit.

Im arteigenen Biotop Natur fühlt man sich ganz offensichtlich in seinem Element. Für junge Menschen heißt das, dass sie sich hier besonders ungehindert entfalten können. Das belegen im übrigen auch die sich in den vergangenen Jahren vervielfachenden Natur- und Waldkindergärten, deren Besucher gegenüber verschulteren Vorschuleinrichtungen mit Blick auf ihre körperliche, psychische, soziale und geistige Entwicklung keineswegs ins Hintertreffen geraten – empirische Studien besagen eher das Gegenteil.

Hieraus wird man – insbesondere mit Hinblick auf das schwierigere Jugendalter – sicher nicht den Schluss ziehen können, einfach alles der Natur überlassen zu können. Was Umweltbildung und Naturpädagogik betrifft, geben die Befunde indes Anlass zu der Überlegung, ob man den eingefahrenen Dirigismus nicht stärker durch sensible Inszenierungen ersetzt, die den Jugendlichen mehr Freiraum zum Sammeln eigener Erfahrungen in und mit der Natur geben.

Zum Weiterlesen   **Rainer Brämer**

Natur obskur – Wie Jugendliche heute Natur erfahren. oekom verlag, München 2006, 160 Seiten, 19,80, ISBN-13: 987-3-86581-037-3

Die Natur verschwindet zunehmend aus dem Alltag Jugendlicher. In nur wenigen Jahren hat sich die Zahl derer, die gerne durch die Natur streifen, auf unter 20 Prozent halbiert. Demgegenüber besitzen bereits 70 Prozent aller Sechstklässler einen eigenen Fernseher oder Computer.

Der Natursoziologe Rainer Brämer hat im Rahmen seines „Jugendreports Natur" mehr als 2.200 Jugendliche zu ihrer alltäglichen Naturbeziehung befragt. Was er dokumentiert, ist bedenklich: Die Jugendlichen sind immer mehr in der Hightech-Gesellschaft und immer weniger in der Natur zu Hause. Sie hängen meist einem romantischen Naturbild nach: Natur zu nutzen – für die Jagd oder die Holzwirtschaft – empfinden sie als verwerflich. Nachhaltigkeit ist jedoch für die meisten ein Fremdwort.

Hildegund, 67, Perchtoldsdorf

Ich bin eigentlich aus Wien, bin aber als kleines Kind nach Vorarlberg gekommen zu meinen Großeltern durch die Kriegsereignisse. Dort haben wir eine Villa bewohnt, das war ein Pfarrhaus aus dem 19. Jahrhundert mit einem großen Garten. Rundherum war alles grün, da gab es nur Villen mit wunderschönen Bäumen und dahinter der Pfänder in Bregenz und Freiheit. Wir haben viel im Garten gespielt und in der Umgebung, da gab es Gstettn, da sind wir herumgezogen und sind ziemlich frei aufgewachsen. Im Sommer waren wir mit meiner Mutter am Land in den letzten Kriegsjahren und ab dem Jahr 1947 bin ich alleine mit meiner Schwester jeden Sommer in den Bregenzerwald gefahren. Wir waren bei Bauern aufgenommen, weil wir so verhungert waren, und wurden aufgepäppelt. Dort habe ich das Landleben in all seinen Zügen kennengelernt, also nicht nur als Gast, sondern mitten drinnen. Ich habe dort meine Aufgaben gehabt, aber ich war immer ein Gast, das war der Unterschied zu einheimischen Kindern. Aber

ich habe den ganzen Sommer mitgeholfen und mit dem Alter sind auch die Aufgaben gewachsen. Ich musste am Fuhrwerk das Heu niedertreten und am Heuboden in die äußersten Ecken schlüpfen und das Heu niederdrücken. Das war oft fürchterlich grauslich, weil da so große Spinnweben waren, und ich musste die steile Leiter hinaufklettern, wo ich mich gefürchtet habe, aber ich habe mich nie gegen irgendetwas aufgelehnt. Es war vollkommen selbstverständlich, dass man das macht. Die Leute haben verschiedene Sachen von mir ferngehalten, ich durfte zum Beispiel nicht zuschauen, wenn ein Tier geschlachtet wurde oder musste mich nach Tisch immer hinlegen. Manchmal war ich auch in den Osterferien dort, da musste ich Kühe hüten, so zehn Stück, aber für mich sahen alle Kühe gleich aus. Einmal fehlte eine, die war zu einer anderen Herde hinübergegangen. Mir war das immer sehr langweilig und da habe ich ein Buch mitgenommen, das fanden die Leute sehr lustig.

Die Zeit dort hat mich sehr geprägt. Das ist mir eine zweite Heimat und ich habe immer Kontakt gehalten mit diesen Leuten.

Bei diesem Hof gab es auch eine Vorsäß, wo man immer zwischen dem Hof unten und der Vorsäß hin und her gewandert ist dem Futter nach, mit Sack und Pack und Hühnern und Katze. Von dort musste man manchmal

Was mein Umfeld zu Hause anbelangt: Hinaus in die frische Luft, das war sozusagen eine Prämisse, etwas Anderes hat es überhaupt nicht gegeben. Es gab Spaziergänge und Wanderungen. (…) Als Kinder sind wir auch Erdbeeren und Himbeeren suchen gegangen. Es war völlig egal, wie weit das war, man ist dorthin gegangen.

Hatten Sie keine Angst, wenn Sie alleine durch den Wald gegangen sind, von der Vorsäß?

Doch, mir war schon mulmig. Ich habe dann meist laut gesungen. Und einmal erinnere ich mich, ist mir ein Rehbock nachgegangen. Ich erinnere mich noch an das unangenehme Gefühl, wie er auf der Wiese gestanden ist und zu mir hergeschaut hat. Ich bin dann schnell gegangen und habe mich immer wieder umgedreht und geschaut, ob er mir nachkommt. Das gibt es ja, dass Rehe, die nahe beim Menschen aufgewachsen sind, dann die Scheu verlieren.

hinunter Einkaufen gehen. Ich war da so acht Jahre alt und musste immer alleine hinunter gehen – eine Stunde hinunter und eineinhalb Stunden hinauf. Es war ein gutes Training, ich merke das heute noch, gehen macht mir bis heute nichts. Es gab starke Gewitter, wo ich mich gefürchtet habe. Man war so ausgeliefert, es gab keinen Blitzableiter, und ich erinnere mich, dass die Bäuerin einmal Weihwasser hinausgeschüttet hat und alle haben gebetet.

Ich habe dort zehn Sommer verbracht und ich kann mich erinnern, dass es Jahre gab, wo furchtbare Dürre war und nichts gewachsen ist und das Wasser versiegt war, und es Jahre gab mit furchtbarem Wetter, wo die Bauern Sorge hatten, dass sie das Heu nicht einbringen können, weil es immer wieder draufgeregnet hat. Heute hat sich alles geändert. Es war damals die Zeit des Umbruchs, der Modernisierung.

Gab es zu Hause bei Ihren Eltern auch Gartenarbeit zu tun oder dergleichen?

In der Kriegs- und Nachkriegszeit hat meine Mutter einen Gemüsegarten angelegt, dafür wurde die Wiese umgegraben. Und ich weiß noch, dass es da so gute Erbsen gegeben hat, und es war uns bei Strafe verboten, durchzugehen und zu naschen. Aber dass wir dort gejätet hätten oder was, das kann ich mich überhaupt nicht erinnern. Dann hat es noch einen Acker gegeben, aber da haben wir Kinder überhaupt nichts zu tun gehabt. Wir haben, glaube ich, geholfen, Mais abzurebeln von den Kolben. Bei den Bauern, kann ich mich erinnern, mussten wir Engerlinge sammeln und Raupen von den Kohlköpfen absammeln, und Äpfel aufsammeln, das haben wir gemacht. Aber jäten oder dergleichen, daran kann ich mich nicht erinnern.

Wir waren immer draußen, wenn es möglich war, und tun das auch heute noch. Am Wochenende irgendwo in der Stadt herumzusitzen, das kann ich mir überhaupt nicht vorstellen. Als ich ein Kind war, waren wir immer wandern oder spazieren, wir sind mit den Schiern herumgerutscht, wir sind zu Fuß auf den Berg gegangen, wir waren schwimmen am See, das war das Wichtigste im Sommer. Natur war Freiheit, ein Raum. Kein Mensch hat sich darum geschert, was wir machen. Wenn nichts passiert ist, war man froh, und wir waren uns selbst überlassen. Es hat Regeln gegeben, man hat zu Hause sein müssen, und ungefähr haben die Eltern gewusst, was man macht und wo man hingeht, das war klar, aber dass man ständig behütet gewesen wäre, das nein.

Gibt es all diese Plätze heute noch?
Das meiste ist verbaut. Das verfallene Tor, das Wäldchen und all die Plätze, die meine Brüder unsicher gemacht hatten, das existiert alles nicht mehr. Teilweise hat man dort Wohnungen gebaut oder irgendwas Anderes. Es existiert immer noch der Sportplatz, der vorm Haus war, der soll jetzt auch verbaut werden und man kann es sich gar nicht vorstellen, da haben wir unsere Freunde getroffen, da sind wir groß geworden, also den gibt es noch, aber ich weiß nicht, wie lange.

Wie sehen Sie Kinder heute im Vergleich zu Ihrer Kindheit?
Man kann das schwer vergleichen, das war eine ganz andere Zeit. Ich kann es besser mit meinen eigenen Kindern vergleichen. Als wir hierher gezogen sind, gab es hier noch sehr viel freie, verwilderte Flächen und sie haben sehr viel draußen gespielt. Sie haben Banden gebildet, sind mit den Rädern gefahren, haben eine Bobbahn gebaut und so weiter. Es gab immer wieder einmal Verletzte. Spielplatz war keiner, aber die Kinder haben sich zusammengerottet und gemeinsam gespielt. Heute sehe ich hier die kleinen Kinder behütet am Spielplatz, die größeren wild am Spielplatz von Zeit zu Zeit. Man sieht relativ wenig Kinder, obwohl hier viele sind. So kann ich nicht recht verfolgen, wie die hier leben. Vielleicht sind die Kinder weniger zu Hause als unsere Kinder damals, vielleicht sind sie mehr in Horts und so weiter. Ich war ja nicht berufstätig. Heute arbeiten die Mütter und viele Kinder gehen auch Reiten oder machen sonstige Aktivitäten.

Franziska, 61, Muthmannsdorf
Großmutter von Isabella

Ich bin in Prein an der Rax auf einem Bauernhof aufgewachsen, und zwar war der in zirka 900 Meter Seehöhe und da waren rundherum nur Felder, Wälder und sonst gar nichts. Das nächste Haus war zirka eine Viertelstunde zu Fuß entfernt. Unser Haus war mit Auto oder Traktor nicht zu erreichen, im Notfall konnte man mit einem Moped oder Motorrad hinfahren, sonst nur mit Ochsen- oder Pferdefuhrwerk, weil das so abgelegen war. Meine Geschwister und ich mussten in der Früh eine Dreiviertelstunde in die Schule gehen in den Ort. Von Frühjahr bis Herbst sind wir gelaufen, im Winter sind wir mit Schlitten und Schiern in die Schule gefahren. Nach Hause war es etwas mühsamer, weil es bergauf gegangen ist.

Wir sind von der Schule heimgekommen und waren dann nur im Freien, den ganzen Nachmittag. Im Sommer mussten wir die Viecher auf die Halt treiben und auf sie aufpassen, das waren unsere Ferien. Wir haben die ganze Zeit draußen gespielt und mussten helfen Heuen, Korn

schneiden, solche Sachen. Aber im Großen und Ganzen waren wir immer im Freien. Wir sind auf Bäume geklettert, sind herumgelaufen, haben auf dem Heimweg von der Schule im Bach Fische gefangen und nach Hause getragen, wofür wir daheim dann Schimpfen bekommen haben. Wir mussten sie dann wieder in den Bach zurücktragen.

Wir mussten bei der Ernte helfen und Heuschober treten, wenn geheut wurde, das wurde alles händisch gemacht. Der Vater und die Mutter haben das alles händisch mit der Sense gemäht, dann musste man das alles mit dem Rechen zusammenrechen, weil es ja steil war und man keinen Traktor verwenden konnte. Es gab zwar damals schon Balkenmäher, aber das konnte sich der Vater nicht leisten.

Wir waren auch Himbeeren und Heidelbeeren pflücken und Schwammerl suchen, das haben wir alles gemacht. Wir hatten auch Hasen, Ziegen, Schafe, Hühner, Katzen, Hunde, also es war schon sehr schön.

Wieviele Kinder waren Sie?
Wir waren sieben Kinder, wobei mein Bruder und ich eine andere Mutter hatten, weil die erste Frau unseres Vaters schon gestorben war.

War die Arbeit anstrengend?
Es war schon eine schwere Arbeit. Das einzige, was wir im

Sommer hatten, war: Wir sind einmal auf die Rax gegangen mit den Eltern. Das war unser einziges Ferienerlebnis. Am Vormittag waren die Viecher immer rund ums Haus, aber am Nachmittag mussten wir immer austreiben auf die Halt. Dort haben sie den ganzen Nachmittag gefressen und am Abend mussten wir sie wieder heimtreiben. Wir haben geschaut, dass die Viecher nicht in den anderen Wald hinübergehen oder in ein Feld und haben gespielt. Und am Sonntag mussten wir in die Kirche gehen, das war arg. Unser Religionslehrer in der Schule war der Pfarrer und wenn wir nicht in die Kirche gegangen wären, hätten wir eine schlechte Note in Religion bekommen. Wir mussten eh jeden Tag, auch am Samstag, hinuntergehen in die Schule, und am Sonntag mussten wir dann noch in die Kirche hinuntergehen. Sonntag Nachmittag haben wir meistens nicht ausgetrieben, da waren die Tiere im Obstgarten oder rund ums Haus. Da haben wir dann irgendetwas gespielt - Karten, Nachlaufen, Verstecken am Heuboden - also das war schon lustig. Wir hatten schon Freizeit, aber wir haben auch etwas arbeiten müssen. Wir haben alles selbst angebaut - Erdäpfel, Kraut, Kohl, Rüben, Getreide, früher auch einmal Mohn - da haben wir auch helfen müssen, wir mussten Erdäpfel ausnehmen zum Beispiel.

Hatten Sie manchmal das Gefühl, ich möchte das alles nicht mehr machen müssen, ich möchte lieber in der Stadt wohnen?

Ja, das gab es schon. Ich kann mich erinnern, dass ich mir oft gedacht habe, ich will weg, ich will das nicht mein Leben lang machen, weil wir gesehen haben, dass es den anderen Kindern besser geht. Die mussten nicht daheim helfen, die konnten sich schön anziehen. Die Kinder von Arbeitern, wo zumindest der Vater Arbeiten gegangen ist, die hatten schon mehr Geld und konnten sich mehr leisten. Wir am Berg oben, wir waren nicht überlebensfähig. Vielleicht hätte der Vater das auch anders machen müssen, vielleicht hätte er sich auf eine Sache spezialisieren müssen.

Was haben Sie denn gespielt, hatten Sie auch Spielzeug?

Spielzeug hatten wir keines. Wir haben Sachen gespielt, wo man kein Spielgerät dafür gebraucht hat - Ziffern raten, Stadt - Land, solche Sachen. Wir hatten nicht einmal eine Puppe zum Spielen. Wir hatten nur Spielsachen vom Linde-Kaffee, die waren wunderschön. Da gab es Tische und Sessel, die haben wir heiß geliebt, damit haben wir gespielt. Wir haben uns Zwuscheln (Steinschleudern/Anm.) gebastelt oder einen Bogen gemacht oder Windräder gebastelt und sind damit gelaufen, oder wir haben ein Wasserrad gebastelt für unseren Bach. Auf dem Heuboden haben wir uns versteckt und haben Gänge gebaut im Heu.

Das heißt, Natur hat Arbeit bedeutet und war sonst einfach da?

Ich bin heute noch sehr gerne in der Natur und möchte nicht in der Stadt wohnen, aber damals war uns die Umgebung gar nicht bewusst. Wie so oft war es so: Was man nicht hat, das will man, und was man hat, schätzt man gar nicht. Meine Schwester war dann im Ort unten verheiratet und hatte anfangs eine ganz kleine Wohnung, aber das war trotzdem schöner als alles, was wir hier hatten. Bei uns hat es eine Stube gegeben und da haben alle drin geschlafen, dann gab es ein zweites Zimmer, das Stübe, da haben die zwei älteren Brüder geschlafen. Wir waren alle in einem Zimmer mit den Eltern und ich hatte nie ein eigenes Bett. Ich habe immer mit meiner Schwester zu zweit in einem Bett geschlafen. Als wir dann 12 oder 13 Jahre alt waren, haben meine Schwester und ich uns im Keller unten, da gab es einen Raum wo der Backofen war, den hergerichtet und haben dort geschlafen. Mit 14 bin ich dann schon weggekommen in die Lehre als Köchin, da hatte ich Kost und Quartier.

Wenn Sie heutige Kinder anschauen, beneiden Sie diese oder eher nicht?

Ich denke, dass ihnen die Freiheit fehlt, die wir als Kinder hatten. Obwohl wir arbeiten mussten und unsere Pflichten hatten, hatten wir mehr Zeit. Mir kommt oft vor, dass es in manchen Familien heute eine Wohlstandsverwahrlosung gibt. Die Kinder haben heute natürlich viel mehr Möglichkeiten, können in jede Schule gehen, von der Ernährung geht es ihnen besser, obwohl andererseits ist heute viel Chemie in den Lebensmitteln. Aber grundsätzlich geht es den Kindern heute besser.

**Isabella, 17, Wiener Neustadt
Enkelin von Franziska**

Mir ist aufgefallen, dass ich früher viel öfter draußen war, weil wir mit der Familie oft Wandern gegangen sind am Wochenende oder draußen irgendwas unternommen haben. Jetzt, wo man mehr zu tun hat mit der Schule, kommt man nicht mehr so oft dazu und muss auch oft zu Hause bleiben, Hausübungen machen und so. Aber ich bin eigentlich schon gerne draußen, immer wenn es geht. Ich geh auch ab und zu Laufen oder Rad fahren.

Wenn ich Freunde eingeladen habe, war der Vorteil, dass wir so einen großen Garten haben. Draußen kann man besser spielen, weil drinnen nicht so viel Platz ist.

Die Mama hat oft gesagt, „Ihr müsst am Tag mindestens eine Stunde raus gehen". Aber das war nicht irgendein Zwang, das war eh lustig.

Wir haben so typische Spiele gespielt: Frisbee, Federball oder

Fangen oder so typische Ballspiele auch. Wir haben früher auch selber Spiele erfunden. Da haben wir zum Beispiel Pflanzen gepflückt und zusammengemischt, irgendwelche Sachen gemacht.

Wir haben uns immer irgendwas gefunden. Wenn wir nicht so Sachen wie Frisbee oder so zur Hand gehabt haben, dann haben wir irgendwas Anderes gespielt.

Am liebsten habe ich den Wald, aber nicht so ganz finster oder nur schattig, sondern auch Felder oder Blumen, wo ein bisschen Sonne hinkommt, das mag ich am liebsten eigentlich.

Ich brauche schon die Nähe zur Stadt, dass ich schnell Einkaufen gehen kann oder so, aber einen Garten mag ich auf jeden Fall haben.

Also für mich ist das immer Entspannung, oder wenn man gemeinsam etwas mit der Familie macht, das verbinde ich immer mit Natur.

Ich könnte nie in ein Fitness-Studio trainieren gehen, da gehe ich sicher immer ins Freie Laufen.

Die typischen Kinderspiele spiele ich jetzt nicht mehr. Jetzt nutze ich die Natur mehr für Sport, also für Rad fahren, Laufen, statt auf Bäume zu klettern. Es ist nicht mehr so ungezwungen. Das ist halt wahrscheinlich, weil man älter wird, dass man bestimmte Sachen nicht mehr macht.

Mein Opa erzählt oft, dass dort, wo er jetzt wohnt, rundherum nur Felder waren und viele verschiedene Tiere und die gibt es jetzt alle nicht mehr, nur mehr Häuser überall. Und er meint, es war viel besser früher mit der Natur. Ich kann mir schon vorstellen, dass da, wo jetzt Bauten sind, früher nur Natur war, dass das schön war. Aber dadurch, dass ich es nie gesehen habe, würde ich sagen, ich sehe keinen großen Nachteil.

Ich finde es schon gut, dass man jetzt so Möglichkeiten hat wie Internet und so, aber man muss da halt immer die richtige Mischung finden, weil es gibt immer Leute, die das übertreiben. Das finde ich auch nicht gut, wenn die nur zu Hause sitzen und nicht in die Natur gehen, aber ich habe da ein gutes Mittelding gefunden. Ich kann das Internet nutzen für die Schule, aber ich gehe trotzdem noch in die Natur. Wenn jetzt ältere Leute sagen, „Die sitzen nur noch vor dem Computer.", ich finde, das trifft einfach nicht auf alle zu und das kann man nicht so sagen. Es gibt einfach auch viele Vorteile, und nicht dieses Klischee „Die Jugend benutzt nur noch Internet und Computer". Ich finde, das ist kein Nachteil, sondern eine technische Entwicklung, und die hat es ja damals auch schon gegeben. Damals hat man sich auch gefreut, wenn man einen Schwarz-Weiß-Fernseher gehabt hat.

Peter, 63, Baden

Ich bin in Baden geboren und aufgewachsen, in einer Wohnung. Diesen Grund hier haben wir noch während der russischen Besatzung als Garten gekauft, das war das einzige unbebaute Grundstück in der Umgebung. Später haben mir meine Eltern das Grundstück überschrieben und ich habe dann hier das Haus gebaut.

Ich bin mit 10 Jahren ins Internat zu den Jesuiten gekommen. Dort habe ich mir mit dreizehneinhalb Jahren einen Schiefer vom Fußboden eingezogen im Daumen und habe daraufhin eine Sepsis bekommen. Das hat mich fast das Genick gekostet. Durch die Sepsis habe ich Knochenmarksentzündung bekommen und seither dieses (deutet auf den Fuß) und unendliche Operationen, das zieht sich durch mein Leben. Ich bin also mit 14 noch im Rollstuhl gefahren in der Wohnung, dann haben sie mir das Fahrrad gekauft, das ich heute noch habe, und dann durfte ich wieder in die Schule.

War dieses Grundstück hier früher ein Garten?

Gemüse haben erst meine Eltern angebaut, das war eigentlich ein Obstgarten. Es waren sehr viele Obstbäume hier, diese Birne dort ist noch original.

Waren Sie als Kind viel im Garten?

Ja, freilich. Sehr zum Leidwesen meiner Eltern habe ich alles umgegraben, und zwar hauptsächlich am Weg. Ich habe immer irgendwelche Gruben ausgegraben und mit Wasser gefüllt und habe mich dann immer gewundert, dass das nicht hält. Mein Cousin und ich haben immer Häuschen gebaut aus Holz und das haben wir dann angeschmiert mit weißem Sand, den wir bei der Einfahrt gefunden haben. Wir hatten in Baden ein Gattersägewerk. Da wurden die Schwartlinge abgeschnitten und aus denen hat man dann Späne gemacht zum Unterzünden. Solche Schwartlingstücke haben wir uns geholt und wir haben geglaubt, das bekommen wir gratis. Mein Vater ist dann erschrocken, als er die Rechnung bekommen hat, das war gar nicht so billig. Wir haben geglaubt, das bekommen wir geschenkt. Damit haben wir gebastelt. Ich habe dann, als meine Krankheit wieder besser geworden ist, auch hier gearbeitet und habe mich unglaublich gut gefühlt, wenn ich so einen Haufen Holz in die Scheibtruhe geschlichtet hatte und weggeräumt. Meine Eltern hatten damals nicht so viel Zeit, sich um den Garten zu kümmern.

Was haben Sie gespielt, als Sie noch kleiner waren?

Ich konnte nicht heimkommen, das war schrecklich. Meine Mutter hatte immer ein bisschen Angst, weil da ja schon die Russenzeit war. Nach der Volksschule bin ich einfach nicht heimgegangen. Da bin ich runter bei der Doblhofbrücke, da war vom Hochwasser ausgeschwemmt, da konnte man runter zur Schwechat und da habe ich gespielt. Alleine das Wasser zu riechen, das war für mich ein Wahnsinn, das war für mich das Um und Auf, da war ich dauernd. Und wenn ich nicht dort war, war ich vorne auf der Ecke bei einem Schulfreund.

Was haben Sie beim Wasser gemacht?

Gespielt. Steine herausgenommen, geschaut, dass der Schotter weiterläuft, umgeleitet, kleine Wehr gebaut, den Fischerln zugeschaut und geträumt. Ich weiß heute nicht mehr, wovon, aber ich bin dort gesessen. Mir war das viel lieber. Ansonsten war ich bei meinem Freund. Da haben wir ein kleines Haus auf dem Salettl gebaut, das war interessant. Da haben wir lange daran gebastelt.

Hatten Sie auch Spielsachen?

Ja, Holzklötze und einen Teddybären. Sonst nicht viel. Es war eher die Fantasie ausschlaggebend. Aber die Liebe zur Natur war mir mitgegeben von ganz klein an. Die weitest für mich zurückliegenden Erinnerungen waren für mich Natur. Ob das war, dass mich meine Schwester mit ihrer Freundin mitgenommen hat da hinauf, da war alles voll mit Wegwarten, Kornblumen pflücken und Mohn in den Kornfeldern, herrlich schön. Schon der Geruch war etwas für mich, ich wollte immer alles riechen. Wenn am Abend der Dunst herausgekommen ist! Da war ein Teich, da habe ich gedacht, es läuft eine Mischmaschine, dabei waren es die Frösche, die gequackt haben. Oder meine Mutter ist mit mir mit dem Sportwagerl zur Weihburg hinaufgegangen - sie hat immer gesagt, das gibt es nicht, dass du dich daran erinnerst - da war ein Löschteich mit Springbrunnen, eine große Trauerweide, die ist ins Wasser gehangen, da hat es ein bisschen gegluckert. Ich durfte aus dem Wagerl hinaus und sie hat gesagt, ich soll mich ja nicht zu weit vorbeugen, sonst falle ich ins Wasser. Das war für mich die Natur. Wenn ich daran denke, höre ich heute ein Spinett. Das war für mich fantastisch. Ich war so froh, als ich den Wanderführer machen konnte und den Leuten das alles erklären.

Mir fällt nichts ein, worum ich die Kinder beneiden würde.

Kam die Liebe zur Natur aus der Familie?
Mein Vater ist wahnsinnig gerne Wandern gegangen. Die ersten Fotos von mir, das waren Bilder vom Wandern, da war ich noch ganz klein. Wir sind jeden Sonntag wandern gegangen, immer rauf aufs Eiserne Tor Bockerl klauben.

Und woher haben Sie Ihr Wissen über Pflanzen?
Das kam erst später. Mein Vater ist oft Schwammerl brocken gegangen, da hat er mich aber nicht mitgenommen. Die hat er nach Hause gebracht und ich rieche heute noch, wie es gerochen hat, wenn die Parasol aufgeschnitten wurden zum Trocknen. Da hat es auf der Veranda geduftet, das war unglaublich. Meine Mutter hat sich sehr viel beschäftigt mit Pflanzen, aber sie hat auch Fehler gemacht. Sie hat zum Beispiel etwas als hochgiftig hingestellt, was es gar nicht war. Aber sonst war sie eine Kräuterhexe. Ich habe mir dann auch viel angeeignet, weil einen die Leute ja löchern beim Wandern. Das Wandern habe ich mittlerweile aufgegeben aus gesundheitlichen Gründen.

Aber ich habe mich immer sehr wohl gefühlt, wenn ich in die Natur hinauskonnte.

Gibt es diesen Platz noch am Bacherl?
Nein, nichts mehr, da stehen Wohnblöcke dort. Es gibt eine Brücke, früher war das ein Fußsteg.

Denken Sie, geht es den Kindern heute besser?
Nein, denen geht es viel schlechter. Die haben keine Gstettn mehr zum Spielen, das macht viel aus. Wir haben uns halt drei oder vier mal am Tag die Radln geflickt, weil wir auf der Gstettn herumgefahren sind. Da hat man etwas gefunden, da konnte man riechen. Heute können Kinder das nicht mehr. Die letzten Gstettn verschwinden oder sie dürfen nicht mehr hingehen, weil da könnte ja was passieren, wer übernimmt denn die Verantwortung! Wenn wir einen Blödsinn gemacht haben, haben wir dazu die Watschn gefangen und das war's. Aber gemerkt hat man es sich. Aber heute, das virtuelle Klumpert am Computer. Ich habe auch einen Computer, der ist für mich selbstverständlich, aber das ist kein Ersatz. Mir fällt nichts ein, worum ich die Kinder beneiden würde.

Julia, 15, Angern/March

Ich wohne in einer Wohnung mit Balkon in einem kleineren Dorf mit zirka 3000 Einwohnern. Da ist rundherum alles Natur.

Was machst du in deiner Freizeit und was hast du früher als kleineres Kind gemacht?

Wir haben in Angern so ein kleines Biotop, da sind wir früher immer runter gegangen und haben Frösche und Kaulquappen gesammelt. Und jetzt fahre ich mit meinen Freunden oft durch den Wald mit dem Rad bei der March, das ist schon schön.

Habt ihr da auch irgendwelche Spiele gespielt, seid auf Bäume geklettert oder so?

Ja, auf Bäume sind wir geklettert, Baumhäuser gebaut und so, verstecken, Blumen gepflückt. Wir waren auch im Regen draußen, da war es dann lustig im Gatsch. Wie wir dann in die Schule gekommen sind, haben wir nicht mehr so oft draußen sein können. Ferngesehen haben wir auch manchmal.

Wie weit durftet ihr weggehen von daheim?

Wir mussten im Ort bleiben, aber sonst, ich weiß gar nicht. Wir haben nie gefragt. Die anderen Orte sind ja auch ein paar Kilometer weit weg.

Gehst du heute auch noch hinaus?

Wenn ich am Wochenende nichts zu lernen habe, schaue ich, dass ich mich mit meinen Freunden treffe mit dem Rad, dass wir herumfahren.

Habt ihr irgendwelche Spiel gespielt, wie Gummihupfen oder so?

Ich weiß nicht, wir haben eigentlich immer das Gleiche gemacht, Rad fahren, Roller skaten und mit der Straßenkreide haben wir vorm Haus Straßen gemalt und denen sind wir nachgefahren.

Hat sich die Natur verändert seit deiner Kindheit?

Die Natur nicht, aber ein paar Häuser und Supermärkte werden jetzt gebaut, aber sonst nicht viel. Der Wald ist noch da.

Kennst du dich mit Tieren oder Pflanzen aus?

Früher habe ich mich mit Käfern viel beschäftigt und meine Oma hat mir dann zu Weihnachten ein Käferbuch geschenkt, da bin ich dann im Frühling mit dem Buch in den Garten gegangen und habe geschaut, welcher Käfer welcher ist und was die fressen.

Ist dir Natur wichtig für irgendwas?

Ja schon, da kann man gut abschalten, man kann den Bäumen zuhören, wie sie rascheln, da kann man entspannen.

Glaubst du, hat es die Generation deiner Großeltern besser gehabt?

Ich glaube schon. Damals hat es nicht so viele Computer gegeben und sie waren mehr draußen. Und es gab auch nicht so viele Autos, da war die Luft besser. Sie haben viel mehr Zeit draußen verbracht. Jetzt sitzen die meisten Jugendlichen nur mehr drinnen am Computer, die wissen gar nicht mehr, was Natur eigentlich ist. Das finde ich schade.

**Anton, 88
Gramatneusiedl**

Ich bin in Dürredlitz aufgewachsen in der Buckligen Welt. Die Bauern waren damals alle Selbstversorger und ein Bauer war sehr beansprucht, weil er alles können musste. Wenn eine Kuh gekalbt hat, gab es keinen Tierarzt. Sie haben auch ihre Häuser und Ställe selbst gebaut. In der Weise war meine Kindheit vielseitig, weil man alles gesehen hat. Meine Mutter war die Schwester des Bauern, auf dessen Hof wir in einem Haus etwas abseits gewohnt haben. Alle mussten da mithelfen. Wir waren neun Kinder, ich war der jüngste. Wir mussten dort arbeiten für Essen, Quartier und Bekleidung, ein Taschengeld hat niemand bekommen. Ich kann mich erinnern, dass ich einmal zu meinem Geburtstag eine Mehlspeise bekommen habe, das war das einzige Geschenk von dem Bauern.

Was mussten Sie alles machen?

Im Sommer begann die Arbeit damit, dass man die Weide herrichten musste für die Tiere. Auf der Weide waren 15 bis 20 Stück Kühe, Kälber, ein paar Ziegen und Schafe, die musste man hüten. Ich habe mich dort sehr einsam gefühlt, weil ich der Nachzügler war und mit niemandem reden konnte, außer mit den Tieren. Es gab keine anderen Kinder in meinem Alter. In die Schule musste man etwa eine Dreiviertel Stunde gehen, mit der Schultasche über die Berge drüber nach Edlitz. Ich habe am Heuboden geschlafen, in einem Bett mit Strohsack, da bin ich über eine Leiter hinaufgeklettert. Es gab eine Küche und ein Schlafzimmer mit Ehebetten, die anderen haben im Stall geschlafen.

Gab es Nachbarn?

Sie müssen sich vorstellen, das ist ein Talkessel, links und rechts geht es hinauf, in der Mitte ein Bacherl. Dort ist das Wasser geholt worden zum Kochen, Trinken, für die Kühe, zum Waschen, alles. Wenn der im Winter zugefroren war, musste man ihn mit dem Pickel aufhacken, dass man Wasser bekommen hat. Später haben wir dann eine Wasserpumpe bekommen, da war ich schon 15 Jahre alt. Es gab sieben Höfe verstreut dort und bei jedem Hof war ein Stüberl dabei, wo die Hilfskräfte wohnen durften.

Mussten Sie die ganze Zeit arbeiten oder war auch Zeit zum Spielen?

Ja, ich habe herumgespielt mit den Tieren im Bach drinnen, habe Fische eingesetzt. Ich kann mich sogar erinnern, einmal habe ich zwei herausgefangen, das waren Forellen, und habe sie der Wirtschafterin gegeben, die hat mir die Forellen gebacken, das war ein Genuß.

Hatten Sie einen Ball oder ein Rad oder Schi?

Ein Rad hatte ich mit 15, das habe ich mir selbst verdient. Da war ich nach der Schule beim

Bürgermeister, die haben am Bauernhof eine Kraft gebraucht zum Aushelfen. 30 Schilling habe ich im Monat bekommen. Da war ich nach der Schule ein ganzes Jahr dort.

Gab es irgendeine Freizeitbeschäftigung mit der Familie?

Was ich mich erinnern kann, das waren die Strickarbeiten und Stickarbeiten der weiblichen Nachkommen. Und der Vater, der war ein gelernter Zimmermann, hat dafür gesorgt, dass die Söhne das Gewerbe der Zimmerei erlernen. Das heißt, die haben den ganzen Winter Möbel gemacht und verschiedene Gegenstände, wie Heugabeln, Rechen, Werkzeuge.

Haben Sie da mitgearbeitet?

Ja freilich. Ich war sehr interessiert, das hat mir gut gefallen.

Gab es auch Feiern, Weihnachten, Ostern, Erntedank?

Ja, Weihnachten schon, aber sonst kann ich mich nicht erinnern, dass irgendwelche größeren Feiern waren. Auch Geburtstagsfeiern haben wir nicht so gehabt. Aber eines weiß ich noch: Am Sonntag haben die Herren ein Privileg gehabt. Da sind sie in Edlitz in die Kirche gegangen und nach der Kirche sind sie in ein Gasthaus gegangen. Da haben sie ein Beuschel gegessen oder eine Rindsuppe, dann haben sie ein paar Achterl Wein getrunken, das war ihr Sonntagsvergnügen. Die Kinder durften normalerweise nicht ins Gasthaus gehen, aber wenn der Vater gut gelaunt war, dann durfte ich mit hinein gehen und habe entweder ein Kracherl bekommen oder, wenn er sehr gut aufgelegt war, ein paar Frankfurter mit einem Salzstangerl. Wenn ich das gegessen hatte, musste ich wieder heimgehen, da haben schon die Kühe gewartet.

War die Natur eine Last?

Nein. Das war eine Lebensnotwendigkeit, keine Last. Man hätte ja sonst nicht gewusst, womit man die Kinder ernährt.

Hatten Sie irgendeinen Bezug zu Tieren und Pflanzen?

Ja, zu Tieren hatte ich schon einen Bezug, aber nicht zum Abstechen. Das war eine grauenhafte Angelegenheit für mich. Bei den Bauern war es ja so, dass die jedes Jahr ein oder zwei Schweine geschlachtet haben für den Hausgebrauch, das war ein Fest, der Sautanz. Da ist das Viech herausfangen worden und vier oder fünf Männer sind auf das Viech losgegangen. Da habe ich mich immer umdrehen müssen.

Was bedeutet Natur heute für Sie?

Natur bedeutet für mich alles. Ich bin ein Naturmensch und bleibe auch einer. Für mich bräuchte es keine Stadt geben. Ich kümmere mich hier um den Garten, weil meine Frau wegen der Hand nicht mehr so kann. Ich bin ja mit den Pflanzen gut vertraut, das geht gut. Vögel mag ich auch gern. Es ist unglaublich, wie gescheit die Tiere sind. Ich habe mich als Kind als Tierabkomme betrachtet, denn mit wem sollte ich sonst reden.

Literaturempfehlungen – zum Weiterlesen

Historische Kindheitsforschung.
Historisches Jahrbuch für Bildungsforschung. Band 13. Baader,
Meike Sophia, in: Groppe, Carola (Hrsg.),
Verlag Klinkhardt Bad Heilbrunn 2007

Mit Cornell die Natur erleben.
Der Sammelband – Naturerfahrungsspiele für Kinder und
Jugendliche. Cornell J.
Verlag an der Ruhr, 2006. ISBN 13:978-3-8346-0076-9

Kinderwerkstatt Bäume.
Mit Kindern die Zauberwelt der Bäume und Sträucher entdecken.
Frommherz Andrea, Biedermann Edith
AT Verlag, Aarau und München, 2. Auflage 2006.
ISBN 3-85502-777-3

Naturwerkstatt Landart: Ideen für kleine und große Naturkünstler.
Güthler Andreas, Lacher Kathrin, Harriet Homm
AT Verlag, Baden und München 2005. ISBN 3-85502-883-4

Wiesenfühlungen, Das ganze Jahr die Wiese erleben
Naturführungen, Wahrnehmungsspiele und Geschichtenbuch.
Neumann Antje & Burkhard
Ökotopia Verlag, München 2002. ISBN 3-931902-89-7

Praktische Erlebnispädagogik 1.
Bewährte Sammlung motivierender Interaktionsspiele -- Band 1.
Reiners Annette,
Verlag Ziel, Augsburg 2007. ISBN-10: 3-937210-93-8

Erde. Die Elemente im Kindergartenalltag.
Walter Gisela
Herder Verlag, Freiburg im Breisgau 1992. ISBN 3-451-26721-7

Angebote von "die umweltberatung"

Das Reich der Eintagsfliege erforschen, den Kreislauf der Natur entdecken und verstehen lernen oder mit Wurm Augustin und Co Bodentiere kennenlernen...

"die umweltberatung" hat ein breites umweltpädagogisches Angebot für Kinder, Jugendliche und Erwachsene mit folgenden Arbeitsschwerpunkten:

- Workshops und Schulangebote für SchülerInnen, Kindergartenkinder und Gruppen verschiedener Altersstufen
- Weiterbildung von Pädagoginnen/Pädagogen und anderer MultiplikatorInnen
- Elternabende in Schulen und Kindergärten
- Entwicklung und Durchführung von Umweltbildungsprojekten und laufende Erweiterung des Angebots für Schulen und Kindergärten
- Fachliche und didaktische Beratung bei Umweltprojekten in Schulen und Kindergärten

Bei allen Angeboten steht die spielerische Auseinandersetzung mit dem Thema im Vordergrund. Auch in der Erwachsenenbildung werden die Schlagworte „entdecken – erforschen – erleben" sehr wichtig genommen.

Informationen über aktuelle Broschüren, Workshops und Bildungsmaterialien erhalten Sie unter der Telefonnummer: 02742/ 71829 oder auf der Homepage www.umweltberatung.at

Die Homepage www.umweltbildung.umweltberatung.at richtet sich speziell an Pädagoginnen/Pädagogen und MultiplikatorInnen.

"die umweltberatung"

Ihre erste Adresse in Umweltfragen

Was hat Essen mit Klimaschutz zu tun?
Wie werde ich die lästigen Schnecken im Garten los?
Wie senke ich die Energiekennzahl meines Hauses?
Wo gibt es faire „Öko-Mode"?

„Vom Wissen zum Handeln" – Seit über 20 Jahren gibt "die umweltberatung" Tipps und fachliches Know-how für praktischen Umweltschutz und mehr Lebensqualität.

▬ telefonisch oder persönlich

▬ auf Messen, Vorträgen und Seminaren

▬ bei Exkursionen und Workshops

Besuchen Sie uns auch im Internet: www.umweltberatung.at

Rufen Sie uns an!

Wir helfen gerne weiter!

"die umweltberatung" Niederösterreich
Rennbahnstraße 30/1/3
3100 St. Pölten
Telefon: 02742/ 71829
e-Mail: niederoesterreich@umweltberatung.at
Rechtsträger: Umweltschutzverein Bürger und Umwelt,
2822 Bad Erlach

"die umweltberatung" Wien
Buchengasse 77
1100 Wien
Telefon: 01/8033232
e-Mail: service@umweltberatung.at

"die umweltberatung" Österreich
Verband österreichischer Umweltberatungsstellen
Mariahilferstraße 196/4/11
1150 Wien
Telefon: 01/8776099
e-Mail: oesterreich@umweltberatung.at

Weitere Beratungsstellen in Österreich finden Sie unter
www.umweltberatung.at

Natur und Umwelt erlebbar machen...

Umweltbildungsorganisationen

"die umweltberatung"
Wir bieten Beratungs- und Bildungsarbeit
für den vorsorgenden Umweltschutz.
"die umweltberatung" tritt für eine nachhaltige, ökologische Wirtschafts- und
Gesellschaftsentwicklung ein.

Kontakt zu"die umweltberatung"
Rennbahnstraße 30/ 3
3100 St. Pölten
Telefon: 02742/ 718 29
www.umweltberatung.at
niederoesterreich@umweltberatung.at

bio erlebnis norbertinum
Erlebnisprogramme und Naturerfahrung
für Kinder und Schulen, Ferienbetreuung,
Projekttage für Schulen.
Das bio erlebnis norbertinum ist eine
Erlebnis- und Bildungswerkstatt zur
Begegnung mit Garten, Wald und
biologischer Landwirtschaft. Lebendiges
und lebensnahes Lernen und Erfahren mit
allen Sinnen steht im Vordergrund. Vor
allem Kindern und Jugendlichen wird ein
Einblick in die biologische Landwirtschaft
mit ihren vielfältigen Bereichen ermöglicht.
Die Vernetzungen von Landwirtschaft
mit Landschaftsbild, Ökologie, Soziologie
und Ökonomie wird aufgezeigt. Jungen
Menschen wird dadurch die Möglichkeit
gegeben, bewusste KonsumentInnen zu
werden.
Norbertinumstraße 9, 3013 Tullnerbach
Telefon: 02233/54 561
Fax: 02233/54 561-33
www.bioerlebnis.at
office@bioerlebnis.at

FREIRAUM
Freiraum - Büro für Spiel Sport und Reisen
Rennweg 79, 1030 WIEN
Telefon:01/604 21 96
Fax:01/602 69 44
www.dieprojektwoche.at/freiraum.html
office@dieprojektwoche.at

Institut für Freizeitpädagogik (ifp)
institut für freizeitpädagogik
1080 Wien, Albertg. 35/II
Telefon: 01/4000-83 415
www.wienxtra.at/default.asp?er=8
ifp@wienXtra.at

Verein Umweltspürnasen-Club
Verein Umweltspürnasen-Club
Mariahilferstraße 89/13, 1060 Wien
www.umweltspuernasen.at
umweltspuernasen@chello.at

**Institut für Angewandte
Umweltbildung**
Wieserfeldplatz 22 , 4400 Steyr
Telefon: 07252/811 99 - 0
Fax: 07252/811 99 - 9
www.ifau.at
office@IFAU.at